중 2 병 대 사 전

서 문

■ 「중 2 병」 이란 말의 어원에 대해서

현재, 일반적으로 널리 알려진 중 2 병이란 말은, TBS 라디오 프로그램인 「이쥬인 히카루 심야의 대단한 힘(伊集院光深夜の※馬鹿力)」에서 처음 사용되었다. 이 방송에서는, 청취자들에게 중 2 병스러운 에피소드를 모집해서, 공감 개그나 자학 개그로서 방송에 소개되었는데, 라디오의 진행자인 이쥬인 히카루씨가 「중학교 2 학년 정도의 남자 청소년이 할법한, 손발이 오그라드는 행동이나 사고」라는 의미로, 「중 2 병」이라는 말을 사용한 것이 그 시초이다.

그 후, 이 말은 인터넷을 통해서 급속히 확산되었고, 그와 동시에 중 2 병이란 단어의 의미도 확대되었다. 지금은 「자기 주장을 위해서, 자신에게 어떤 특수한 캐릭터성을 부여하는 사람」이나 「자기 방어를 위해서, 사회나 다른 사람을 부정하는

*馬鹿力(바보력) : 엄청나게 센 힘을 의미하나, 여기서는, 쓸데없는 지식만 많은 능력이란, 2중적인 의미로도 쓰였다.

사람」, 그리고 「애니메이션이나 라이트 노벨 등에서, 자주 나올 법한 설정」 등에도, 중2병이라는 말이 사용되고 있다. 언어라는 것은 시대와 함께 변화하는 것이기 때문에, 중2병이라는 단어의 의미 역시, 앞으로 더욱 확대될지도 모른다.

■ 이 책의 목적

이 책은 중2병스러운 사람들이 잘 수집할 것 같은 지식이나, 중2병스타일의 작품에 자주 등장하는 설정의 기원에 대해서, 해설을 한다는 취지로 작성되었다.

그렇다 하더라도, 위에서 설명한 지식들은 그 영역이 너무나 방대하기 때문에, 이러한 지식을 전부 다 소개하는 것은 불가능한 일이다. 따라서, 이 책에 게재한 항목은, 일반적으로도 그 이름이 잘 알려져 있는, 지명도가 높은 것들이 주를 이루고 있다.

그리고, 이 책에 게재된 각 지식들이 다 중2병스러운 것은 아니다.

■ 이 책을 사용하는 방법

이 책의 항목은 원(元) 지식을 해설하는 것이기 때문에, 「ㅇㅇ은 원래 △에서 나왔지?」라는 경우에는 도움이 될 것이다. 이러한 지식을 알아두면, 「그 유명한 걸 모른단 말이야?」라고, 다른 사람에게 바보취급 당하는 일은 줄어들 것이다!

C o n t e n t s

페이지를 보는 법

110　　　111

❶ 항목명

중2병스타일의 소설, 만화에 등장하는 세계설정이나, 등장 아이템과 같은 것들의 원전, 그리고 중2병스러운 사람이 좋아할 만한 것 중에서, 지명도가 높다고 생각되는 것을 뽑았습니다.

❷ 해 설

해당 항목이 어떤 것인지를 설명하고 있습니다. 어려운 단어 등에는 주석을 달고, 다른 항목에서 나오는 경우에는 페이지를 링크해 놓았으니, 참고해주시기 바랍니다.

❸ 주 석

해설 안에서 나온 단어나 문장에 대해 보충설명을 해놓았습니다. 일반적으로 알기 어려운 것을 골라서 주석을 달았습니다만, 알기 어려운 것 전부에다 주석을 달 수는 없으니, 이 점을 양해해주시기 바랍니다.

❹ 일러스트

해당 항목의 이미지 일러스트입니다. 일부러 코믹하게 표현을 해봤습니다. 취향에 따라서 호불호가 갈리리라 생각됩니다만, 여러분께서 즐겁게 감상하셨으면 좋겠습니다.

❺ 칼럼

해당 항목에 관련한 여러 가지 설이나 재미있는 일화 등, 해설 부분에서 전부 다 다룰 수 없었던 내용을 싣고 있습니다. 해당 항목에 대해서, 더욱 깊은 지식을 쌓을 수 있도록 도움을 줄 것입니다.

❻ 중 2 병 스타일 회화 예

중2병스러운 항목의 회화 예시입니다. 구체적인 예를 들면서, 『일상회화에서 얼마나 잘 사용할 수 있는가』를 주제로, 해당 항목을 사용하는 타이밍이나 사용방법에 대해서 고찰하고 있습니다.

가

가브리엘

게이볼그

궤도 엘리베이터

길가메쉬

가브리엘

선택받은 인간에게 신의 말씀을 전하는 계시의 천사.
천사 중에서 유일하게 여성이라고 하는데, 그 이유와 근거는 무엇인가?

⚜······ 신의 의지를 알려주는 메신저 ······⚜

【주1】 모든 천사들 가운데에서 가장 높은 곳에 위치하는 천사군의 총사령. 그리스도교, 유대교 양쪽도 신앙의 대상으로 삼고 있다.

【주2】 신약성서에 담겨 있는 4개의 복음서 중 하나, 마태오, 루카, 마르코 이 3개의 복음서는 기본적인 내용이 같다.

【주3】 구약성서 중에서도 가톨릭과 그리스 정교회에서는 정경(正經)으로 취급하고, 프로테스탄트에서는 외경(外經)으로 취급하는 서적.

대천사 미카엘과 마찬가지로, 『구약성서』에 이름이 명기되어 있는 천사. 이름은 「신의 사람」 「신은 강력하다」라는 의미로, 영국의 시인 존 밀튼 저작 「실낙원」에서는, 라파엘(P.30), 우리엘, 미카엘(P.60)과 마찬가지인, 치천사(熾天使·세라핌) 【주1】로 나온다.

가브리엘의 주된 임무는, 신의 의지를 선택받은 인간에게 전하는 것이다. 가장 유명한 에피소드로는, 성모마리아의 수태고지를 들 수 있다. 『신약성서』 중에서도, 문학적으로 뛰어난 역사적 서술이라고 알려진 『루카에 의한 복음서』【주2】에 의하면, 가브리엘은 동정녀 마리아의 회임을 알리고, 태중의 아들을 예수라고 이름 지을 것을 계시했다. 그리고, 그 아이가 나중에 구세주가 될 것임을 알렸다고 한다. 이 장면은 『십자가에 매달린 그리스도』나 『사탄과 싸우는 미카엘』 등의 유명한 종교화와 같이, 자주 종교화의 소재로 다루어져서, 그 유명한 이탈리아의 화가인 레오나르드 다빈치도 『수태고지』라는 작품명으로 이 장면을 그렸다.

천사라고 한다면, 날개가 달려있는 남성, 혹은 양성구유라는 이미지가 강하다. 하지만, 가브리엘은 여성으로 묘사되는 경우가 많아서, 천사 중에서도 이질적인 존재라고 할 수 있다. 그 이유로, 앞에서 이야기한 마리아에게 수태고지를 하는 장면에서, 가브리엘은 처녀인 마리아의 방을 방문한다. 당시의 유대사회에 있어서, 처녀의 방에 남자가 들어가는 것은 상상도 할 수 없는 일이었다. 또한 『구약성서』의 제25전인 『토비트서』【주3】에 의하면, 가브리엘은 신의 오른편에 앉아 있다고 나와있는데, 유대 사회의 습관으로 남편의 왼쪽은 부인이나 딸의 자리였다는 것 역시, 가브리엘의 여성설을 뒷받침하는 판단근거가 될 것이다. 그리고, 거의 모든 종교화에 있어서, 순결의 심볼인 백합과 함께 그려져 있는 점도 흥미진진하다. 단, 가브리엘 여성설은 어디까지나 일설에 지나지 않아서, 판정은 불가능하다. 단, 종교화에 있어서 여성, 혹은 여성적으로 그려져 있는 경우가 많은 것은 사실이다.

바로 써먹을 수 있는
**중 2병 스타일
회화 예**

A : 가브리엘은 나에게 신의 계시를 내린다. 여기서 죽을 운명이 아니라는 것을……
B : 갑자기 무슨 이야기를 하는 거야? 괜찮냐?
A : 괜찮다, 아무 문제 없다.
B : ……이거 병이 심각하네.

마리아나 잔다르크에게 신의 계시를 전한 가브리엘. 전령과 통신의 수호자인 가브리엘은, 이후에 역사를 크게 바꿀 인물에게만 신의 계시를 전한다. 만약, 계시를 듣게 된다면, 그 계시에 따르는 것으로 역사에 자신의 이름을 남길 수 있을지도 모른다.

가브리엘

게이볼그

켈트 신화에 등장하는 영웅 쿠 훌린이 애용한 마창.
한번 던지기만 하면, 반드시 상대를 죽인다는 이야기가 전해져 내려온다.

⚜ ······ 반드시 상대의 심장을 관통하는 필살의 창 ······ ⚜

게이볼그는, 켈트 신화에 등장하는 창 중의 하나로, 게이불그, 가불가 등으로도 불린다. 창의 모양은 어로를 할 때 사용되는 작살과 같은 단순한 모양으로, 일설에는 바다 괴수의 뼈를 깎아서 만들었다고도 한다. 또한, 그 무게가 매우 무거워서, 일반 병사들은 들 수조차 없었다고 한다. 이 창은 켈트 신화에서 묘사되는 반신반인의 영웅인 쿠 훌린 【주1】이 애용한 창으로, 그가 그림자의 나라 여왕인 스카아하 【주2】의 밑에서 가혹한 수행을 겪은 후에, 필살기의 전수와 함께 그에게 주어진 창이라고 한다.

여기까지의 설명만 들으면, 매우 무식한 창을 상상할 수도 있지만, 이 창은 마법의 창으로 묘사되는 경우가 많다. 그도 그럴 것이, 원래 이 창의 이름은 「**심장을 먹는 자**」, 혹은 「**번개 투척**」이란 의미를 가지고 있다. 그 이름대로, 한번 던지면 상대방의 심장을 꿰뚫을 때까지 계속 날아다닌다, 라던가, 30개의 화살촉으로 갈라져서 상대방에게 날아간다, 와 같은 보통의 창으로는 있을 수 없는, 그야말로 판타지 스타일의 위력을 지닌 창인 것이다. 그리고, 어떤 복잡한 사정으로, 쿠 훌린은 여왕 스카아하의 밑에서 같이 수련을 했던 친우인 페르디아나, 쿠 훌린의 아들인 콘라를 게이볼그로 죽이고 말았다.

게다가 자신이 죽은 이유도, 적에게 뺏긴 게이볼그로 꿰뚫렸기 때문인 것으로, 종종 주인이나 주변의 인물조차도 죽이는 마창으로 묘사되는 경우가 적지 않다.

이러한 마술적인 힘이나, 저주를 뿌리는 마창이라는 요소에서, 강력한 힘을 가진 창으로 판타지 세계에 등장하

백발
파
이
크
백중!

【주1】 아일랜드에서 영웅으로 알려진 창의 명수다. 어릴 때부터 뛰어난 전투의 재능을 가지고 있었다.

【주2】 켈트 신화에 등장하는 여신 중 1명. 7개의 성벽으로 둘러싸인 그림자의 나라[명계]를 통치한다.

바로 써먹을 수 있는 중2병 스타일 회화 예

A : 너, 창던지기 경기에 나간다면서?
B : 응. 나의 게이볼그가 불을 뿜을 것이야.
A : 그래? 그럼, 창을 던지면 누군가가 찔린다는 거 아니야······
B : 앗!

게이볼그는 저주받은 마창으로 묘사되는 경우가 많지만, 고귀하고 강력한 창으로서 묘사되는 경우도 많다. 일상적인 장면에서 사용하는 경우에는, 필살의 창이라는 의미로 사용하는 것보다, 그 유명함을 이용해서 이름만을 사용하는 것이, 상대방에게 의미가 잘 전달될 것이다.

게이볼그

는 경우도 매우 많다. 게이볼그와 마찬가지로 유명한 창인, 북유럽 신화의 주신 오딘(P.131)이 가진 궁니르와 1,2위를 다툴 정도의 높은 지명도를 자랑하고 있다. 게이볼그를 사용하는 쿠 홀린 역시 여성을 노예로 만들 정도의 뛰어난 용모를 가지고 있었다는 점에서, 「저주받은 마창 + 미남 기사」라는, 세트로 이야기를 만들기 쉽다는 것도 한가지 원인일 것이다.

일격필살의 창

게이볼그는 반드시 심장을 꿰뚫는다고 알려져 있지만, 그것 이외에도 말도 안될 정도의 성능을 가지고 있다. 예를 들어, 상대방을 찌른 다음 상대방의 몸 속에서 30개의 화살촉이 날아다닌다거나, 던졌을 때 갈라지는 30개의 화살촉에 전부 맹독이 발라져 있어서, 어떤 상대이든 한번 찔리면 독으로 죽게 된다는 그런 성능이다. 표현의 차이가 있기는 하지만, 결국 게이볼그는 한번 던지기만 하면 반드시 상대를 죽인다는, 말 그대로 필살의 창인 것이다.

❧⸺ 사실은 창이 아닌 투척술 !? ⸺❧

신화를 읽어나가면, 사실 게이볼그는 창을 가리키는 것이 아닌, 쿠 홀린이 사용한 필살기인 투척술이었다는 설도 있다.

이와 같은 설이 나온 이유로는, 일단 창 자체의 이름이 「번개 투척」이라는 투척법으로서의 의미를 가지고 있기 때문이다. 또한, 일부 신화의 번역에서 게이볼그에 대해서, 수중에서밖에 사용할 수 없는 기술이라는 표현이 되어있거나, 또는 마술적인 공포의 기술과 같은 스타일의 창이라고는 단 한 글자도 써있지 않은 경우도 있다.

또한, 쿠 홀린의 스승인 여왕 스카아하는 마술사로서도 일류였기 때문에, 그 마술의 필살기로서 게이볼그를 가르쳤다는 설도 있다. 즉, 앞에서 이야기했던, 반드시 상대방의 심장을 꿰뚫는다는 마술적인 힘은, 진짜로 마술이었던 것이다. 실제로, 쿠 홀린은 여왕 스카아하에게 몇 가지 전투용 마술을 배웠기 때문에, 상당히 일리가 있는 이야기이다. 또한, 그 자신도 다리로 게이볼그를 던졌다라는 이야기도 있어서, 다리에서 나가는 마술이었다, 라고 하더라도 전혀 이상할 것이 없다.

예를 들면 들을수록 신빙성이 더해지는 게이볼그 투척법설이지만, 어디까지나 그런 설도 있다는 정도로만 받아들이도록 주의를 하기 바란다. 종자에게 게이볼그를 들게 하는 장면이 있는 번역도 존재하고, 무엇보다 마지막에 그가 적에게 뺏긴 게이볼그에 심장을 꿰뚫렸다는 것이 일반적인 전승이기 때문이다. 만약 게이볼그가 투척법이었다고 한다면, 이러한 묘사는 이치에 맞지 않기 때문에, 역시 「게이볼그는 창이다」는 설이 일반적인 것이다.

원래, 신화라는 것은 번역하기에 따라서 얼마든지 내용이 바뀌기 마련이다. 만약, 어느 쪽 설이 더욱 정확한 것인지가 신경 쓰인다면, 켈트 신화의 책을 전부 다 찾아서 읽고, 자기 나름대로의 결론을 내보는 것도 나쁘지는 않을 것이다.

궤도 엘리베이터

우주와 지상을 연결하는 궤도 엘리베이터 구상은.
과학기술의 발달로 인해 조금 더 있으면 실현이 가능한 상황이다.

이론적으로는 실현 가능한 궤도 엘리베이터

궤도 엘리베이터 【주】란, 그 이름대로 **지상에서 궤도상까지를 연결하는 엘리베이터**를 가리킨다. 수직으로 세워진 가이드 레일을 따라서 상자가 위아래로 움직이는 구조는, 일반적인 엘리베이터와 마찬가지다. 단, 궤도 엘리베이터를 만드는 데는 10만km라는 말도 안 될 정도의 높이가 필요하게 된다. 지구에는 중력이 작용하고 있기 때문에, 너무나도 큰 구조물은 자체의 무게에 의해 무너지고 마는 것이 아닌가라고 생각하겠지만, 사실 이론적으로는 건설이 가능하다고 한다.

평소에, 지상에 있는 우리들은 강한 중력의 영향하에 있기 때문에 느끼지를 못하지만, 지구에는 자전에 의한 원심력도 작용하고 있다. 지구에서 멀리 떨어질수록 중력은 약해지고, 적도상공의 고도 약 36,000km의 지점이 중력과 원심력이 딱 균형을 이루는 지점이다. 이것이 **인공위성이 놓여지는 정지궤도**다. 여기서 우주 쪽으로 더 나가면, 이번에는 원심력이 더 강해지기 때문에, 원심력과 중력이 똑같이 작용하도록 구조물을 건설하면, 그 물체는 고도를 유지한 채로 있을 수 있는 것이다.

우와~ 우주다~!

사실, 궤도 엘리베이터의 아이디어 자체는 예전부터 존재했다. 최초로 기록으로 남긴 것은 구 소련의 과학자인 콘스탄틴 E 치올코프스키로, 1889년에 완성한 파리의 에펠탑을 보고, 궤도 엘리베이터에 대해 생각했다고 한다.

이 구상을 더욱 넓힌 것이, 구 소련공과대학의 학생이었던 유리 알츠타노프로서, 우주공간에 닿는 구조물의 건설을 **이론적으로 가능**하게 만들었다. 단, 지상에서 쌓아 올려서 완성시키는 것은 무모하다고 생각해서, 그 대신에 정지궤도상에서 위아

【주】 궤도 엘리베이터라는 호칭은 소설이나 해설서에서도 사용되고 있다. 이전에는 일반적이었지만, 영어로는 「Space elevator」라고 표기하는 경우가 많기 때문에, 최근에는 우주 엘리베이터라고 불리는 경우가 많아졌다.

바로 써먹을 수 있는
중 2 병 스타일 회화 예

A : 미팅 잘 되어서 기분 최고라고 하더니만, 오늘은 무지 다운되었네?
B : 아니, 여러 가지 일이 있어서 말이지.
A : 정말이지, 너는 업 다운이 궤도 엘리베이터 수준이구만.

지상에서 우주를 연결하는 궤도 엘리베이터의 최대 특징은, 누가 뭐래도 36,000km라는 높이 차이다. 따라서 일상생활에서 사용하는 경우에는, 예를 든 기분의 업 다운과 같이, 고저차이가 확실하게 나는 것에 비유하는 것이 가장 좋다.

래로 건설하는 방법을 고안하여, 이미 1960년의 단계에서 신문 칼럼에 발표했다.

현재의 궤도 엘리베이터 구상은, 대부분이 이 알츠타노프의 생각을 기본으로 하고 있다고 해도 과언이 아니다. 그 후, 궤도 엘리베이터는 SF소설 등에도 등장해서, 1980년대 경부터 일반인에게도 잘 알려지게 되었다. 일본 애니메이션 작품 등에 등장하고 있는 것도 있지만, 완전히 **허황된 이야기는 아니라는 것**이다.

가장 큰 적은 우주 쓰레기

궤도 엘리베이터의 실현에는, 기계의 동력부터 시작해서, 내려가는 감속방법이나 방사선피폭대책 등, 그 과제는 많다. 하지만 현재 과학기술의 연장선상에서 처리가 가능한 것이 많으며, 정작 가장 큰 문제는 우주쓰레기라고 한다. 현재, 지구 주변에는 로켓을 쏘아 올릴 때 생긴 쓰레기가, 3000톤에서 5000톤 정도가 있어서, 초속 10km의 속도로 날아다닌다고 한다. 일단은 이 쓰레기부터 치워야 할 필요가 있다.

✿········ 현실성은 소재개발의 성공여부에 달려있다 ········✿

【주2】파단장
파단장이란, 물질을 균일한 두께의 끈 형태로 해서 위에서부터 수직 방향으로 늘어뜨렸을 때, 그 물질의 내구도가 자중을 견딜 수 없어서 끊어지는 길이다. 소재의 강도에 따라서 다르며, 이것이 길면 길수록 튼튼한 물질이라고 할 수 있다.

궤도 엘리베이터의 구상은 구체적인 것이었지만, 과학자들은 「궤도 엘리베이터는 절대로 만들 수 없다」라고 생각하고 있었다.

그 이유는, 물질의 파단장【주2】에 있다. 튼튼한 물질이라고 해서 일반적으로 떠오르는 강철은 50km, 강철의 4~5배의 강도를 가진 케블라 섬유라도, 기껏해야 200km밖에 안 된다. 우주에 닿는 엘리베이터를 만들기 위해서는, **5000km 정도의 파단장**을 가진 물질이 필요하기 때문에, 1980년대 중반까지는 완전히 불가능하다고 여겨졌다.

그런데, 1991년에 탄소섬유 분야에서 혁신적인 진보가 있었다. 탄소 나노튜브의 발견이었다. 탄소 나노튜브는 그 비중이 알루미늄의 절반 정도에 불과하고, 강철보다 월등히 뛰어난 경도를 가지고 있다. 특히, 섬유의 결을 따라서 잡아당길 때의 강도는 다이아몬드보다 강해서, 놀랍게도 이론적인 파단장은 1만에서 10만km라고 한다. 어디까지나 이론적인 수치여서, 실제로 탄소 나노튜브로 케이블을 만들 수 있는지는 미지수이지만, 만약 실현된다면 궤도 엘리베이터에 필요한 케이블이 제조가 가능하다는 결론이 나온다.

이러한 배경에서, 궤도 엘리베이터는 요새 다시 주목을 받고 있다. 미국의 스페이스 셔틀 계획은, 셔틀을 쏘아 올리는데 막대한 비용이 들기 때문에, 재원의 문제로 인해 중지가 되었다. 그러나 궤도 엘리베이터는 일단 완성시키고 나면, 몇 번이고 사용이 가능하기 때문에, 비용을 대폭 줄일 수 있는 이점이 있다.

우주관련기기를 개발하고 있는 회사의 기술자는, 「필요한 기술 자체는, 우주선이나 우주 정거장의 연장선상에 있다. 개발예산과 인원만 확보할 수 있다면, 앞으로 **20년 정도면 완성**시킬 수 있을지도 모른다」라고 이야기하고 있다. 궤도 엘리베이터가 현실이 되는 날도, 그렇게 멀지 않을지도 모른다.

길가메쉬

메소포타미아 신화의 대 히트작인 「길가메쉬 서사시」의 주인공.
그의 이름은 여러 곳에서 인용되어 있다.

❧……… 둘도 없는 친구를 얻은 폭군은 명군으로 ………❧

길가메쉬는 메소포타미아 신화에서도 높은 인기를 자랑하는 에피소드인 『길가메쉬 서사시』[주1]의 주인공이다. 그는 기원전 2600년경에 번성한 우르크라는 나라의 제1왕조시대의 왕을 모델로 탄생하였다. 당초에는 백성을 돌보지 않는 폭군이었지만, 어떤 일을 계기로 우수한 지도자가 되어, 126년동안 국가를 통치했다고 한다. 그 계기라는 것이, 자신과 동등한 힘을 가진 친구를 얻은 것이었다.

길가메쉬는 여신 닌슨과 인간 사이에 태어난 아이로, 3분의 2는 신, 나머지는 인간이라고 한다. 신의 피를 이어 받았기 때문에, 길가메쉬는 강인한 육체와 보기 드문 완력을 겸비했었지만, 젊은 날의 그는 남아도는 힘으로, 백성들을 괴롭히는 폭군이었다. 이에 참을 수 없었던 백성들은, 결국 신에게 도움을 청했다. 그러자 여신 아르르는 **점토**에서 엔키두라는 전사를 만들어서, 길가메쉬에게 들이댄 것이다.

엔키두의 도전을 받은 길가메쉬는 전력으로 싸웠다. 하지만, 엔키두는 신이 만든 전사였기 때문에, 그 힘은 길가메쉬에 지지 않았다. 둘의 싸움은 결판이 나지 않았고, 결국 자신이 절대적인 존재가 아니라는 것을 깨달은 길가메쉬는, 겸손함을 배웠고, 새 삶을 살게 되었다. 그리고 사투를 벌인 엔키두와는 화해를 해서, 이 두 사람은 생애에 둘도 없는 친구가 된 것이다.

그 이후의 이야기에서는, 길가메쉬와, 그의 동료인 엔키두의 장대한 모험이 그려진다. 그중에서도 유명한것이 숲에 사는 괴물 훔바바의 퇴치다. 훔바바[주2]는, 두 사람이 동시에 덤벼도 쉽게 쓰러

> 아이, 편해!

【주1】『길가메쉬 서사시』는, 메소포타미아 신화 중에서도 인기가 높으며, 최장의 에피소드를 자랑하는 이야기다.

【주2】엔키두가 살고 있던 숲, 혹은 가까이에 있는 숲의 수호신.

바로 써먹을 수 있는 중2병 스타일 회화 예	A : 저 녀석, 여자친구 생기더니만 성격 변했어. B : 왠지 상냥해진 것 같은데? C : 길가메쉬인가……그렇다면, 얼마 안 있어서 헤어지겠네.

길가메쉬는 친구를 얻음으로써, 폭군에서 명군으로 다시 태어났다. 회화에서 사용하는 경우에는, 예에서 든 것과 같은 장면에서 인용하는 것이 좋을 것이다. 단, 길가메쉬와 엔키두는 최종적으로 죽어서 헤어졌기 때문에, 본인들 앞에서는 절대 이야기하지 않도록 주의하자.

길가메쉬

가 나 다 라 마 바 사 아 자 차 카 타 파 하

트릴 수 없는 상대였다. 그래도, 엔키두는 길가메쉬를 보호하고, 길가메쉬는 엔키두의 그림자에서 과감하게 공격을 감행했다. 하지만, 그의 공격은 전혀 효과가 없었기 때문에, 길가메쉬는 신에게 빌었다. 그러자, 사방에서 바람이 불어서, 훔바바가 움직일 수 없게 되었고, 그 틈을 타서 길가메쉬는 훔바바의 목을 쳐낼 수 있었다.

영원한 생명을 찾아서 방랑

엔키두라는 친구를 잃고, 사람의 목숨에는 한계가 있다는 것을 알게 된 길가메쉬는, 영원한 생명을 찾아서 여행을 떠난다. 그리고, 드디어 불사의 비밀을 아는 인물과 만나게 되어, 불사의 방법을 알아내는데 성공을 했지만, 그 방법은 실패로 끝났다. 그렇지만 길가메쉬는, 이 경험에서 운명을 있는 그대로 받아들이는 것이야말로, 인간 본연의 모습이라는 것을 깨닫고, 만족하면서 고향으로 돌아갔다.

❖⸻ 신이 만든 야인 엔키두 ⸻❖

【주3】 훔바바를 퇴치하고 우르크로 돌아온 길가메쉬. 그 늠름한 모습을 보고 한눈에 반한 여신 이슈탈은, 그에게 마음을 전하지만 거절당하고 만다. 이에 격노한 이슈탈은, 하늘의 황소를 우르크에 풀어놓아서, 주민들을 죽였다. 길가메쉬와 엔키두가 가만히 있을 리가 없어서, 즉시 싸움이 시작되었다. 그 후, 두 사람은 하늘의 황소를 퇴치하지만, 이것은 신들의 소유물이었기 때문에, 벌을 받게 되었다.

『길가메쉬 서사시』 또 하나의 주인공 엔키두. 그는 길가메쉬나 주위의 인간에게 많은 것을 남기고, 그 인생을 마쳤다.

폭군이었던 길가메쉬에게 겸허함을 가르치기 위해, 신이 점토에서 만들어낸 야인 엔키두. 태어난 직후에는 전신에 털이 수북하고, 동물 정도의 지능 밖에 없어서, 짐승들과 같이 들을 뛰어다녔다. 이러한 그를 길가메쉬의 곁으로 인도한 것은, 1명의 여성이다.

어느 날, 엔키두를 발견하고 놀란 사냥꾼은, 엔키두 앞에 **창부**를 데려와 놨다. 창부의 매력에 푹 빠진 엔키두는, 일주일 동안 계속 그녀와 관계를 가졌다. 결국, 엔키두가 정상으로 돌아오자, 동물들은 그를 피하게 되었다. 이상하다고 생각하고, 동물들을 뒤쫓으려 했을 때, 엔키두는 자신의 다리 힘이 떨어졌다는 것을 알게 되었다. 그것은, 성교로 인해 과도하게 정력이 배출된 것으로, 엔키두의 야성이 없어져서, **야인에서 인간으로 승화한 증거**였다. 인간이 된 엔키두는 여자에게 이끌려 우르크로 향하고, 길가메쉬와 대립했다. 그리고 결국 그와 싸움을 통해서 친구가 된 것이다.

그 후, 두 사람은 여러 가지 모험을 경험해가지만, **하늘의 황소** 【주3】를 죽인 것 때문에, 신들에게 벌을 받게 되었다. 어느 쪽이든 한명에게 죽음을 내리기로 결정한 신들은 엔키두를 골랐고, 결국 그는 병으로 죽고 만다. 그때, 엔키두는 자신을 인간으로 승화시킨 창부를 저주하지만, 그런 그에게, 태양신 샤마쉬는 「너는 그녀 덕분에 길가메쉬라는 친구를 얻었다」라고 했다. 그 말을 들은 엔키두는 친구와 함께 했던 모험을 떠올리면서, 편하게 숨을 거두었다. 그의 죽음을 슬퍼한 길가메쉬는 비통함에 소리를 질렀고, 그 소리는 온 나라에 퍼졌다고 한다.

나

나치스

독일을 주도해서, 전쟁으로 몰고 간 나치스는,
오컬트적인 전설이 끊이지 않는 조직이기도 했다.

❖⋯⋯ 나치스는 어떻게 탄생했는가 ⋯⋯❖

【주1】 나치스의 모태가 된 조직 중 하나로서, 원래는 반 유대주의를 주장한 게르만 기사단이라는 비밀결사의 분파다. 반 공산주의·반 유대주의를 주장하며, 나중에 나치스의 중요한 요직에 앉는 인물도 이 조직에 많이 소속되어 있었다.

【주2】 나치스가 일으킨 무장봉기 사건으로, 5만 명이 넘는 세력으로 성장한 나치스는, 바이에른 주 이외의 우파와 공동으로 정권전복의 기회를 노리고 있었다. 그러나, 노선의 차이가 발생했기 때문에, 무력으로 제압을 노렸지만, 역으로 경찰이나 국방군에게 제입당했다.

나치스는, 제2차 세계대전 중에 저지른 유대인 대량학살 등으로 악명이 높다. 독일의 독재자인 **아돌프 히틀러**와 같이 거론되는 경우가 많지만, 히틀러의 사설조직이 아닌, 정확히는 국가사회주의 독일 노동자당이라는 당시의 **우익정당**이다.

나치스의 전신인 툴레협회【주1】의 계통을 잇는 독일 노동자당으로, 1919년에 입당한 히틀러의 주장에 의해 개명·재편성되었다. 나치스는 히틀러의 연설이나, 당내의 조직된 돌격대에 의한 공산주의자와의 충돌사건 등으로 민중의 지지를 얻었고, 나중에는 루르 공업지역을 점령한 프랑스에 대한 저항 활동을 펼쳐서, 부유층으로부터도 지지를 얻게 되었다. 이렇게 점차 세력을 확대해간 나치스는, 1923년에 뮌헨폭동【주2】을 일으키지만, 진압되어 나치스는 **해산**되고 만다.

이 사건으로 히틀러 역시 체포 당하지만, 단기간의 형기를 마치고 출소하자 다시 나치스를 재건. 신생 나치스는, 뮌헨을 기점으로 전국으로 세력을 확대해 나가서, 1933년에는 국내 제1당의 자리를 차지할 정도로 성장했다. 당시에 독일은 제1차 세계대전에 패배한 이후로, 많은 군인들이 정부에 대해 실망감을 안고 있었다. 또한, 세계공황의 영향으로 빈곤에 굶주린 사람도 많았고, 이러한 사회의 변혁을 바라는 사람들이, **나치스의 지지자**가 된 것이다.

급속하게 대두한 나치스에 대해서, 외국에서도 경계를 해야 한다고 주장한 인물이 있었다. 단, 당시에는 공산주의에 대한 경계를 많이 했기 때문에, 나

바로 써먹을 수 있는 **중2병 스타일 회화 예**

A : 행방불명이었던 명화가 발견되었다면서?
B : 이로써 인류는, 나치스의 망령에서 보물을 또 하나 되찾게 되었지!
A : 아니, 골동품상에서 팔고 있었다던데?
B : 이런, 눈치없는 녀석.

나치스라고 하면 유대인의 학살이 유명하지만, 이 외에도 세계의 명화를 수집했다거나, 성유물을 탐색했거나 하는 이야기도 있다. 이러한 사실을 바탕으로, 예를 들어 중요한 무언가가 행방불명 되었을 때, 「나치스 잔당의 소행인가!」라고 이야기를 하면…… 분위기가 난다.

치스의 융성은 일시적인 현상이라는 시각이 강했던 것도 있어서, 나치스의 성장은 별다른 방해 없이 이루어졌다.

시대적 배경을 탄력으로 삼은 나치스는, 국회의사당 방화사건 [주3]과 긴 나이프의 밤 [주4]이라는 2개의 사건을 거쳐서 전권위임법을 성립시키고, 일당독재체제를 확립하여 국정을 장악했다.

그 후, 나치스는 철저하게 국내의 정보를 통제했으며, 히틀러의 지도하에, 제2차 세계대전으로 돌진한 것이다.

힘러의 과대망상

힘러는, 친위대를 게르만인에 의한 엘리트 집단으로 만들려고 생각해서, 프리메이슨(P.132)과 같은 체계적인 계급제를 도입함과 동시에, 대원에게는 예수회와 같이 엄격한 수련의무를 내렸다. 또한, 힘러는 아더왕 전기에 등장하는 원탁의 기사를 따라 해서, 12명의 친위대 대장을 조직의 맨 꼭대기에 배치한 것으로 유명하며, 결국에는 자신이 왕의 전생이라고 믿었다고 한다.

【주3】 선거전이 한창이던 1933년 2월에, 국회의사당이 방화되어 전소된 사건. 정부는 조사결과를 기다리지 않고, 공산주의자의 소행이라고 단정지었다. 대통령 긴급령을 발동해서 수많은 공산주의자가 구속되어. 네덜란드인 공산주의자 1명이 범인으로 체포·사형을 당했다.

【주4】 1934년에 일어난, 나치스 내부의 숙청 사건. 재건 후의 나치스 사설부였던 돌격대가, 이를 이끄는 에른스트 룀과 히틀러의 노선대립의 영향으로 숙청되었다.

【주5】 히틀러에게 심취해있던 나치 당원. 친위대의 지휘관이 된 이후에는, 경찰권력에 의한 통제강화 등을 실행하면서, 게르만 민족의 우위성의 입증에 열중했다. 사람에 따라서 내리는 평가가 전혀 다르기 때문에, 현재까지도 힘러에 대한 평가는 확실하게 정해져 있지 않고 있다.

나치스와 신비주의

오락영화나 소설 등에서는, 종종 나치가 흑마술의 예식을 거행하거나, 성유물 탐색을 하는 등의 장면이 등장한다. 이러한 설정은, 히틀러가 **오컬트에 심취**했다는 설을 바탕으로 한 것이지만, 어디까지가 진짜일까?

히틀러는, 1960년에 발표된 『마술사의 아침』과 1972년에 발표된 『운명의 창』이라는 2개의 작품이 세상에 등장함으로써, 신비주의자였다는 이야기가 나오게 되었다. 그러나 이러한 창작물에 기록된 내용들은 대부분 객관적인 뒷받침이 없어서, 신빙성이 모자란다고 한다.

히틀러가 청년시절에, 태양계는 작열하는 천체와 얼음의 천체가 충돌해서 만들어졌다는 우주빙설을 믿고 있었다거나, 나치스가 점성술사를 프로파간다에 협력시켰던 것은 사실이라고 한다. 단, 티벳 밀교에 전해지는 이상향 샴발라를 찾아 다녔다는 설이나, 성유물 중의 하나인 롱기누스의 창을 고집했다, 라는 소문은 역시 객관성이 부족한 이야기라고 한다.

하지만, 나치스의 친위대를 이끄는 하인리히 힘러 [주5]가, 신비주의에 상당히 심취했었다는 것은 사실이라고 한다. 힘러는, 게르만 민족의 우위성을 북방민족을 통해서 그 기원을 구하고자 하였다. 룬 문자에 신비한 힘이 있다고 믿고, 친위대의 문장으로 한 것 이외에도, 아넨엘베라는 이름으로 알려져 있는 조국유산협회를 설립해서, **게르만 민족의 유산**에 관한 정보를 모으고 있었다. 따라서, 히틀러 개인이 아닌 나치스라는 조직 단위를 본 경우라면, 오컬트적인 요소가 전혀 없는 것은 아니다.

나치스에 연관된 오컬트적인 이미지는, 힘러와 친위대, 그리고 조국유산협회의 영향이 강하기 때문일지도 모르겠다.

네크로노미콘

크툴루 신화가 만들어낸 사상 최악의 마도서.
모독적인 내용이지만 인기가 높아서, 수많은 자가 이 책을 원한다.

✤……… 크툴루 신화에서 탄생한 인기 마도서 ………✤

【주1】 하워드 필립스 러브크래프트. 미국의 소설가, 시인으로 1937년에 사망. 우주적 공포·코즈믹 호러라 불리는 호러 소설로 유명하다. 특히 크툴루 신화라 불리는 시리즈의 작품은 후세의 크리에이터들에게 지대한 영향을 주었다.

【주2】 러브크래프트가 쓴 소설세계를 바탕으로, 그의 친구인 작가어거스트 덜레스가 정리한 가공의 신화체계. 세계관이나 설정을 공유하는 쉐어 월드이기도 해서, 많은 작가들이 크툴루 신화를 사용한 작품을 남겼다.

【주3】 아랍어에 없는 단어를 사용한 타이틀. 의미로서는 마물의 울부짖음, 정령의 울부짖음과 같은 의미다.

【주4】 크툴루 신화에서, 예전에 지상을 지배했던 신. 현재는 어떤 사정으로 인해 활동이 제한되어 있다.

네크로노미콘이란, 러브크래프트 **【주1】** 가 쓴 작품에 등장하는 가공의 마도서다. **크툴루 신화 【주2】** 에 있어서는 중요한 아이템으로 설정되어 있어서, 크툴루 신화의 세계관을 이은 각국의 작품에 네크로노미콘을 등장시키고 있다.

설정에서는 8세기경에, 원전이 되는 『알 아지프』 **【주3】**, 혹은 『키타브 알 아지프』가 아랍어로 집필되었다. 저자는 **압둘 알하자드**(압둘 알하즈레드) 라는 인물로, 아람인이지만 이슬람과 코란의 가르침보다도, **구 지배자 【주4】** 를 더 신봉했다. 상식을 벗어난 언동을 많이 했기 때문에, 「미친 아랍인」「미친 시인」 등으로 불렸으며, 그는 이 책을 집필한 후, 다마스쿠스의 노상에서 눈에 보이지 않는 괴물에게 산채로 잡아 먹혔다고 한다.

그 후, 『알 아지프』는 콘스탄티노플에서 그 모습을 드러내고, 비잔틴인 테오도로스 필레타스에 의해, 네크로노미콘이라는 제목을 가지고 그리스어로 번역되었다. 그 후, 이 책의 제목은 네크로노미콘으로 통일된다. 또한, 네크로노미콘이란 그리스어 조어로, 『사자의 법률 서』 『사자의 서』와 같은 의미다.

11세기가 되자, 이 위험한 서적은 정교회에서 금서처분을 받는다. 하지만, 연금술사나 마술사들에 의해 은밀히 보관되어, 후세에 전해졌다. 13세기에는 그리스어 판에서 라틴어 판으로의 번역이, 16세기에는 존 디 박사 **【주5】** 에 의해 영어번역판이 나왔다. 하지만, 모독적인 내용으로 인해 계속 금서나 출판금지 처분을 받아서, 완전한 상태의 책을 찾아보기가 힘들어지고, 불완전한 사본이나 위서가 세상에 돌기 시작했다고 한다. 단, 존 디가 번역한 것은, 그리스어

바로 써먹을 수 있는
**중2병 스타일
회화 예**

A : 아, 이 책 빌릴……아니, 이 책은!?
B : 야! 멋대로 뒤지지마!
A : 수 개월 만에 은퇴한 전설의 아이돌 사진집
……사진집계의 네크로노미콘!?
B : 절대로 안 빌려 준다고!!

네크로노미콘은 강력한 마도서이지만, 그 자체의 의미를 사용하는 것은 쉽지 않다. 단, 보고 있으면 이상해진다거나, 왠지 모를 묘한 기분이 드는 기괴한 책으로 비유하는데 딱 알맞은 책이다. 또한 희소 가치가 있는 책에 대해서도 잘 들어맞지만, 가능하면 좀더 임팩트가 있게 사용하는 것이 좋다.

판에 충실하여, 훌륭한 완성도를 보여줬다고 하지만, 이 역시 책으로 만들어지지 않고, 불완전한 사본만이 세상에 돌아다니게 되었다. 이외에도 『악의 제사』, 통칭 『서섹스 필사본』이라 불리는 수준 낮은 번역의 필사본도 존재했다. 하지만, 이런 불완전한 사본이라도, 이세계에 존재하는 괴물을 소환할 수 있었다고 한다. 이 이외에 확인된 것은, 미스카토닉 대학 부속 도서관에, 표지에 『이슬람의 거문고』라는 이상한 제목을 가진 네크로노미콘이 있다. 위서나 불완전한 책이 워낙 많아서, 정확하게 파악하기는 어렵지만, 완전한 사본은 지금까지 다섯 권만이 존재한다고 한다.

중요한 이 책의 내용은 압둘 알하자드가 비술로 체험한 것, 우주적 존재에게 배운 지식, 바깥 세상의 신들과의 접촉방법이나 시간과 공간을 초월하는 방법, 마도나 구 지배자들에 관련된 것 등, 매우 폭넓은 내용을 다루고 있다. 비록 상당히 읽기 어렵지만, 구 지배자나 마도에 관한 지식을 얻으려 한다면, 가장 적절한 마도서이기 때문에, 많은 마술사들이 손에 넣으려 하고 있다.

네크로노미콘이 등장하는 타작품

크툴루 신화 관련작품에서 뛰쳐나온 네크로노미콘. 게임 『파이널 판타지』 『테일즈』 시리즈나, 라이트노벨 『어떤 마술의 금서목록』 등이 유명하다. 유명해진 탓에 지금은 크툴루 신화는 모르더라도 네크로노미콘이라는 마도서의 존재는 안다는 사람도 많아지는 추세이다.

【주5】16 세기 영국, 런던에서 태어난 연금술사, 점성술사, 수학자. 실존 인물로, 에녹어라는 독자적인 언어를 사용해서, 천사와 교신을 했다고 한다.

가
나
다
라
마
바
사
아
자
차
카
타
파
하

❧ 크툴루 신화에서 뛰쳐나온 네크로노미콘 ❧

크툴루 신화에 등장하는 마도서 중에서도, 가장 인상적이며, 팬들에게 큰 영향을 준 네크로노미콘. 지금은 크툴루 신화를 묘사한 작품 이외의 소설이나 게임에도 대표적인 마도서로서 다뤄지고 있다.

참고로 크툴루 신화의 팬들은 몇 번인가 네크로노미콘을 재현했다. 그 중 유명한 것은, 1978년에 조지 헤이가, 존 디 판을 기본으로 번역을 한, 『네크로노미콘 필사본』을 출판. 또한 2004년에는 도널드 다이슨이 네크로노미콘에서 인용되었다는 부분을 모아 네크로노미콘을 복원해서, 『네크로노미콘 알하자드의 방랑』을 출판했다. 작품에 나오는 네크로노미콘처럼, 그 매력은 지금도 퇴색되는 일 없이, 다른 의미로 많은 사람들을 열광시키고 있는 것이다.

네크로노미콘

노아의 방주

세계를 멸망시키는 대홍수로부터 자신을 지키는 단 하나의 유일한 희망이, 바로 노아의 방주다.
노아와 그 가족, 그리고 수많은 동물들을 구원한 「방주」란 도대체 무엇일까?

❧⸱⸱⸱⸱⸱⸱⸱ 대홍수에서 자신을 지키는 거대선 ⸱⸱⸱⸱⸱⸱⸱❧

【주1】 방주의 크기는, 길이가 300 큐빗, 폭 50 큐빗, 높이는 30 큐빗. 1 큐빗을 전통에 따라서 44.5cm 라고 계산하면, 배의 전장은 약 133m, 폭은 약 22m, 높이 약 13m 가 된다.

【주2】 현재 터키 공화국의 동쪽 끝에 있는 표고 5156m의 산. 예전에 아르메니아인들이 많이 거주한 지역의 중심이다. 그때문에, 아르메니아 민족의 상징이기도 하다.

【주3】 고대 메소포타미아의 전설적인 왕, 길가메쉬에 관한 이야기를 정리한 서사시. 주인공인 길가메쉬는 기원전 2600년경, 수메르의 도시국가 우르크의 왕이었다.

노아의 방주란 『구약성서』의 『창세기』에 등장하는 대홍수에 관한 이야기, 혹은 그 이야기에 등장하는 거대한 배를 가리킨다. 방주에 관한 이야기는 다음과 같다.

지상에 악인들이 넘쳐나는 것을 본 신은, 지상을 홍수로 멸망시키려고 마음먹었다. 그리고 그것을 착하고 신앙심이 깊은 노아라는 노인에게 알려서, 거대한 **방주**를 만들도록 명령했다. 순종적인 노아는 그 말을 믿고, 신이 말하는 대로 커다란【주1】 배를 만들기 시작했다. 오랜 세월에 걸쳐서 방주를 완성시키자, 노아는 가족과 모든 동물을 한 쌍씩 데리고 방주에 탔다. 홍수는 40일간 계속되어, 지상의 모든 것을 멸망시켰다. 홍수가 그친 후, 노아는 상황을 보기 위해 까마귀와 비둘기를 밖으로 내보냈는데, 비둘기가 올리브 열매를 물고 온 것으로 가까이에 육지가 있다는 것을 알게 된다. 방주는 아라랏산【주2】의 위에 걸치게 되었고, 노아는 가족, 동물들과 함께 방주에서 내렸다. 노아가 제단을 쌓고, 기도를 올리자, 신은 두 번 다시 모든 생물을 죽이지 않겠다고 하고, 구름에 무지개를 걸었다.

이상이 방주 전설의 개요로서, 『구약성서』에 기록되어 있는 것이 일반적으로 알려져 있는 이야기이지만, 이보다 더 이전인 고대 메소포타미아의 『**길가메쉬**』【주3】 (P.13) 라는 서사시에도 비슷한 기록이 있다. 이것으로 성서는 길가메쉬의 내용을 약간 바꾼 것이 아닌가, 라는 이야기가 있다. 또한, 과거에 대홍수가 있었던 것은 사실로, 방주도 정말로 존재했었을 가능성이 높다. 실제로, **방주의 잔해**를 발견했다는 보고가 몇 번 나오는 것 이외에도, 위성사진이나 지중 레이더에도 방주처럼 보이는 것이 확인되고 있다.

저 배에 타자고!

응!

| 바로 써먹을 수 있는 중2병 스타일 회화 예 | A : 으윽…… 내일 시험은 정말 위험해……
 B : 기다려, 아직 C 가 만든 시험 대책 노트가 있어.
 A : 그 노트가 우리들의 방주란 말인가? | 방주전설은 위험에 처했을 때, 신의 조언이 있었기는 했지만, 노아가 자력으로 배를 만들어서 구원을 받았다는 이야기다. 이 점에서 위험한 상황에서 탈출할 수 있는 방법이나 아이템을 방주에 비유하는 것이 가능하다. 또한, 노아가 보여준, 강력한 의지와 실행력의 상징으로 방주를 보는 것도 가능하다. |

Encyclopedia of Cyu-2 Syndrome

다

다마스쿠스 강

듀라한

드래곤

다마스쿠스 강

도검의 소재로서 유명한 다마스쿠스 강(鋼).
뛰어난 특성으로 서양인의 주목을 받아, 근대가 되어 해명이 진행되었다.

⚜ ┈┈ 인도에서 태어난 뛰어난 성능의 강철 ┈┈ ⚜

【주】성지 예루살렘의 탈환을 목표로, 모여든 기사들로 편성된 군대. 원래는, 기사들이 성지를 순례하는 그리스도교도들을 호위해주던 것이 십자군의 시작이다. 나중에 정치색이 짙어지면서, 교황의 발령에 의해 각국의 왕후귀족이나 기사들이 소집되어, 몇 차례에 걸쳐 이슬람 권을 침공했다.

【주2】흔히 말하는 일본도를 가리킨다. 우치가타나(打刀)라고 불리며, 베는 성능이 뛰어나다. 다마하가네(玉鋼)라 불리는 철을, 고온에서 가열한 다음 두들겨서 펴고, 그것을 다시 접은 다음 두들긴다는 공정을 반복해서 만든다. 딱딱한 철과 부드러운 철이라는 다른 특성을 같이 가지는 점은, 다마스쿠스 검과 같다.

다마스쿠스 강(鋼)은, 중동에서 도검의 재료로서 사용된 금속이다. 원래는 인도에서 개발된 우츠 강(鋼)의 제조법이지만, 중동에 전해졌다고 한다.

중세 유럽에서 십자군【주1】 원정을 했을 때, 이 중동의 도검은 서양으로 입수되어 다마스쿠스 검이라 불리게 되었다고 한다. 이 도검은, 기사들이 입었던 철제의 **갑주를 베어도 이가 빠지지 않고**, 거기다 거의 녹이 슬지 않았다, 라고 한다. 도신에는 아름다운 무늬가 나타났다고 해서, 일본도【주2】와의 공통된 점도 눈에 띈다. 그리고, 이러한 훌륭했던 도검의 소재가 바로 다마스쿠스 강인 것이었다.

이후에 십자군은 다마스쿠스를 침공하지만, 점령하는 데는 실패했다. 그 후, 총이 발명됨으로써 도검의 가치가 떨어졌고, 다마스쿠스 강의 존재는 점차 잊혀져 갔다. 서양에 기술이 전달되지 않았던 이유로는, 제조법을 기록한 문서가 전부 소각되었다는 설과, 그 제조법이 한 명에게만 직접 전승되었기 때문에 전해지지 않았다, 라는 설이 있지만, 확실하지는 않다.

근대에 들어와서 산업 혁명이 일어나자, 다마스쿠스 강은 뛰어난 철강으로서 다시 주목을 받게 된다. 이때, 서양인은 뛰어난 성능으로 평판이 좋은 인도의 강철을 분석해서, 다마스쿠스 강을 부활시키려는 시도를 했다.

그 결과, 다마스쿠스 강으로 만든 칼의 성능에 대해서는, 어느 정도 해명을 했다. 하지만, 거의 녹이 슬지 않는 점에 대해서는 아직까지 이유를 파악하지 못했으며, 녹이 슬지 않는 금속이라는 면을 추구한 결과, 스테인리스가 탄생하게 되었다.

현대의 다마스쿠스 강

현대에도, 다마스쿠스 강으로 만들었다고 선전을 하는 나이프나 식칼이 있다. 이 제품들이, 해명된 제조법을 이용해서 만든 것인지는 알 수 없지만, 칼의 성능이 매우 뛰어나다고 한다. 단, 다마스쿠스 강이 가지고 있는, 녹이 슬지 않는 특성까지 동시에 부여하는 것에 대해서는, 지금까지 달성하지 못한 것 같다. 아쉽게도, 원 제조법이 완전히 부활한 것은 아니다.

바로 써먹을 수 있는 **중2병 스타일 회화 예**

A : 받아라! (찰싹)
B : 다마스쿠스 강과 같이 단련한 나의 육체에, 네놈의 흐물흐물한 고양이 펀치 따위 통하지 않는다!
A : 이, 이런 제길, 두고 보자~!

진짜 오리지널은 아니더라도, 다마스쿠스 강으로 만든 제품은 실재로 존재한다. 그래서 「강철의 육체」와 같이, 「강철의~」라는 비유표현을 다마스쿠스 강으로 바꿔보면 알기 쉽다. 예로 든 케이스가 이상적이지만, 실제로 육체를 단련하는 것은 꽤나 어려운 일이다.

듀라한

죽음을 예고하는 요정 듀라한은.
전해 내려오는 과정에서 목 없는 기사로 그 모습이 변화했다.

❖……… 원래는 여성의 모습을 한 듀라한 ………❖

듀라한은, 노르웨이나 아일랜드에서 전해져 내려오는 요정으로, **죽음을 알려주는 사자**로서 두려움의 대상이었다. 가장 큰 특징은 **목과 동체가 분리되어 있다**는 점으로, 자신의 머리를 겨드랑이에 끼고 있다고 한다. 서양에서도 유령이나 요괴와 같은 종류는 많지만, 겉모습의 임팩트가 강하기 때문에, 판타지 소설이나 RPG 등에서도 자주 등장한다. 현대에는, 갑주를 몸에 두른 목 없는 기사의 모습으로 그려져 있는 경우가 많은데, 이쪽이 더 유명할지도 모르겠다.

원래, 듀라한의 모습은 **여성**이었다고 한다. 마차를 끄는 말도, 한 마리 또는 여러 마리 라고 하는 이야기가 있으며, 원래는 여러 마리의 말이 끄는 마차를 탄 여성이었을지도 모르겠다.

일반적으로 마차라고 하는 경우에는, 사람이나 물건을 옮기기 위한 사륜마차를 떠올리는 사람이 많을 것이다. 그러나 마차 중에서는 고대 이집트나 로마제국에서 사용된 것과 같은, 「체리엇(전차)」【주1】이라 불리는 전투용 마차도 존재한다.

응? 머리 어디있지

옆에 끼고 있어요

따라서, 원래는 마차를 탄 여성의 모습이었던 것이, 언제부턴가 마차에 탄 기사가 되고, 여기에 목이 없는 말에 직접 탄 기사라는 오늘날의 모습으로 변하는 등, 듀라한 이야기가 전해져 내려오는 과정에서 서서히 그 모습이 변한 것으로 보여진다.

또한, 듀라한은 자신의 모습을 보이는 것을 극단적으로 싫어했다고 한다. 자신의 모습을 본 자를 추적해서, 손에 든 채찍을 휘둘러서 실명시켰다는 이야기도 있는데, 듀라한의 모습이 애매한 것은 이때문일지

【주1】 전투용 마차로서, 일반적으로는 2륜 전차가 잘 알려져 있다. 마차를 끄는 말의 숫자는 정해져 있지 않아서, 한 마리일 때도 있고 두 마리일 때도 있는 등 다양하다. 마부와 공격수의 2인승으로, 공격수는 창을 던지거나 활을 싸서 공격한다. 말의 제어와 공격을 분업하고 있기 때문에, 자신이 말을 몰면서 공격을 하는 기병보다는, 훈련을 쌓지 않아도 된다는 이점이 있다. 차륜의 축 끝에 칼날을 달아서 보병을 공격하거나, 적의 전차의 차륜을 파괴하는 경우도 있었다.

바로 써먹을 수 있는 중2병 스타일 회화 예

A : 오늘 회사에서 잘렸어.
B : 어머, 그거 큰일이네.
A : 아니. 내 몸에는 듀라한의 영이 깃들어 있으니까, 목이 잘려나가도 문제없어.
B : 응응, 그래그래.(이러니 회사에서 잘렸지…)

듀라한이라고 한다면, 목과 몸이 분리되어 있는 것이 가장 큰 특징이다. 불경기로 살기가 팍팍한 요즘 사회에서는, 명예퇴직을 해야만 한다거나, 회사가 도산하는 것도 자주 볼 수 있다. 그러나 이런 때야말로, 듀라한처럼, 「목이 잘려나가는 것 따위 아무렇지도 않은데, 회사에서 잘린 게 대수냐」라고 잘 넘겼으면 좋겠다.

듀라한

【주2】 사람의 머리에 무언가의 힘이 깃들어 있다고 믿고, 숭배를 하는 것. 전장에서 쓰러트린 적의 목을 베서 가지고 돌아오는 풍습도 있었다고 한다. 가지고 온 머리는, 마귀를 쫓는 부적으로서 걸어두고 숭배했다. 켈트인은, 혼이 머리에 깃들어있다고 믿은 것뿐만 아니라, 신비한 힘을 가지고 있다고 생각했던 것 같다.

도 모른다.

또한, 듀라한의 목이 없는 이유는, 켈트에서 전해 내려오는 **인두숭배** **【주2】**의 전승에서 찾을 수 있다. 켈트족은 혼이 머리에 있다고 믿어서, 죽은 자를 매장할 때에는 목과 동체를 분리했다고 한다.

즉, 켈트인들에게 있어서는 「죽음 = 목 없음」이라는 이미지가 있어서, 그때문에 죽음을 예고하는 듀라한 역시 목이 없는 모습이 되었을 것이다.

외국에도 목 없는 기사가 ?

사실, 듀라한은 외국 일부에서도 헤드리스 호스맨, 즉 우리에게도 잘 알려진 「목 없는 기사」로서 인식되어있다. 이쪽의 경우에는, 사신과 마찬가지로 죽음의 상징으로서, 적극적으로 영혼을 거두러 오는 존재라고 한다. 또한, 요정이 아닌 언데드, 즉 되살아나는 사자와 같은 취급을 하기 때문에, 이것이 우리사회에 전파된 것이라 생각된다. 무엇보다, 외국에서도 듀라한의 모습에 대해서는, 여러 가지 설이 있을지도 모르겠다.

사실 직접적인 피해는 적다

듀라한은, 가까운 시일 내에 곧 병이나 사고 등으로 죽을 사람이 나오는 마을에 모습을 나타낸다고 한다. 한밤중, 어디선가 홀연히 나타나는 듀라한은, 자신과 마찬가지로 목이 없는 말 **코이스트 바우어**가 끄는 검은 마차를 타고 나타나서, 시끄러운 소리를 내며 마을을 돌아다닌다. 그리고, 듀라한은 죽는 사람이 나오는 집의 문을 노크하고, 소리를 듣고 나온 집의 주인이 문을 열면, 한 바가지의 피를 얼굴에 뿌리고 사라진다고 한다.

이야기를 듣는 것만으로도 무섭지만, 그렇다고 하더라도 문을 연 인간의 목이 잘려나가거나, 피를 맞은 사람이 죽는 것도 아니고, 문을 열지 않으면 피를 맞을 일도 없다. 날이 밝음과 동시에 듀라한은 사라지니, 한밤중에 마차로 달리는 소리가 나면, 누가 문을 노크해도 열어주지 않으면 될일이다.

피를 뿌리는 것 이외에, 듀라한이 직접적으로 위해를 가하는 일은 없기 때문에, 길에서 그 모습을 보는 경우만 제외한다면, 듀라한은 무해한 존재라고 할 수 있다. 듀라한은, 어디까지나 누군가가 죽을 것이라는 사실을 전하러 오는 전달자일 뿐이다.

참고로, 길에서 듀라한과 마주쳤을 경우에도 도망칠 수 있는 방법은 있다. 코이스트 바우어는 물 위를 지나갈 수 없기 때문에, 강 위에 걸린 다리를 건너면, 그 이상 따라오지 못한다.

듀라한이 노크를 한 집의 가족들 중, 누군가가 가까운 시일 내에 죽는다는 것에 대한 대처법도 있다고 하여, 일부 전승에서는, 듀라한이 최초로 방문했을 때나, 다음에 나타났을 때 격퇴시킬 수 있다면, 죽음을 피할 수 있다고 한다. 단, 듀라한을 격퇴하는 수단까지는, 전해 내려오지 않는다고 한다.

드래곤

환수의 왕을 정한다면, 가장 먼저 이름이 나오는 생물이 드래곤이다.
또한, 지역에 따라서 다른 취급을 받는 재미있는 생물이기도 하다.

❖······ 성스러운 존재에서, 악의 화신이 된 드래곤 ······❖

고대로부터, 모든 **생물의 정점**에 서있는 존재로서 알려진 드래곤. 그 힘은 신에도 필적한다고 하여, 세계 곳곳의 신화나 전승에는, 반드시라고 해도 될 정도로, 이 생물이 등장한다.

「드래곤」이라는 이름은, 고대 그리스어의 「관찰하는 일」이나 「보는 일」과 같은 의미를 가진 「드래콘」이 그 어원이다. 그때문에, 그리스 신화를 예로 들면, **라돈 [주1]**이라는 드래곤이 황금 사과를 지키는 관찰자 겸 감시인으로 등장하며, 그 이외의 신화에서도, 중요한 무언가를 감시하거나, 혹은 지키는 역할을 담당했다.

드래곤은 결코 사악한 존재는 아니지만, 그 이름을 듣고 흉폭하고 흉악한 생물을 떠올리는 사람도 많을 것이다. 이러한 인상을 주게 된 이유는 몇 가지를 생각해 볼 수 있겠지만, 그 중 가장 큰 원인은, 그리스도교의 보급일 것이다. 그리스도교의 보급에 의해, 그 대지에 있었던 신이나, 그에 소속하는 존재는, 악마나 추악한 존재로 취급 받게 되어, 결국 드래곤 역시 인간을 적대하는 **사악한 생물**로 변한 것이다. 그 결과, 『니벨룽겐의 노래』**[주2]**에서는 드래곤헌터 영웅 지그프리트에게 쓰러진 드래곤은 보르무스의 왕녀를 납치하였으며, 스웨덴 남부의 왕 베오울프에게 쓰러진 드래곤은 자신의 보물을 훔쳐간 보복으로 마을을 침략하는 등, 신화와 전승에 있어서 드래곤은 인간과 적대하는 존재로 그려지게 되었다. 단, 드래곤은 기사나 귀족이 붙이는 문장에도 들어가 있었기 때문에, 「악」과 동시에 「강력함」이나 「용맹함」을 상징하는 존재라고도 할 수 있을 것이다.

호

【주1】 헤라클레스의 12가지 과업에 등장하는, 황금 사과를 지킨 드래곤. 헤라클레스는 라돈을 쓰러트리고 황금 사과를 손에 넣어, 어려운 과업을 한가지 달성했다.

【주2】 독일에서 전해 내려오는 서사시. 드래곤 헌터 영웅 지그프리트의 생애와, 그의 부인인 크림힐트의 복수극을 그린 작품이다.

| 바로 써먹을 수 있는 중2병 스타일 회화 예 | A: 그렇게까지 좋아한다고 이야기 했는데……드래곤 같이 취급하지 말라고.
B: 우와~ 이 녀석 배신하는 거야!? 이럴 줄 알았으면 레벨 안 올렸는데…… |

예전에는 신으로서 다뤄지던 드래곤이지만, 시대가 변함에 따라, 지역 별로는 악의 화신으로 묘사되는 경우도 있다. 신나게 떠받들어 모셔놓고는 지네들 사정 때문에 갑자기 악마 취급을 하다니, 드래곤에게 있어서는 정말 어이가 없을 것이다.

또한, 동양의 신화나 전승에도 드래곤(용)이 등장하지만, 이쪽은 **신의 사자**나 **신** 그 자체로 이야기 되는 경우가 많다. 특히 중국에는, 드래곤을 신성한 생물로 보고, 황제의 얼굴을 용안, 모습을 용영, 옥좌는 용좌 등, 황제의 상징으로 취급하고 있다. 또한, 중국의 용에는 턱 밑에 역린이라 불리는 거꾸로 난 비늘이 있는데, 이것을 건드리면 용이 아픔을 느껴서 분노한다고 한다. 이런 전승에서 상대를 격노하게 만드는 것을 의미하는 「역린을 건드린다」라는 말이 생겨났다고 한다.

용을 나타내는 한자 「竜」과 「龍」은 어떻게 구분해서 사용하는가

일본의 출판물에 있어서, 서양의 드래곤은 「竜」, 동양의 용은 「龍」으로 표기하는 경우가 많지만, 양쪽 다 환수로서의 드래곤을 가리키는 것으로, 구분법에 명확한 이유는 존재하지 않는다. 아마도, 이것은 획수가 많고 복잡한 「龍」쪽이 더욱 동양적이라는 사고 방식으로 인해 사용되기 시작해서, 서서히 침투된 결과, 현재와 같이 구분해서 사용하게 된 것이라 생각된다.

때로는 신으로서, 때로는 악마로서 취급된 드래곤들. 강대한 생물임에는 틀림없지만, 지역에 따라서 이렇게까지 받는 대접이 다른 것을 보면, 왠지 불쌍하게 느껴진다.

······ 세계각지에서 생겨난 드래곤 상 ······

요즘의 허구 작품의 영향도 있어서, 드래곤이라는 말을 듣고 서양의 용을 떠올리는 사람도 많을 것이다. 그 경우, 딱딱한 비늘로 덮인 거대한 몸, 뱀과 같이 긴 꼬리와 박쥐와 같은 날개, 날카롭고 긴 발톱이 난 손발에, 두꺼운 이빨이 난 입과 뿔이 난 머리를 지니고, 불을 뿜어내는 생물을 떠올릴 것이다. 그러나, 고대의 신화나 전승에 있어서는, 여러 가지 형태 및 능력을 지닌 「드래곤」이 묘사되어 있다.

그 전형적인 예가, 그리스 신화에 등장하는 **히드라**일 것이다. 이 생물은 머리가 5개 【주3】있어서, 불 대신에 독을 뿜어냈다고 한다. 그리고, 『일본서기』 등에 묘사되어있는 야마타노오로치(八俣遠呂智)도 히드라와 같이 머리가 여러 개 있으며, 뇌우를 조종하는 힘을 가지고 있다고는 하지만, 이것 역시 분류상으로는 드래곤이다.

또한, 영국에는 특이한 외관을 한 드래곤으로, 앞발과 날개가 일체화 된 **와이번**이 존재한다. 이것은, 그 당시 강력함의 상징이었던 드래곤의 문장이 왕실에서만 사용할 수 있었기 때문에, 드래곤의 그림을 문장에 사용하고 싶었던 인간에 의해 탄생한 것 같다.

한마디로 드래곤이라고 하더라도, 세계각지에는, 여러 종의 다양한 개체가 존재하기 때문에, 「드래곤」의 정의를 결정하는 것은 매우 어렵다. 확고한 존재로 보이지만, 사실 드래곤은 어렴풋한 환상속의 생물인 것이다.

Encyclopedia of Cyu-2 Syndrome

라

라그나로크

북유럽 신화의 세계에서 묘사되는,
세계 종말의 날의 신들의 싸움에 의해, 세계는 최후의 날을 맞이한다.

❧······ 신화 속에서 그려지는 세계 최후의 날 ······❧

【주1】 19세기 독일의 작곡가. 북유럽 신화를 테마로 한 희곡『니벨룽의 반지』를 만들어, 세계 곳곳에 북유럽 신화를 유포시켰다.

【주2】 하늘과 땅 사이에 있다고 하는, 신들이 사는 세계 중 하나. 주로 선량한 신들만 살고 있다.

【주3】 북유럽 신화에 등장하는 검은 거인. 레바테인이라 불리는 불의 마검을 들고, 세계를 불사른다고 한다.

북유럽 신화의 전승은, 9세기~13세기에 쓰여진 북유럽의 신화나 영웅들의 활약에 대해 적혀있는『고 에다』와, 13세기에『고 에다』를 편집해서 적은『신 에다』, 이렇게 크게 2가지로 나뉘어진다. 현대에 있어서 북유럽 신화는 신 에다를 기반으로 하고 있는 것이 많다.

원래 라그나로크란,『신 에다』『고 에다』양쪽 다 등장하는 것으로, 북유럽의 신들이 싸우는 것으로 인해 **세계는 멸망을 맞이한다**는 현상이다. 일본에서는 리차드 바그너**【주1】**가 쓴 희곡『니벨룽의 반지』안에서 이야기되는「신들의 황혼」이라는 이름으로 전해졌기 때문에, 일본어 번역도 이것으로 정착되었다.

북유럽 신화에서 신들은 9개의 세계에 나뉘어서 존재하고 있으며, 전쟁과 죽음을 관장하는 주신 오딘(P.131)이 사는 **아스가르드【주2】**에, 다른 세계에서 사는 신들이 공격해 들어온다는 것이,『신 에다』에서 나오는 라그나로크의 시작이다. 신들의 전쟁은 인간의 지혜를 뛰어넘는 것으로, 이 전쟁에서 많은 신들이 죽고, 그리고 세계 역시 수르트**【주3】**라 불리는 검은 거인에 의해서, 전부 다 불타버리게 된다.

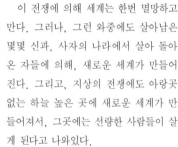

이 전쟁에 의해 세계는 한번 멸망하고 만다. 그러나, 그런 와중에도 살아남은 몇몇 신과, 사자의 나라에서 살아 돌아온 자들에 의해, 새로운 세계가 만들어진다. 그리고, 지상의 전쟁에도 아랑곳 없는 하늘 높은 곳에 새로운 세계가 만들어져서, 그곳에는 선량한 사람들이 살게 된다고 나와있다.

꽤나 대강 설명을 했지만, 요약하자면 이것은 **선량한 신 & 인간 VS 악한 신**이라는, 다른 신화에서 볼 수 있는 대립

바로 써먹을 수 있는 중2병 스타일 회화 예

A : 성전의 때가 가까이 왔다!
B : 꽤나 박력 넘치네, 뭔 일이 있었나……
A : 무슨 말을 하는가, 다음 주부터 라그나로크(기말 시험)가 시작되지 않는가.

라그나로크는 종말의 전쟁이라는 것과 동시에, 신들의 성전이라고 인식되는 경우도 많다. 일상에 있어서 무언가 중대한 이벤트나 큰 결심을 하기 전에 사용해보는 것은 어떨까? 단, 단어 그대로 최후의 전쟁이라고 오해 받지 않도록, 그 점에 있어서만큼은 주의가 필요하다.

구조와 같은 것이다. 전쟁에 의해 세계가 멸망한 뒤, 얼마 되지 않은 사람들은 지상에 남고, 선량한 사람들은 전쟁이 없는 낙원으로 인도된다는 것이다. 이것은 그리스도교 등에서 볼 수 있는 종교의 종말론과 같은 것이며, 당시의 사람들은 모두 이 종말사상을 가지고 있었다고 할 수 있다. 실제로 『구약성서』를 비롯한 고서는 종말론으로 끝나는 것이 많다.

아마겟돈과의 차이

라그나로크에서 나오는 종말론은, 아마겟돈(P.104) 과 거의 같다. 그 원인이 신들에 의한 것인가, 사람들의 전쟁의 결과로 인한 것인가의 차이일 뿐이다. 양쪽 다 마찬가지로 선과 악의 전쟁이며, 전쟁에 의해 세계가 멸망하고, 멸망한 다음 구원이 기다리고 있다는 점까지 매우 닮았다. 먼 옛날부터 세계는 전쟁으로 멸망한다는 전설이 많은데, 이것은 전쟁을 없애려는 교훈을 남기려고 했기 때문은 아닐까?

·······「고 에다」와「신 에다」의 차이 ·······

『고 에다』에서는 그 내용이 약간 다르다. 가장 큰 차이점으로는, 『신 에다』에서 라그나로크는 거의 1일, 최후의 날의 전쟁이라고 나오지만, 『고 에다』에서는 오랫동안 계속해서 이어온 신들의 전쟁이라고 나와있다. 거기다 세계 자체도 전쟁이 시작되기 전부터 태양이 숨어서 어둠에 잠기게 되어, 하늘도 땅도 바다도 거칠고 사나워졌다고 나와있다.

세계가 멸망하는 원인도 수르트의 불에 의한 것이 아닌, 오랫동안 계속된 싸움에 의한 대지의 피폐와, 전 세계에서 일어나는 천재지변으로 인한 대지의 침몰이 원인이라고 나와있다. 그 후, 바다 속에서 새롭게 신록이 넘치는 대지가 나타나서, 살아남은 인간과 신들은 그 대지에서 살아나간다는 결말이다.

『고 에다』에 있어서 세계의 종말은, 전쟁 자체가 원인이라기 보다는 세계 그 자체의 이변에 의한 부분이 크다. 또한, 구제 후의 세계가 하늘이 아닌, 지상에 새로운 대지가 생긴다는 점에서, 큰 차이를 보인다. 『신 에다』의 라그나로크가 아마겟돈에 닮아 있듯이, 『고 에다』의 라크나로크는 **노아의 방주**(P.20)에 나오는, 홍수에 의한 세계정화에 가깝다.

단, 이것은 어디까지나 신화에서 자주 볼 수 있는, 번역 차이에 의한 부분도 있기 때문에, 이 부분은 주의하길 바란다. 『고 에다』는 **고대 노르드어** [주4]라 불리는 언어로 적혀있어서, 번역하기 매우 곤란한 게 현실이다. 이 고대 노르드어의 번역에 『신 에다』가 사용되는 경우도 있어서, 『신 에다』와 『고 에다』 중, 어느 쪽이 좀 더 정확하게 라그나로크에 대해 적고 있는지는 판단하기가 불가능하다. 하지만, 현대에 있어서 라그나로크의 이미지는 『신 에다』나 이것을 바탕으로 작성된 니벨룽의 반지를 기반으로 하고 있는 경우가 많다. 그렇기 때문에, 압도적으로 『신 에다』파가 주류가 되었기 때문에, 『고 에다』에서 나오는 라그나로크는 어디까지나 일설 정도로만 다뤄주는 것이 좋을지도 모르겠다.

【주4】 8~14세기경. 북유럽에서 실제로 사용되었던 언어. 남아있는 문헌이 적어서. 번역·해독이 어렵다.

라그나로크

라파엘

치유의 힘을 가진 대천사 라파엘은, 그리스도교에 있어서,
인간과 가장 친밀한 천사로 알려져 있다.

가
나
다
라
마
바
사
아
자
차
카
타
파
하

·········· 치유의 힘을 가졌다고 하는 라파엘 ··········

【주1】 전통적인 유대교의 비밀주의에 있어서, 스승에서 제자로 전해 내려오는 구전.

【주2】 카발라에 있어서, 우주의 구성을 도해로 만든 심볼. 10개의 세피로트(신이 유출하는 그릇)와 그것을 연결하는 길로 구성되어, 신성한 에너지가 흐르고 있다고 여겨진다.

【주3】 헤브라이 사람들의 족장으로, 자주 신이나 신의 사자들에게 지시나 개입을 한다고 하는 인물.「창세기」나 외전에 자주 등장한다.

【주4】 아브라함의 손자. 천사로 보이는 상대와 격투를 해서 이기고, 축복을 받았다고 한다.

라파엘은, 미카엘(P.60)이나 가브리엘(P.8)과 같이 유명한 천사 중 한 명이다. 계급은 미카엘과 마찬가지로 **대천사**였지만, 나중에 천사의 계급이 정해지고 나서는, 치천사나 지천사, 주천사, 능천사와 대천사를 포함한 5개의 단계에 속하는 존재가 되었다.

라파엘은 치유의 천사로 알려져서, 오래 전부터 치유의 상징이라 여겨지는 뱀과 엮인다. 대지에 사는 인간의 신체적인 행복은 라파엘에게 맡겨져 있어서, 그리스도교에서는 천사들 중에서도, 가장 친밀한 친구로 여겨지고 있다. 사실, 라파엘이란 이름도, 헤브라이어에서 **치유자 혹은 의사**라는 의미인「rapha」에서 온 것이다.

유대교의 카발라【주1】에서도, 라파엘은 대지를 치유하는 의무를 지고 있어서, 생명의 나무【주2】의 세피로트(P.91) 중 하나로 여겨지고 있다.

또한, 아브라함【주3】을 방문한 3명의 천사 중 1명으로서, 야곱【주4】이 천사와 격투를 했을 때 상처 입은 허벅지를 치료해줬다고 한다.

실제로, 라파엘과 만나서 축복을 받거나, 치료를 받았다는 사람도 있어서, 이러한 이야기는 가톨릭의 전승으로 많이 남아있다.

예를 들어, 4세기에 박해를 받고 순교하여, 성인이 된 성 퀴리아쿠스는, 고문을 받고 있을 때 나타난 라파엘과 이야기를 했다.

이때, 라파엘은 자신의 이름을 밝히며, 그녀의 기도를 들었다는 것을 전하고, 고문에 굴하지 않는 용기를 칭찬했다고 한다. 그녀가 고통을 견디고 굴하

바로 써먹을
수 있는
**중2병 스타일
회화 예**

A : 너, 입원한다면서?
B : 그런 얼굴 하지마. 나에게는 라파엘 님의 가호가 있어. 반드시 건강하게 돌아온다니까.
A : 이런 상황에서도 그런 말을……그 병이 나아도, 중2병으로 다시 입원할 것 같네.

라파엘은 치유를 관장하는 천사인 만큼, 당연하겠지만, 병이나 상처를 입었을 때 사용하는 것이 가장 적절하다. 자신이 입원한 상태라면, 백의의 천사라고 불리는 간호사를 라파엘 님이라고 숭배하는 방법도 있다. 혹시, 친해질 수 있을…… 지도 모른다.

라파엘

지 않았던 것은 주의 영광을 칭송한 것과 마찬가지로 여겨지므로, 결국 퀴리아쿠스는 사후에 성인으로 받들어졌다.

또한, 18세기의 수도녀 마리아 프랜시스는 병에 자주 걸렸었는데, 어느 날 라파엘이 그녀의 병을 치료해주겠다고 말하였고, **실제로 건강해졌다**고 한다.

이때, 그녀 이외에 여러 명의 사람이 좋은 향을 맡았다고 하며, 라파엘이 나타난 증거로 증언하고 있다.

라파엘의 성전

유대교에 관한 자료에 의하면, 노아의 방주로 유명한 노아는, 라파엘에게서 성전을 받았다고 한다. 이 성전은 사파이어로 장식이 되어있어서, 별이나 의술, 악마를 지배하는 방법 등, 모든 지식이 담겨있었다고 한다. 이 성전은, 아브라함이나 모세의 손을 거쳐서, 솔로몬 왕에게 넘어갔다. 솔로몬 왕은, 많은 악마들을 부렸다고 하는데, 이것은 라파엘의 성전에 의한 것이었다.

·······토비트서의 라파엘·······

라파엘에 대해 나와있는 문헌으로서는, 가톨릭의 외전 중 하나인, 『**토비트서**』【주5】가 잘 알려져 있다. 모범적인 신자였던 토비트는, 어느 날 참새 똥이 눈에 들어가 실명하게 되어, 절망하고 결국 자신을 죽여달라고 신에게 기도한다. 그때, 다른 곳에서는 악마가 씌어진 사라라는 여자가 있어서, 남편이 된 자는 혼례날 밤에 모두 죽어버리고 마는 일이 발생했다.

신은, 사라의 양친과 토비트의 기도를 듣고, 그들을 구하고자 라파엘을 파견했다고 한다. 라파엘은, 아버지의 말을 따라서 메디아로 여행을 하고 있던 토비트의 아들 토비아의 곁을 찾아가서, 친척의 아들이라 하고 동행을 했다. 길 가는 도중에 커다란 물고기를 잡더니, 내장을 가지고 가라고 토비아에게 조언을 했다. 물고기의 심장과 간장은 악령을 내쫓는데 사용하고, 담낭은 눈의 치료에 도움이 됐던 것이다.

토비아의 여행이 끝나갈 무렵, 라파엘은 토비아가 사라를 부인으로 맞이하게 될 것을 말하면서 악마를 쫓아내는 방법을 전해줬다. 그 말대로, 토비아는 사라와 결혼을 하였고, 라파엘의 조언에 따라서 악마를 내쫓았다.

그 후, 토비아가 사라와 같이 집으로 돌아오자, 라파엘은 토비아에게 조언을 해서 토비트의 눈을 치료하게 했다. 시력을 회복한 토비트는, 라파엘에게 감사를 하고 보상을 하려 하지만, 라파엘은 자신이 천사라는 것을 밝히고, 토비트 부자에게 신을 찬미하고 올바르게 살 것을 이야기하고서 그들 곁을 떠났다고 한다.

라파엘은, 이 에피소드에서 토비아와 같이 여행을 했기 때문에, **여행과 안전의 천사**라고도 불린다. 라파엘은, 회화에서 지팡이와 물고기를 손에 들고 있는 모습으로 그려지는 경우가 있는데, 바로 이 에피소드에서 따온 것이라 한다.

【주5】기원전 2세기경에 작성된 외전. 토비트와 그의 아들 토비아에 관한 이야기를 통해서, 천사의 치유역할을 기록하고 있다. 작중화자는 토비트 자신으로, 라파엘에게서 자신의 집안에 일어난 일을 기록으로 남기라는 지시를 받고 작성을 했다고 한다.

레바테인

신들과 거인 사이에 일어난 라그나로크에서 사용된 마검.
그 파괴력은 이 세상에 존재하는 무기들 중에서도 최고봉이다.

❖······ 모든 것을 불태워버리는 불꽃의 마검 ······❖

【주1】북유럽 신화에 등장하는 거인. 불의 세계를 통치하고 있다. 신들과 거인과의 최종결전 라그나로크에서는 단 혼자서 살아남았다. 그 후, 세계를 전부 불태워버리고 모습을 감췄다.

【주2】북유럽 신화에 등장하는 수탉. 세계수 위그드라실의 가장 높은 곳에 앉아 있다고 하며, 빛나는 몸으로 전 세계를 비추고 있다.

「재난의 가지」를 의미하는 레바테인은, 북유럽신화에 등장하는 간사한 신「로키」(P.37)가 명계 니플헤임의 문 앞에서 고대 문자인 룬을 외우면서 벼른 마검이다. 하지만, 로키 자신이 직접 검을 손에 들고 휘두른 것은 아니라고 한다.

아마도, 레바테인은 신들과 전쟁을 했다고 하는 거인족으로, 불의 세계(무스펠헤임)의 왕「수르트」【주1】의 무기라고 보는 견해가 강하다. 로키에서 수르트로 레바테인이 넘어간 경위는 정확히 알려져 있지는 않지만, 보통 때는 수르트의 아내인 신마라가 9개의 자물쇠를 채운 상자에 보관하고 있다.

또한, 레바테인은 그 형태에 관해서도 확실한 것은 판명되어있지 않고 있다. 단, 유력한 설로는 **태양에 필적할 정도**의 빛을 발하는 엄화를 두른 무언가라는 것이다. 이것은 수르트가 사용하고 있었기 때문에 레바테인이 계속 불타고 있던 것인지, 아니면 레바테인에서 계속 불꽃이 분출된 것인지, 그 진상을 아는 자는 없다. 검이라는 설을 많이 찾아볼 수 있지만, 무언가의 가지였다거나, 창 또는 지팡이라는 등 여러 가지 해석이 발견되고 있다. 비록 여러 가지 설이 있지

만, 레바테인은 자신의 의지로 하늘을 날고, 그 파괴력을 이길 수 있는 것이 없을 정도의 섬멸력을 자랑했다고 한다.

또한, 레바테인은 세계의 중심에 자라고 있는 세계수「위그드라실」의 꼭대기에 산다는 새「비도프니르」【주2】를 단 일격에 떨어트릴 수 있는 무기라고도 한다.

이 경우에는, 마창 게이볼그(P.9)나 브류나크(P.77)와 같이, 조준한 목표를 향해서, 자신의 의지로 날아간다는 투척무기로서도 사용되었던 것 같다.

바로 써먹을 수 있는 **중 2 병 스타일 회화 예**	A : 자, 군고구마나 구워볼까! B : 훗, 내가 등장할 차례인가. 레바테인이여, 모든 것을 불살라버려라! A : ······창피하니까 그냥 굽자고. B : 레바테인의 불꽃이라면 군고구마 따위 일도 아니지······

태양을 뛰어 넘을 정도의 열을 발하는 레바테인. 레바테인 앞에서는 군고구마건, 신문지건 뭐든 불태울 수 있다. 무기의 이름을 외치는 것은 다소의 용기와 부끄러움을 참는 힘이 필요하지만, 그것만 어떻게 해결한다면, 무엇이든 불태워버릴 수 있을 것 같은 기분이 들 것이다. 단, 레바테인을 외칠 때는 주위에 사람이 없을 때로 하자.

이러한 견해를 봤을 때, 레바테인이란, 원래 검과 같은 고정된 물질이 아닌, 사용하는 사람에 따라 형태를 변화시킬 수 있는 무기라고도 생각할 수 있지 않을까? 이 역시, 레바테인을 마검이라고 하는 까닭일지도 모르겠다.

레바테인은 살아있다?

레바테인의 의미는「재난의 가지」이지만, 이것은 라그나로크에서 맹위를 떨친 생물과 어떤 공통점을 찾아볼 수 있다. 펜리르의 다른 이름인「바나르간드」의 의미가「파괴의 지팡이」, 세계사(蛇) 요르문간드는「대지의 지팡이」라 불리고 있어서, 양쪽 다 로키의 자식들이다. 이러한 사실에서, 그 작성자가 같은 레바테인 역시 사실은 생물이 아닌가 라는 것을 생각해 볼 수 있다. 추측의 영역을 벗어날 수는 없지만, 가능성은 결코 제로는 아니다.

라그나로크에서 그 위력을 유감없이 발휘

여기서는, 불의 세계 무스펠헤임 [주3]의 왕 수르트가 사용한 레바테인의 형태가 검이었다는 인식으로 정하기로 한다. 실제로 많은 서적에는, 로키가 만든 마검이라고 나와있으며, 가정용 게임에 등장할 때에도, 대부분 검으로서 출전되고 있다.

수르트는 신들과 거인들 사이에 발발한 **최종결전「라그나로크」**(P.28)에 있어서 신들과 싸웠던 거인족 중 하나다. **죽은 자의 손톱으로 만들어졌다는 배「나글파르」**[주4]에 타고, 신의 영역으로 침공을 개시한다. 그 도중에 **프레이르** [주5]와 대치하게 된다.

프레이르는 신부를 맞이하기 위해, 애용하는 무기를 잃어버린 상태로 라그나로크에 참전할 수밖에 없었다. 프레이르는 원래, 의지를 가진 룬 검을 애용하고 있었으나, 라그나로크에서는 놀랍게도「사슴 뿔」을 사용했다고 한다. 그러나, 양쪽의 싸움은 정말로 치열했으며, 그 결과 살아남은 것은 두 세력 중에서도 수르트 단 한 명이었다.

여기서 칭찬해야 할 것은 수르트라고 이야기하고는 싶지만, 정작 대단한 것은 프레이르의 뛰어난 실력이지 않을까 싶다. 레바테인을 가진 수르트를 상대로, 결과적으로는 지고 말았지만, 전투를 장기화시킨 것을 고려해보면, 프레이르의 전투력이 얼마나 높았는지를 짐작할 수 있을 것이다.

긴 전쟁 끝에, 최종전쟁 라그나로크는 결말을 맞이했다. 신들과 거인족은 대부분 서로 같이 죽게 되고, 세계에서 단 한 명 남게 된 수르트는, 레바테인의 힘으로 세계의 모든 것을 남김없이 불태웠다. 이로써, 대지는 한번 붕괴되어 멸망했다. 그리고, 새로운 세계가 그 막을 열게 되었다. 그러나, 수르트 자신은 그대로 어딘가로 사라지고 만 것이다. 그 진의는 지금도 밝혀지지 않았는데, 그것은 수르트 자신만이 알 것이다.

【주3】 불의 세계. 수르트가 통치하고 있으며, 많은 불의 백성이 생활하고 있다. 단, 열이나 불꽃이 너무나도 강렬해서, 불의 백성들 이외에는 설사 신이라고 하더라도 들어갈 수 없는 장소다.

【주4】 북유럽 신화에 등장하는 거대한 배. 죽은 자의 손톱으로 만들어졌다. 라그나로크 때 이용되어, 거인이나 죽은 자들을 태우고 최종결전의 땅, 아스가르드로 침공했다.

【주5】 북유럽 신화에 등장하는 풍요의 신. 사랑의 여신이라 불리는 프레이야를 동생으로 두고 있다. 부인을 얻기 위해 애검을 포기했기 때문에, 최종결전 라그나로크에서는 사슴 뿔로 싸웠다.

레바테인

033

레비아탄

바다의 마수로서 군림하며 최상위를 자랑하는 악마.
그리스도교에 있어서 7개의 대죄 중 하나를 관장한다.

❧⋯⋯ 바다를 지배하는 강력한 마수 ⋯⋯❧

가
나
다
라
마
바
사
아
자
차
카
타
파
하

【주1】프랑스의 작가 콜랭 드 플랑시에 의해 쓰여진 책 악마나 오컬트에 관련된 에피소드를 모아서, 사진 형식으로 정리한 것이다.

【주2】고대 바빌로니아 신화의 여신. 바닷물을 관장하고, 모든 신들을 낳은 존재이기도 하다. 그 모습은 바다에서 똬리를 튼 뱀과 같은 몸에, 여러 개의 머리를 가진 드래곤이었다고 전해진다.

【주3】유대교의 전승에는 원래 천사였지만, 신을 거역해서, 발로 차여 죽임을 당해 바다로 버려졌다고 한다. 그 이름은 '똬동」이나「거만」을 의미한다.

【주4】고대 이스라엘에서 믿고 있던 뱀신

구약성서의 『욥기』에 등장하는 거대한 바다의 마수로서, 악마로 다뤄지는 경우도 있다. 신이 천지창조 5일째에 만든 존재로, 그 모습은 전통적으로 거대한 물고기나 악어, 뱀, 드래곤이라고 전해지는 것 이외에도, 그 비늘은 검과 화살, 창 등 모든 무기가 통하지 않는다. 마찬가지로 신이 만든 베헤모스라는 마수와는 두 마리가 한 쌍으로 다뤄진다. 최후의 심판 날에는, 베헤모스와 같이 사람들의 식량이 되는 운명이라고 한다.

원래는 사악한 악마 같은 존재는 아니었지만, 그 모습에서 결국 사악한 마수로서의 이미지가 붙게 되었다. 중세 이후에 7개의 대죄 중 하나인「질투」를 관장하게 되어, 루시퍼(P.41)나 베엘제붑(P.71)과 동격의 대악마로서 다뤄지게 되었다. 콜랭 드 플랑시의 『지옥사전』【주1】에 의하면, 지옥의 해군의 대제독이며, 제3위의 지위를 가진 강대한 마신이라고 한다.

레비아탄의 유래에는 고대 바빌로니아의 신 티아마트【주2】나, 『이사야서』에 등장하는 괴물 라합【주3】, 이스라엘 사람 중 일부가 믿는 뱀신·네후스탄【주4】등 여러 가지 설이 있다. 이 설들의 공통점은 바다에 관련된 괴물이라는 것으로, 파충류의 모습을 하고 있다는 점이다. 참고로 선원들은 바다에 연관된 괴물이나 괴물을 연상시키는 것을 레비아탄이라 부르는 것 이외에도, 17세기의 철학자 토마스 홉스는 국가권력을 레비아탄이라는 괴물에 비유해서, 책을 집필했다.

결국용잡아먹해돼났고
코아아

| 바로 써먹을 수 있는 중2병 스타일 회화 예 | A : 으헉, 다리를 당했어! 이 바다는 위험해! 그녀석이 도사리고 있어!! B : 설마 레비아탄인가. C : 아니, 그냥 해파리를 가지고 그렇게까지 이야기를 하는 것도 좀…… | 레비아탄은 악마나 지옥 해군의 대제독이라는 직함을 가지고 있지만, 역시 가장 강한 이미지는 바다의 마수이다. 바다에서 본 무서운 것, 정체를 알 수 없는 것에 사용하는 것이, 가장 확실하게 와닿을 것이다. 또한, 악마가 아닌, 용의 권속으로서 보는 것도 가능하다. |

레
비
아
탄

레일건

전자장을 이용한 레일건은, 미국에서 연구가 착착 진행되고 있어서,
10년 이내에 실용화될 예정인 무기다.

┅┅┅ 전자력으로 탄환을 발사하는 레일건의 원리 ┅┅┅

레일건은 전자장을 이용한 포를 가리키는 것으로, **전자포라고도 불린다.** 현대의 무기나 병기에는, 권총부터 대포까지 화약을 사용한 것이 주류로, 화약을 연소시킬 때 생기는 가스의 압력으로 탄환을 날린다. 그러나, 레일건의 경우에는 **하전입자** [주1]라고 하는, 전기를 띤 입자가 만드는 전자장을 이용해서, 포탄을 가속시켜, 발사한다는 구조로 되어있다.

레일건의 상세한 구조를 소개하기 전에, 기본적인 원리를 설명하도록 하자. 먼저 콘덴서 [주2]라 불리는 기기에 전류를 흘려 넣어, 대응했었던 플러스와 마이너스 전자에 편향을 일으킨다. 다음으로 콘덴서로 가는 전력을 낮추고, 콘덴서 양쪽 끝에 코일을 연결. 그러면, 콘덴서의 한쪽에만 모여있던 전자가 코일을 통해서, 플러스와 마이너스의 균형을 이루려고 한다. 이때, 자장이 발생해서 코일의 외부방향으로 **압력이 생기기** 때문에, 코일의 일부가 가동할 수 있는 경우에는 그 부분이 밖으로 튀어나오게 된다. 레일건은, 이 압력을 이용하는 것이다.

다음으로 레일건의 구체적인 구조를 설명하자면, 콘덴서는 2개의 레일을 연결하고, 그 사이에는 전기자 [주3]를 장착해서 탄환을 장전한다. 그러면, 이것이 앞에서 설명한 코일을 대신해서, 콘덴서에서 흘러나온 전기는 한쪽 레일에서 전기자를 거쳐서, 다른쪽 레일로 흘러간다.

그 결과, 2개의 레일 사이에는 자장이 발생해서 압력이 생기고, 코일의 가동부분에 해당하는 전기자에 장착된 탄환이 발사된다는 것이다.

이때, 탄환은 레일이 향한 곳으로 발사되기 때문에, 레일건의 포신은 2개의 레일이 된다.

【주1】 전기를 띤 입자를 가리킨다. 플러스와 마이너스의 입자가 있으며, 물질은 모두 하전입자로 되어있다. 얼핏 보기에 전기와는 관계가 없어 보이는 것이라도, 예외는 아니다.

【주2】 절연체를 2개의 금속판으로 싼 것 전류가 흐르면, 전기를 축적할 수 있다.

【주3】 전기자란 발전기 등에 있어서 자력에 의해 회전하는 중심부분으로, 철심에 전선을 감은 것이 일반적이다. 전선부분에 전류를 흘리면, 자계에 대해서 회전운동을 한다는 구조로 되어있다.

| 바로 써먹을 수 있는 **중2병 스타일 회화 예** | A : C 녀석 어디 갔대?
B : HR 끝나자마자, 레일건 같은 속도로 튀어나갔는데?
A : 아～, 오늘 한정판 발매일이구나.
B : 또 에로 게임이냐! | 레일건인 만큼, 기세 좋게 튀어나가는 모습을 표현하는데 딱 알맞다. 단,「너를 위해서라면 레일건 같이 날아올께.」와 같은 사용법만은, 무드조차 없기 때문에 그만두도록 하자. 다른 사람의 행동에 대해서「레일건 같이～」라고 감상을 이야기하는 것이 사용하기 편할 것이다. |

전자장을 사용해서 탄환을 발사한다는 이야기를 들으면, 우리들은 어딘가 근 미래적인 병기를 상상하기 마련이다. 하지만, 앞에서 이야기했듯이 레일건의 원리는 비교적 간단하며, 그렇게까지 어려운 것이 아니어서, 지금까지 수많은 연구가 진행될 수 있었던 것이다.

미국에서의 연구

미국에서는, 레일건의 실용화를 목표로 연구를 진행하고 있다. 2008년에는, 버지니아주 달그렌에 있는 해상전술센터에서 실시한 발사실험의 영상이 공개되어, 출력 10.64메가 줄을 기록했다. 2010년 실시한 테스트에서는, 33메가 줄이라는 신기록을 냈으며, 군에서는 64메가 줄로의 발사를 최종목표로 하고 있다. 연구는 순조롭게 진행되고 있지만, 소재의 내열관리가 숙제라고 한다.

☙ 레일건 기술은 다른 분야에도 응용할 수 있다 ? ☙

【주4】속도표피효과란, 이 경우에는, 전기자에 흘러 들어가는 전류가, 레일의 표층부근에 집중하는 현상을 가리킨다. 2개의 레일에는 전기자를 통해서 전기가 통하고 있기 때문에, 전기자를 중심으로 레일의 앞부분과 뒷부분에서, 전기가 통하는 부분이 있고 통하지 않는 부분이 발생한다. 전기자가 앞을 나아가면 레일의 전기가 통하지 않는 부분에 전류가 흘러 들어가게 되지만 주위에 도전성이 있기 때문에, 들어가려는 전류에 대해서 없애려는 전류가 발생한다. 그 결과, 전기의 흐름이 서서히 전기자 쪽의 표층으로 모여서, 전류밀도가 높아지는 것이다.

레일건의 원리는 비교적 간단하지만, 2011년 현재에도 실용화 단계는 아니다. 이것은, 흐르는 전류가 너무 크거나, 전기자가 이동할 때 발생하는 속도표피효과에 【주4】에 의해 전류밀도가 높아지면, 레일건을 구성하는 소재가 녹아버리기 때문이다. 녹아서 증발한 금속은 플라즈마화 하기 때문에, 전기가 통하는 길이 늘어나고 만다. 그 결과, 전자력이 전기자에 전달되지 않게 되어, 일정속도를 넘겨서 탄환을 가속시킬 수 없게 되는 것이다.

레일건은, 전기 에너지를 단시간에 방출하는 것으로 얻을 수 있는 높은 출력을 이용해서, 지금까지 전례가 없던 속도로까지 탄환을 가속할 수 있다는 것에 의의가 있다. 따라서, 레일건을 실용화하려면, 더욱 큰 전기 에너지를 쌓을 수 있는 콘덴서와 높은 전류밀도에 대한 대처가 필수이다.

또한, 레일건의 원리는 병기분야 이외에도 응용할 수 있을 것이라 한다. 그 중 하나가, 물체를 우주로 올리기 위한 매스 드라이버. 매스 드라이버의 구조에는 여러 가지 안이 나와있는데, 레일건의 원리를 응용한 것도 그 중 하나다. 지구상에서 유인 우주선을 쏘아 올리기에는 인체에 걸리는 부하가 크기 때문에 적절하지는 않지만, 중력이 작은 달표면에서 사출하는 경우라면 유효하다.

레일건 사양의 매스 드라이버는, 발사하는 탄환을 컨테이너, 혹은 우주선으로 바꿔서 생각하면 알기 쉬울 것이다. 단, 포탄의 경우 그 무게가 기껏해야 몇kg 정도밖에 하지 않는 것에 비해서, 컨테이너와 우주선은 상당한 무게다.

따라서 매스 드라이버를 이동시키기 위해 필요한 전력의 크기 역시, 레일건과 비교해서 매우 커지게 된다. 일단, 그 정도의 대전력을 축적할 수 있는 콘덴서를 개발할 필요가 있으며, 그 만큼의 대전력밀도를 견딜 수 있는 소재도 필수이기 때문에, 아직 그다지 실용화 될 것 같지는 않아 보인다.

신

로키

불의 신 로키는, 서리 거인족 출신이면서 신들의 일원이 된,
이색적인 존재였지만, 이후에 신들과 적대를 하게 되고 같이 멸망했다.

❧········ 거인족이면서 신들의 일원이 되다 ········❧

로키는 북유럽 신화에 등장하는 신들 중 하나로, 불의 신이라 한다. 서리 거인 파르바우티와 라우베이의 아들이며, 다른 신들이 속해있는 아스 신족[주1]의 신은 아니다. 북유럽 신화의 신들은 거인족과 대립을 하고 있어서, 원래대로라면 로키는 **신들의 적대자**다. 하지만, 주신 오딘(P.131)의 마음에 들게 되어 **의형제를 맺음**으로써, 신들의 일원이 되었다. 신들 중에서도, 특히 뇌신 토르[주2]와는 사이가 좋았기에, 몇 번인가 거인족의 세계인 요툰헤임을 함께 여행했다.

로키는 아름다운 용모를 가지고 있었지만, 기질이 사악한데다 변덕스러웠으며 거짓말을 잘했다. 교활함에 있어서는 누구보다 뛰어났기 때문에, 장난을 쳐서 신들을 곤란에 빠트리는 문제덩어리 신이었다. 하지만, 자기 스스로 문제를 일으키면서도, 마지막에는 기지를 발휘해서 신들을 궁지에서 구해낸 적도 몇 번 있다.

또한, 북유럽 신화에는 오딘의 창인 궁니르를 시작으로, 토르의 워해머인 묠니르(P.53)나 황금을 낳는 반지 안드바라나우트 등, 수많은 무기나 보석이 등장하는데, 이러한 것들의 대부분은 로키가 소인족을 속여서 만들게 하거나, 뺏어서 손에 넣은 것이다. 오딘의 애마로 알려진 슬레이프니르 역시, 로키가 가져온 것이다.

어느 날, 신들에게 대장장이로 변장한 거인이 찾아와서, 여신 프레이야와의 결혼을 조건으로 성벽의 수리를 해주겠다고 이야기했다. 로키는「다른 자의 손을 빌리지 않고 반년 안에 완성시킬 것」이라는 조건으로 승낙을 했지만, 거인의 애마인 스바딜파리는 거인의 두 배로 일

【주1】오딘을 비롯한 주요 신들이 속해있는 신족으로, 아스가르드에 살고 있다. 한때는 풍작의 신 반 신족과 싸웠지만, 서로 인질을 교환하는 조건으로 나중에 화해했다.

【주2】오딘의 아들로 번개의 신 붉은 털의 장대한 남자라는 모습은, 신화에 있어서 최강의 전신이기도 하다. 로키와는 자주 여행을 갔지만, 그때마다 문제가 생기게 된다. 하지만, 그래도 같이 있는 것을 보면, 토르도 로키가 싫은 것만은 아니었던 것 같다.

| 바로 써먹을 수 있는 **중2병 스타일 회화 예** | A : 오늘 아침 조례에서 화제가 된 장난, 그거 내가 한 건데~ B : 또냐? 적당히 안 하면, 로키 같이 심한 벌을 받게 된다고~ A : 그건 그때 가서 생각하고, 헤헤헤. | 일상 생활에서, 다른 사람에게 약간의 장난을 치는 일은 흔히 있다. 특히 학생시절에는, 장난치기 좋아하는 로키처럼, 계속 장난을 치던 사람도 있을 것이다. 하지만 장난이 심하면, 「라그나로크」(P.28) 와 같이, 감당할 수 없는 사태가 일어날 수 있으니, 적당히 하자. |

가
나
다
라
마
바
사
아
자
차
카
타
파
하

로키

을 해서, 성벽은 눈에 띄게 완성되어 갔다. 그래서, 로키는 암말로 변신을 해서 스바딜파리를 유혹해, 작업을 방해하는데 성공했다. 이때, 로키와 스바딜파리 사이에서 나온 말이, 슬레이프니르다.

이와 같이, 로키는 신들에게 이익도 불러오는 존재였다. 로키는 특히 지루한 것을 싫어했다고 하는데, 신들을 곤경에 빠트린 것은, 아마 그때문인지도 모르겠다.

신들의 적대자로서의 최후

로키는 장난이 심했을 때도 있었지만, 대체로 신들과 사이 좋게 지냈었다. 그러나, 장님 신 호드를 꼬드겨서, 오딘의 아들인 빛의 신 발드르 [주3]를 죽인 것으로 신들과의 적대가 시작되었다.

로키는 오딘의 의형제였기 때문에, 신들도 처음에는 로키의 태도를 묵인했었다. 하지만, 해신 에기르가 주최한 연회자리에서, 로키가 신들의 비밀을 차례로 **폭로**하고 망신을 줬기 때문에, 결국 신들의 인내도 한계에 이르게 되었다.

일단은 모습을 감춘 로키였지만, 오딘에 의해 발각되어 동굴의 바위에 묶이게 되고, 뱀의 독이 얼굴로 떨어진다는 벌을 받게 된 것이다. 다행이, 로키의 아내인 시긴이 옆에서, 떨어지는 독을 사발로 받아주었다. 하지만, 그녀가 사발에 가득 찬 독을 버리러 갈 때만큼은 어떻게 할 수가 없어서, 로키는 얼굴에 떨어지는 독으로 인해 고통으로 몸부림쳤고, 이것이 지진의 원인이라고 한다.

자, 이와 같이 벌을 받게 된 로키였지만, 드디어 이 벌이 풀리게 된 날이 왔다. 신들의 종언 **라그나로크(P.28)** 가 시작된 것이다. 모든 형벌이 힘을 잃게 되어, 로키도 결국 해방되었다. 그리고, 로키는 2명의 아들인 거대한 늑대 펜리르와 거대한 뱀 요르문간드, 헬이 보낸 사자의 군대, 그리고 거인족의 군대와 함께, 아스가르드로 침공했다. 그런데 로키는, 오딘의 아들로서 신들의 파수꾼인 헤임달 [주4]과 싸워서, 같이 죽게 되고 말았다.

거인족으로 태어났으면서도, 특이하게 신들의 일원이 된 로키. 그의 안에 흐르고 있던 거인의 피가, 신들을 배반하는 길을 걷게 만든 것일까?

【주3】 오딘의 아내 프리그와의 사이에서 태어난 둘째 아들, 불길한 꿈을 꾼 프리그는 세계에 있는 모든 생물이나 무생물에게 「발드르를 해치지 않는다」라는 약속을 맺었지만, 겨우살이 나무만은 어렸기 때문에 계약을 맺지 않았다. 신들은 불사신과 마찬가지인 발드르에게 여러 가지 물건을 던져서 시험했는데, 이때 장님 신 호드는 로키가 건네준 겨우살이 나무를 던졌다. 발드르는 그만 이것에 찔려서 죽게 된 것이다.

【주4】 민감한 감각을 지닌 신 아스가르드에 걸린 무지개 다리 비프로스트 옆에 살면서, 침입자로부터 다리를 감시하고 있다. 라그나로크에서는 적의 군대를 가장 먼저 발견해서, 황금의 뿔피리 갈라르호른을 불어서 신들을 소집했다.

롱기누스의 창

그리스도를 찌른 것으로 유명해진 장창.
그 존재는 그리스도의 피에 닿은 성창으로서도 유명하다.

❖······ 롱기누스의 창 ······❖

롱기누스의 창이란, 일반적으로는 십자가형을 당한 예수 그리스도의 옆구리를 찔러서, 예수의 목숨을 앗아간 창이라고 한다. 하지만, 실제로는 이미 사망한 그리스도의 죽음을 확인하기 위해서, 옆구리를 찌른 창이라고 한다. 이름의 유래에 대해서는, 창을 찌른 로마 병사의 이름이라는 설, 또는 라틴어로 의미하는 『Longus』에서 이름이 붙여졌다는 2개의 설이 유력하다.

창이 가지고 있는 위대한 힘으로 유명한 것은, 가지고 있는 자에게 세계를 제패할 수 있는 힘을 준다는 것이다. 하지만, 반대로 창을 잃게 되면, 창의 주인은 멸망한다고 한다. 서로마 제국의 황제 샤를마뉴【주1】는 롱기누스의 창을 손에 넣고, 수 차례의 전쟁에서 승리를 했지만, 창을 손에서 떨어트린 순간 사망했다고 한다. 또한, 나폴레옹이나 히틀러와 같이 유명한 인물들도, 롱기누스의 창을 구하려 했다고 전해진다. 원래 롱기누스의 창이 성유물로 취급되기 시작한 것은, 초대 로마 황제인 콘스탄티누스 대제【주2】의 영향이 크다. 그는 로마 제국에 있어서 그리스도교를 공인하고, 그리스도교의 포교와 권위를 세우기 위해 그리스도의 성유물【주3】을 모았다. 그리스도의 유체를 싼 천, 십자가, 성배와 같은 성유물 가운데, 이 롱기누스의 창의 존재도 있었다.

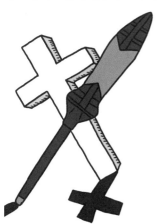

『성창』이라고 불리는 롱기누스의 창에는, 여러 가지 일화도 생겼는데, 특히 아더왕 전설에 등장하는 것으로 인해, 그 신비성이 굳어지게 되었다. 아더왕 전설에서 묘사되는 롱기누스의 창은, 성배와 같이 원탁의 기사들의 앞에 그 모습을 드러낸다. 창 끝에서 피를 떨어트리고 있었으며, 그 피는 세계가 종

【주1】 다른 이름은 카를대제. 프랑스 왕국의 국왕이지만, 이탈리아, 독일, 스페인 등 각지에 원정을 해서 지배하에 두었다. 결국 서유럽을 통합하고, 서로마 황제에 즉위했다. 그러나 동로마 제국은 그의 황제위를 인정하지 않았다.

【주2】 초대 로마 황제. 4분할통치되고 있었던 로마 제국을 재통일하여, 전제군주화를 진행했다. 또한 그리스도교를 공인하고, 유럽으로 전파하는 것을 보조했다. 교회의 권위를 높이기 위해, 그리스도의 성유물을 모았다.

【주3】 예수 그리스도나 성인의 유품, 유해를 가리킨다. 고대에서 중세에 걸쳐서, 신앙의 대상이 되었다. 그리고 십자군원정 때에, 수많은 성유물이 유럽으로 유출되었다.

바로 써먹을 수 있는 중2병 스타일 회화 예

A : 으~ 미팅 예정이 취소 됐어. ……어떻게 방법이 없을까?

B : ……누가 있으려나.

A : 나왔다~ 어떤 미팅도 즉시 만들어주는 휴대폰! 나의 롱기누스의 창이여!

롱기누스의 창은 실제 무기라기보다는, 전설적인 존재, 승리를 가져다 주는 존재다. 창으로서의 기능보다도, 기적이나 불가사의한 힘을 가져다 주는 아이템이라는 인상이 강하다. 자신들에게 있어서 매우 도움이 되는 것, 최후의 수단과 같은 아이템에 비유를 하면 될 것이다.

【주4】 켈트인들의 신들에 관련된 신화. 특히 아일랜드의 켈트인의 신화를 가리키는 것이 일반적이다. 다신교적인 세계관을 가진 신화이지만 로마 제국이나 그리스도교의 유입에 의해, 켈트의 신들은 결국 사라져 갔다.

말을 맞을 때까지 멈추지 않는다고 한다. 이 에피소드는 창의 존재가 아더왕 전설에 포함될 때, 켈트 신화【주4】에 나오는 저주받은 무기 이야기와 융합되어, 이러한 내용이 된 것이 아닌가, 라는 설도 있다. 참고로 나중에 창작된 것으로, 그리스도를 찌르는 병사의 일화도 존재한다. 그 내용은, 원래 병사는 장님이었지만, 그리스도에게서 떨어진 피가 눈에 들어가서, 시력을 회복했다고 한다. 이것이 계기가 되어, 병사는 세례를 받고 그리스도교 신도가 되어, 결국에 성자가 되었다고 한다.

롱기누스의 창의 활약

일본에서 롱기누스의 창의 인지도는 낮았다. 그러나 이러한 상황을 바꾼 것이, 「신세기 에반게리온」이다. 작중에서 인간형병기가 사용하는 나선형의 거대한 창의 이름이 롱기누스의 창이라는 이름이었다. 원래 성서관련 용어가 많이 나왔던 작품이지만, 그중에서도 강렬한 외관에다, 스토리 상 중요한 아이템이었다. 결국 그 때문에 시청자들에게 깊은 인상을 남겨서, 그 존재가 알려지게 되었다.

❧······· 롱기누스의 창의 행방 ·······❧

【주5】 빈의 구시가중심지에 있는 왕궁. 1918년까지 합스부르크 · 신성로마 황제, 오스트리아 황제가 거처하는 성이었다. 현재는 박물관이나 오스트리아 연방대통령 공관 등이 있다.

【주6】 현재의 터키남부, 시리아국경 근처의 도시 안타키아의 옛 칭호. 기원전 300년경. 고대 시리아 왕국의 셀레우코스 1세가 수도로서 건설 이후 예루살렘에 이은 초대 그리스도교회의 중심지가 되었다.

행방에 관해서는 여러 가지 설이 있지만, 일반적으로 알려져 있는 것은, 콘스탄티누스 대제가 성유물을 모았을 때, 그에게 넘어갔다는 것이다. 그 후로 역대 신성로마 황제에게 대대로 내려오다가, 나폴레옹 전쟁 때에는 독일에서 빈으로 이송되어, 합스부르크 왕가에서 관리. 현재도 **호프부르크 왕궁**【주5】에 전시되어 있다. 단, 제2차 세계대전 때에 히틀러가 창을 뺏은 후 빈으로 돌려줬지만, 사실 이때 돌려준 창은 레플리카고, 진짜는 남미나 남극대륙으로 은밀하게 이송되었다고도 한다.

콘스탄티누스 대제가 입수했다고 하는 일화 이외에는, 제1차 십자군이 **안티오키아**【주6】에서 롱기누스의 창을 발견했다는 이야기도 있다. 한참 전투가 진행되는 중에, 어떤 현자가 환영에 이끌려서, 땅 속에서 롱기누스의 창을 발견. 창을 손에 넣은 십자군은 아라비아군에게 승리를 거두었다고 한다. 단, 이러한 설 역시 병사들의 사기를 높이기 위해 날조된 것이 아닌가라는 이야기도 있다. 제1차 십자군이 예루살렘을 탈환한 당시에는, 성유물 숭배에도 박차를 가하고 있었다. 그때문에, 롱기누스의 창을 비롯한 성유물이, 몇 개가 발견되었다. 당연히 이중에는 진짜인지 의심스러운 것도 많아서, 몇 개의 롱기누스의 창이 등장하게 된 것이다. 그리고 지금도 호프부르크 왕궁 이외에도, 아르메니아의 **에치미아진 대성당**에도 롱기누스의 창이 전시되어 있으며, 유럽의 몇 군데의 교회에도, 롱기누스의 창의 창 끝이 보관되어 있다고 한다. 어쩌면, 지금부터라도 새로운 롱기누스의 창이 발견될 가능성도 있을 것이다.

루시퍼

원래는 신의 오른팔로서 재능을 발휘했던 치천사.
하지만, 그 오만함 때문에 신에 대한 반역을 결의하고, 나중에 악마의 왕이 된다.

❧ 천계에서 떨어진 최강의 악마 ❧

악마계에 군림하는 지옥의 왕. 틈만 나면 인간을 지옥으로 끌어들이려는 악의 권화이며, 그리스도교나 유대교에 있어서 최대의 적이다.

루시퍼의 이름은 라틴어로 「빛을 옮기는 자」나 「새벽의 아이」, 헤브라이어로 「새벽에 빛나는 아이」 등, 악마라고는 생각할 수 없을 정도의 빛나는 의미를 가진다. 그도 그럴 것이, 루시퍼는 원래 미카엘(P.60)과 형제이며, **엘리트 천사**였던 것이다. 그의 계급은 상위 제1위의 천사, 치천사(세라핌) [주1]의 위에 있었다고 한다.

루시퍼는 유능할 뿐만 아니라 용모도 수려하며, 등에는 12장의 날개를 지닌, 광채가 나는 아름다운 모습이었다고 한다. 신의 신뢰도 두터웠으며, 신의 옥좌의 오른편에 앉는다는 명예도 얻었다. 이러한 그의 카리스마로 인해, 그를 따르는 천사들도 나타났을 정도라고 한다.

하지만, 어느 날 루시퍼는 생각했다. 자신이야말로 신이라는 것에 상응하는 존재가 아닌가 라고. 신의 대리인이라는 것에 불만을 가진 루시퍼는, 결국 자신이 대신 신의 자리에 오르기 위해, 자신을 따르는 천사들을 모아서 신에 대한 반역을 결의한다. 그리하여 루시퍼가 이끄는 반역 천사군과, 미카엘이 이끄는 천사군의 대규모 전쟁으로 발전하게 됐다. 또한, 영국의 시인 존 밀턴 저작 『실낙원』에 의하면, 이 전쟁에서 루시퍼를 따른 천사는, 전체의 1/3에 달했다고 한다.

모든 천계를 휩쓴 처절한 전쟁. 결국 루시퍼의 야망은 깨지고 말았다. 신의 진노를 산 그는, 천계에서 영구 추방되어,

천계 따위 지루해 ―

【주1】천사의 계급 중 하나. 신학자인 위(僞) 디오니시우스 아레오파기타의 저서 『천상지론』에서는, 가장 상위에 위치하는 존재로 나와있다.

| 바로 써먹을 수 있는 중2병 스타일 회화 예 | A : 나는 타천사 루시퍼. 나에게 복종하라, 어리석은 인간들이여~
B : 니가 루시퍼일리가 없잖아!
A : 어, 어째서, 그리도 확신을 가진단 말이냐!?
B : 잘생긴 정도가 절망적으로 모자라! | 원래 천사였던 루시퍼의 외모는, 다른 어떤 천사보다 뛰어났다고 한다. 지옥에 떨어졌을 때에 새하얀 몸은 검게 물들고, 날개는 박쥐처럼 되었다고 한다. 이것을 현대적으로 해석하자면, 무지 잘생긴 남자가 불량배가 되었다, 라고 이야기할 수 있을 것이다. 여성들에게 더욱 인기가 폭발할 것 같다. |

루시퍼

가 나 다 라 마 바 사 아 자 차 카 타 파 하

지상으로 떨어졌다고 한다.

이때, 낙하한 루시퍼가 일으킨 충격으로 지상에 구멍이 뚫리고, 그 장소가 지옥이 되었다고 전해진다.

그 후, 타천사가 된 루시퍼는 악마들을 모아서, 자신이 가진 카리스마를 이용해서 지옥을 통솔하는 지배자로서 군림한다. 오만한 그의 야망은 지금도 사라지지 않아, 지옥 밑바닥에서 신의 옥좌를 뺏으려 하고 있다.

남반구에 육지가 적은 이유

루시퍼는 천계에서 추방당했을 때, 예루살렘에서 반대쪽에 있는 남반구에 격돌했다고 한다. 운석과 같이 낙하한 루시퍼에 공포를 느낀 지구는, 혐오와 공포로 몸을 움츠려서, 남반구에는 바다만 남게 되었다는 일화가 존재한다. 그리고 지표면에 충돌한 루시퍼는, 자기 죄의 무게로 인해 지구 중심부까지 들어가게 되었다고 한다.

⚜ 아담과 이브에게 신의 금기를 어기게 하다 ⚜

【주2】유대교, 그리스도교의 성전 천지창조 신화에서 시작해서, 아담과 이브의 낙원추방이나 노아의 방주, 바벨탑 등에 대해서 나오고 있다.

【주3】신약성서의 마지막에 나오는 예언서. 그리스도교 신도들 사이에서도 오랫동안 「이단의 서」로 취급되어, 그 해석을 둘러싸고 정식 성전으로 받아들여야 하는가에 대해 많은 논쟁을 불러일으켰다.

루시퍼가 하늘에서 떨어진 이유에는, 여러 가지의 설이 있다. 그리스도교의 해석에 의하면, 루시퍼는, 『구약성서』의 『창세기』【주2】에 최초의 인간으로 나오는, 흙에서 만든 아담과 이브의 시중을 들라는 신의 명령에 불만을 품었다고 한다. 신은 자신의 모습을 빗대어 만든 인간에게 주변의 천사들 이상으로 애정을 쏟아 부었고, 우대했다. 이러한 행동에 대해서 루시퍼는 강한 불만을 품고, 자신보다 훨씬 더 하등한 인간에게 질투를 한 것이다. 그리고 결국엔, 신에게 반역을 일으키는 계기가 되어, 루시퍼와 미카엘의 전쟁으로 발전하게 된다. 그 모습은, 『신약성서』 최후에 등장하는 예언서인 『요한 묵시록』【주3】에서, 다음과 같이 기록되어 있다.

「하늘에서 전쟁이 일어났다. 미카엘과 그의 천사들이, 용과의 싸움에 도전한 것이다. 용과 그 부하들도 응전했지만, 이기지 못했다. 그리고 하늘에는 그가 있을 곳이 없어졌다. 이 거대한 용, 나이를 먹은 뱀, 악마나 사탄이라고 불리는 것, 전 인류를 현혹시키는 자는, 하늘에서 던져졌다.」

이 문장 속의 「거대한 용」이나 「나이를 먹은 뱀」은 루시퍼를 가리킨다. 즉 그는, 용이나 뱀 등으로 변신하는 능력을 가지고 있었다고 볼 수 있을 것이다. 그것을 반증하는 것이, 낙원(에덴 동산)에서 사는 아담과 이브에 얽힌 일설이다.

그들이 낙원의 중앙에 있는 「금단의 열매」를 먹는 것을, 신은 엄격히 금지시켰다. 하지만, **뱀으로 변신**한 루시퍼가 그들을 말로 꼬드겨서, 「금단의 열매」를 먹게 만든 것이다. 신의 금기를 깬 아담과 이브는 낙원에서 추방당해, 「고통」이나 「죽음」 등의 벌을 그들과 그들 이후의 모든 인간이 받게 된 것이다. 인간에 대한 강한 원한을 갖고 있는 루시퍼에게 있어서, 이만큼 통쾌한 복수는 없었을 것이다.

릴리스

분방하고 욕구가 강하며, 아이들을 덮치는 것으로 알려진 악마.
사실 그녀는 인류의 시조 아담의 아내라는 놀랄만한 과거를 가지고 있다.

❖┄┄┄ 신에게 복수를 다짐한 밤의 마녀 ┄┄┄❖

릴리스는 흡혈귀이며, 밤마다 신생아를 납치해서 죽이는 여악마다. 유대교의 경전 『탈무드』[주1]에서는 긴 머리카락과 날개를 가진 「밤의 요마」, 구약성서 『이사야서』[주2]에서는 「밤의 마녀」로 기록되어 있다.

그녀의 상징은, 그리스도교에 있어서 악의 상징이라고 여겨지는 「뱀」이다. 음험하고 교활하며, 사람을 악의 길로 인도하는 존재로서 취급되고 있다.

릴리스의 성립에 대해서는 불확실한 부분이 많다. 하지만, 그 근원을 파고들어가다 보면, 그녀는 여신에서 악마로 변신한 존재라고 한다. 예전에 모계 사회에서는 밤이나 달과 같은 「음」이 중시되어, 릴리스는 여신으로서 다뤄졌다고 한다.

하지만 낮이나 태양 등을 축으로 한 유대 · 그리스도교 등의 부계사회로 바뀌게 되자, 그녀는 밤의 악마로 내쫓겨나고 만 것이다.

다른 설로는, 그녀는 인류의 창생에 있어서, **이브보다 먼저 아담이 사랑했던 부인**이었다고 한다. 『벤 시라의 알파벳』[주3]에 의하면, 릴리스는 남성 본위의 성행위를 요구하는 남편 아담을 용서하지 못하고, 천계에서 떨어져서, 많은 악마들과 관계를 가지고 아이를 낳았다. 신의 귀환명령을 계속 무시한 그녀는, 결국 「매일 100명씩 자식들이 죽는다」라는 저주를 받고 만다. 그리고 신에 대한 복수를 위해, 갓난아기나 출산여성의 생명을 노리는 악마가 되었다고 한다.

복수를 다짐한 것이야 상관 없지만, 이 복수에 휘말린 인간에게 있어서는 정말 어이없고도 억울한 일이라 하겠다.

아잉~♡

맛있어 보이는 애들~♡

【주1】 예언자 모세가 전한 율법인 「구전율법」을 담은 유대교의 성전.

【주2】 예언자 이사야에 의한 구약성서에 포함되어 있는 예언서.

【주3】 8~11 세기에 집필된 성서와 탈무드의 영웅들 이야기를 기록한 중세의 문헌. 작자 불명.

바로 써먹을 수 있는 중2병 스타일 회화 예	
	A : 남자친구한테 차였다면서, 괜찮아?
	B : 으으, 행복한 녀석들이 원망스러워……
	A : 자, 잠깐 아무 상관 없는 사람들은 걸고 넘어지지마!?
	B : 나, 악마가 되어 세상을 원망할 거야……
	A : 릴리스다, 릴리스가 강림하셨다!?

인류의 시조가 되었음에도 불구하고, 악마로 타락하는 길을 선택한 릴리스의 결의는 상당했을 것이다. 그렇기 때문에, 신이나 아담과 이브를 포함한 인간에 대한 증오는 매우 깊었음이 틀림없다. 여성의 원한은 무서운 것이라는 이야기도 있으니, 그녀의 복수극은 지금도 계속되고 있을지도 모른다.

중2병 지침서 ~ 패션 편 ~

 ## 오픈 핑거 글러브로 격투가 스타일 완성

중2병 스타일의 설정에는 동경을 하면서도, 주위 사람들에게 실제로 「중2병」이라는 이야기를 듣는 것에는 저항을 느끼는 사람도 많을 것이다. 하지만, 사람들이 싫어하는 것인 만큼, 일부러 스스로 중2병 스타일을 밖으로 드러낸다면, 평범한 사람들과는 다르게, 자신을 충분히 어필할 수 있다!…… 아니 있을지도 모르겠다.

그래서, 여기서는 중2병이라고 야유를 받는 것을 두려워하지 않는 용자를 위해서, 중2병을 더욱 중2병답게 만드는 기법을 전수하고자 한다.

그렇다면, 어떻게 하면 중2병처럼 될 수 있을까? 요즘에는 겉모습부터 들어가는 것이 일반적인 것 같다. 그래서, 일단 은 코디네이트부터 살펴보도록 하자.

격투가처럼 보이고 싶은 사람에게는, 오픈 핑거 글러브를 추천한다. 「뭐여, 그게?」라는 사람을 위해 설명을 하자면, 오픈 핑거 글러브라는 것은, 손 전체를 감싸는 것이 아닌, 손가락의 앞 절반 정도가 노출이 된 장갑을 가리킨다. 애니메이션이나 게임에서는 격투가 같은 캐릭터가 잘 끼고 다닌다.

예전에는 관절부분에 금속이 달려있는 것이 통신판매로 판매된 적이 있었다. 지금은 잘 찾아볼 수 없지만, 밀도가 낮은 블록 벽 정도는, 때려서 부술 수 있는 놀라운 물건이었기 때문에, 만약 발견한다 하더라도 초짜에게는 추천할 수 없다. 물론 사람을 때리는 것도 절대 안 된다!

 ## 전신을 칠흑으로 감싸서, 미스테리한 분위기를 연출!

조금 더 돈을 들여도 괜찮다, 라는 사람은, 전신 올 블랙 스타일에 도전해보자. 소설이나 애니메이션에 등장하는 어딘지 모를 조직의 구성원은, 아무튼 검은색 옷에 선글라스를 낀 경우가 많다. 위아래를 검은색으로 통일하고 선글라스를 끼면, 오늘부터 당신도 비밀조직의 구성원이 다!

하지만, 이것만으로는 약간 평범한 것 같기도 하다. 졸개 같은 느낌이 싫다는 경우에는, 검은 색 롱 코트를 추가해주도록 하자. 상반신을 약간 헐렁한 옷으로 맞춰준다면, 「매트릭스」에 나오는 네오처럼 된다. 이것으로, 이 세계의 구세주가

될 수 있다!……아니 될 수 있을지도 모른다.

하지만, 전신 올 블랙이라는 복장은, 낮에 의외로 눈에 잘 띄기도 하고, 밤에는 이상한 사람으로 오해를 받을 수도 있다. 개중에는, 「패션에는 전혀 흥미가 없어서, 위아래로 색을 맞추는 게 귀찮으니까」라는 이유로 올 블랙을 선택한 사람도 있기 때문에, 이런 패션 환자와 같은 취급을 받을 가능성도 있다. 결국 얼마나 멋있게 옷을 선택할 수 있느냐가, 중요한 것이다.

아무리 그래도 전신 올 블랙은 싫다는 사람은, 카키색 수트에 가죽 구두라는 스타일로 바꾸고 모자를 쓰면, 미국 금주법 시대의 갱이나 형사와 같이 변신할 수 있다.

이 스타일이라면, 「약간 복고풍 패션을 좋아할 뿐」이라고 우길 수 있기 때문에, 중2병처럼 보이고 싶지 않은 사람에게도, 의외로 추천할 수 있다. 단 복고풍인 만큼, 다른 사람들의 시선을 끄는 점은 주의를 해야 한다.

 ## 실버 액세서리는 중 2 병의 광택

조금 더, 현대적인 스타일이 좋다는 사람은, 실버 액세서리를 착용하는 것은 어떨까? 너무 많지 않은 정도로 착용을 하면, 약간의 액센트로서도 효과적이다. 그리고 실버 액세서리를 착용한 김에, 복장이나 머리 스타일을 맞춰주고 기타도 메주면, 비쥬얼 밴드 스타일도 완성시킬 수 있다.

단 비쥬얼 계는, 어울리는 사람과 그렇지 않은 사람의 인상이 매우 다르다는 것이 단점이다. 「안 어울린다」라는 주변의 시선이 싫은 사람은, 하지 않는 편이 좋을 것이다.

또한, 은이 들어가는 만큼, 액세서리가 약

간 비싸기 때문에, 자신의 경제사정에 맞춰야 한다. 돈은 없지만, 어떻게든 실버 액세서리가 필요하다면, 이미테이션으로 참도록 하자.

「좀 더 간편한 건 없나?」라고 하는 사람은, 평소에 어떤 복장을 하고 있는지 다시한번 생각해보자.

T 셔츠에 청바지, 청재킷?

괜찮다. 당신은 이미 중2병 스타일이니, 일부러 그런 것을 목표로 할 필요는 없다.

이후로도, 그 스타일을 계속 관철해나가도록 하자!

Encyclopedia of Chu-2 Syndrome

마

마나

영력이나 마력과 같은 신비한 힘을 나타내는 마나.
마법이나 주술을 취급하기 위한 힘이라는 비교적 새로운 개념이다.

멜라네시아의 초자연적 힘

【주1】 오스트레일리아의 북쪽에서 북동쪽에 위치하는 섬들의 통칭. 검은 섬이라는 의미다.

【주2】 1938년 생. 미국의 소설가. 하드 SF를 주특기로 하고 있다. 대표작은 「링 월드」. 「마법의 세계가 사라져가다」로, 마나를 자원으로서 묘사했다.

마나라는 것은 주로 멜라네시아 【주1】나 폴리네이사에서 믿고 있는 지역 종교의 개념으로, **초자연적인 힘이나 존재**를 가리키는 말이다. 마나란, 신, 영혼, 인간, 강이나 돌과 같은 자연물에서 인공물까지, 존재하는 모든 것에 깃들어있다고 한다. 또한, 마나는 고정되어 있는 것이 아니라, 사람에게서 사람으로, 물건에서 물건으로, 사람에서 물건으로, 물건에서 사람으로, 와 같이 이동시킬 수 있는 것이며, 병을 앓고 있는 사람이나, 피로한 사람에게 마나를 주입해서 회복시키거나, 창이나 카누에 주입해서 도구의 효율을 올릴 수 있다고 믿고 있다. 또한, 족장이 훌륭한 역할을 수행하고 있는 것은, 마나가 깃들어있기 때문이라고 보며, 그런 식으로 마나가 때로는 매력이나 카리스마와 같은 형태로도 표현된다는 의미다. 즉 단순한 힘뿐만 아니라, 좀더 넓게 여러 가지 요소를 내포하고 있는 것이 마나라는 존재로 여겨졌다. 이 마나의 개념은, 영국의 선교사였던 **코드린톤**이, 1891년에 발표한 저작 「멜라네시아 사람」에 의해, 서양에 소개되었다. 그리고 멜라네시아뿐만 아니라, 세계의 각 종교에 있어서 초자연적인 것을 이해하는데 유효한 개념으로서, 학회에 큰 영향을 주었다고 한다.

마나라는 말이 서양으로 흘러들어가면서, 이 말을 SF 작가 **래리 니븐** 【주2】이 판타지 소설에서 이용했다. 1969년에 출판된 소설 「마법의 세계가 사라져가다」에서, 래리 니븐은, 마나를 **마법**을 사용하기 위해 필요한 유한의 **자원**으로서 묘사하고 있다. 즉, RPG에서 마법을 사용했을 때 소비되는 MP와 같은 존재로서, 마나라는 말을 처음으로 사용한 것이다. 이 사고방식은 화제를

바로 써먹을 수 있는 중2병 스타일 회화 예

A : ……
B : 미팅 분위기 무지 썰렁하잖아. 누가 좀 웃겨봐.
A : 무리. 더 이상 할 게 없다고 해야 하나, 이젠 마나도 제로. 아 포기했어……

마나는 마력이나 영력이라는 의미로도 사용할 수 있지만, 이야기를 꺼낼 수 있는 경우는 한정적이다. 하지만, 마나를 정신력으로 생각한다면, 응용범위는 넓어진다. 정신적인 활동을 하기 위한 에너지라는 의미로 사용하거나, 자신의 정신상태의 설명이나, 기분을 나타낼 때 사용하도록 하자.

불러일으켜서, 이후, 판타지 소설이나 게임에서는, 같은 정의나 설정으로 마나라는 말을 사용하는 경우가 늘어갔다.

그리고 래리 니븐이 만든 마나의 개념은, 일본에도 상륙한다. 누가 처음으로 일본에서 사용하기 시작했는지는 정확히 알 수가 없다. 하지만, 일본에도 이 단어가 널리 퍼진 계기가 된 작품은 몇 개가 존재한다.

또 하나의 마나

구약성서「출애굽기」제16장에 등장하는 식품도 마나라고 한다. 서리가 증발한 후에 남는 것으로 하얗고 얇은 웨하스와 같은 것이라고 한다. 그리고 맛은 달고 영양도 있다고 한다. 구약성서의 표기만으로는, 어떤 음식인지 알 수 없다. 단, 이것을 먹고서 이스라엘 민족은 40년을 살았다고 한다. 그 점에서 이것은 초자연적인 것이 아닌가 라는 설도 있기 때문에, 또 하나의 마나와 닮은 구석이 있다.

일본의 판타지 RPG의 마나

일본에서 마나라는 말이 일반화된 원인 중 하나는, 그룹 SNE【주4】의 미즈노 료【주4】의 소설『로도스도 전기』나, 그 작품과 같은 세계관을 공유하는『소드 월드 RPG』일 것이다. 『로도스도 전기』는 아직 라이트노벨이라는 장르도 없었던 시절에, 검과 마법의 판타지 소설로서 인기를 구가한 작품이다. 그리고 이 작품 안에서, 마술사는 자신의 몸 안에 있는 마나를 소비해서 마법을 사용했다. 또한, 마법을 사용할 때의 주문으로, 「전능한 마나여……」라고 외우기 때문에, 마나라는 말을 더욱 인상 깊게 만들었다. 또한, 국산 테이블 토크 RPG【주5】로서 가장 대중적으로 인기가 있었다고 하는『소드 월드 RPG』에서도, 마나의 개념은 사용되어, 마나라는 말의 자연스러운 침투를 도왔다고 생각된다. 사실, 이후의 판타지 계열 작품에도, 마나라는 말이 사용되기 시작되어, 인기 RPG인『테일즈』시리즈나, 『성검전설』에서도 마나라는 개념이 사용된다. 하지만 일본의 경우, 절대적인 인기를 자랑하는 RPG인『드래곤 퀘스트』와『파이널 판타지』시리즈에서는, 마나가 아닌 MP(매직 포인트)라는 말이 사용되었다. 그 때문에 마나보다 MP쪽이 더 일반적이 되어, 그 후의 게임에서도 마나보다 더 많이 사용되게 되었다.

단, 현재의 이런 상황에서 마나라는 말이 갑자기 튀어나온다 하더라도, 게임을 해본 사람이라면, 「아, 마력이라던가 MP 말이지」라고, 쉽게 이해를 한다. 게임이나 만화, 소설 등의 비교적 새로운 오락작품의 보급이, 마나라는 전통적인 개념이 널리 퍼지는데 도움을 준 것이다.

【주3】야스다 히토시가 이끄는 게임 디자이너 집단. 『로도스도 전기』, 『소드 월드』시리즈의 게임 디자인을 했다. 테이블 토크 RPG의 리플레이를, 연극의 대본과 같은 서식으로 보여주는 것을 발명. 정착시켰다.

【주4】1963년 출생. 소설가, 게임 디자이너. 대표작으로『로도스도』시리즈나,『마법기사 리우이』시리즈가 있다. 또한, 현재에는 독립해있지만, 게임 디자이너 집단, 그룹 SNE의 창립 멤버다.

【주5】테이블 토크 롤플레잉 게임의 약칭. 플레이어와 게임 마스터의 회화나 주사위에 의한 판정으로 진행한다.

마비노기온

아더왕 전설을 시작으로 하는 기사도 이야기나,
현대 판타지 작품에 큰 영향을 미친 켈트 신화를 배우기 위한 가장 좋은 책.

❧⸺ 중세 웨일즈의 환상적 켈트 이야기 ⸺❧

마비노기온이란, 『마비노기』라 불리는 4개의 이야기와 구전으로 전해져 내려오는 **켈트 전승**을 정리한 이야기집이다. 예전에 켈트인들의 전승이나 전설 등은, 구전가나 음유시인들에 의해 구전으로 전해져 내려왔다. 11세기가 되자, 이것을 남 웨일즈의 수도사들이, 책으로 기록하기 시작해서, 결국 마비노기온이 완성되었다. 그리고 이 마비노기온을 샬롯 게스트 부인【주1】이 영어로 번역하고, 그것이 세계적으로 유명해진 것이다. 또한, 마비노기온과 같은 내용이 기록된 것으로는, 『리데르치의 백서(白書)』【주2】, 『헤르게스트의 홍서(紅書)』【주3】라는 사본을 들 수 있다.

마비노기온에는 전부 11편의 이야기가 수록되어 있는데, 그중에서도 핵심이 되는 4개의 이야기는 「이리하여 마비노기온의 이야기는 끝이 난다」라는 한 구절로 맺어진다. 이 구절이 마비노기온이라는 제목의 유래라고 한다. 참고로, 어째서 마비노기가 마비노기온이 된 것일까? 그것은 사본을 할 때의 실수가 원인이라고 한다. 샬롯 게스트 판에서도 마비노기온이라는 제목으로 발표되었기 때문에, 이 타이틀이 정착을 한 것이다. 참고로 이 마비노기라는 말은, 웨일즈어로 소년을 의미하는 「mab」가 그 유래라고 추정되지만, 정확한 것은 알려지지 않았다.

전체의 구성은 『마비노기 4가지 이야기(4지편)』『캄리에 전해 내려오는 4가지 이야기』『궁정의 3가지 로맨스』이 3가지로 구성되어, 작품의 분위기는 각각 다르다. 『마비노기 4가지 이야기』는 환상적이면서 신화적인 분위기의 영웅 이야기. 『캄리에 전해 내려오는 4가지 이야

【주1】 영국의 실업가·번역가. 아라비아어, 헤브라이어, 페르시아어를 독학으로 공부했다. 1838년부터 마비노기온의 번역을 출판. 웨일즈 문학과 웨일즈어의 연구에 큰 성과를 남겼다.

【주2】 14세기에 작성된 웨일즈 초기의 산문을 수집한 것. 마비노기온의 원전이 된 이야기도 기록되어있다. 현재는 웨일즈 국립도서관에 소장되어 있다.

【주3】 15세기에 작성된 웨일즈의 산문과 시를 정리한 사본. 마비노기온의 원전이 된 이야기도 기록되어있다. 현재는 옥스포드 대학 지저스 칼리지가 소장하고 있다.

바로 써먹을 수 있는 **중2병 스타일 회화 예**

A : 헌책방 특유의 분위기가 참 맘에 들어.
B : 그렇지……! 우와 굉장한 거 발견했다! 마비노기온 급이야!
A : 뭔데?
B : 요즘 뜨는 아이돌의 아역배우 시절 사진집!

마비노기온은 그 자체가, 비밀이 있거나 마술적인 무언가가 있는 책은 아니다. 그냥 평범하게 구입할 수 있는 책이다. 단, 그 내용은 귀중해서 역사적, 문화적으로 의의가 있는 것이다. 무언가에 비유한다면, 아는 사람은 그 가치를 잘 아는 보물, 특정한 사람들에게만 가치가 있는 물건이야말로 더 빛나는 법.

기』는 민화적인 내용으로, 유명한 아더왕 전설에 관련된 이야기가 들어가 있다. 『궁정의 3가지 로맨스』는 궁정 로맨스로, 이쪽에도 아더왕이 등장한다.

신화적인 영웅담, 웨일즈의 민화, 러브 로맨스와 같이, 오락적인 요소가 가득 담겨있다. 자료적인 가치뿐만 아니라, 읽을 맛도 나는 작품으로서 알려져 있다.

성배전설과의 관련

마비노기온의 『쉬르의 딸 브란웬』에는, 나중에 성배 전설과 연관된다고 하는 아이템이 등장한다. 이야기 안에서, 아일랜드의 군대는, 죽은 전사를 되살리는 거대한 가마솥을 사용해서, 브리튼 군을 괴롭힌다. 이 거대한 가마솥의 치유력, 기적이, 그리스도의 성유물인 성배와 연관된다. 그렇기 때문에 아더왕 전설에도, 치유력을 지닌 성배가 등장. 성배 전설이 생겨난 것이다.

마비노기 4 가지 이야기의 내용은 ?

4가지 이야기는 웨일즈가 무대로, 각각의 이야기가 서로에게 영향을 준다. 특히 왕자 캐릭터인 프리데리는, 4가지 이야기에 전부 등장한다. 그의 탄생에서 죽음까지 묘사되어 있다. 그 때문에, 마비노기는 원래 하나의 전승으로, 프리데리를 중심으로 한 이야기였다 라는 말도 있다. 단, 여기에 확실한 증거는 없으며, 원래 1개의 전승이었는지, 혹은 반대로 프리데리라는 존재를 추가한 것으로, 4가지 이야기를 관련 지은 것인지는 불분명하다.

먼저 첫 번째가 『디버드의 왕자 프이스』. 프리데리의 양친인 프이스의 이야기다. 원하지 않은 결혼을 한 아름다운 처녀인 리안논을 구출하고 결혼. 태어나고 바로 괴물에 납치당한 프리데리의 귀환, 그리고 그가 훌륭한 후계자로 성장할 때까지의 과정을 그리고 있다.

두 번째 이야기는 『쉬르의 딸 브란웬』. 브리튼 왕의 동생인 브란웬과 아일랜드의 왕과의 결혼과, 그 결혼으로 인해 빚어진 브리튼과 아일랜드의 전투를 그린 이야기.

세 번째 이야기는 『쉬르의 아들 마나위단』. 브리튼의 전쟁에서 귀환한 마나위단과 프리데리의 이야기. 원한을 가진 남자가 고향에 마법을 걸어서, 함정에 빠진 프리데리와 부인을 마나위단이 구하는 이야기.

네 번째 이야기는 『마소누이의 아들 마스』. 마스와 그의 동생인 그위디온과의 충돌. 그리고 화해 후, 그들의 계승자가 되는 류를 2명이서 지키고, 그를 배신한 신부와 그 연인을 향한 복수를 돕는다는 이야기다.

4개의 이야기 전부, 원문에서는 어딘가 기묘한 부분이 있거나, 그대로 받아들이기 어려운 부분이 있다. 하지만, 그렇기 때문에 켈트 신화의 원류를 엿볼 수 있는 귀중한 작품으로서 알려져 있는 것이다.

맥스웰의 악마

1세기이전 열역학자를 고민하게 만드는 존재가 있다.
에너지에 관한 법칙을 깨는 그 존재는, 말 그대로 악마와 같은 존재였다.

❧⋯⋯⋯ 열역학의 목덜미를 잡는, 장난꾸러기 악마 ⋯⋯⋯❧

【주1】 1813년~1879년. 영국의 이론물리학자. 고전전자학을 확립한 전자기학에서 가장 위대한 학자로 거론되며, 전자파의 존재도 이론적으로 예상했다.

【주2】 에너지의 이동방향과 에너지의 성질에 관련된 법칙. 클라우지우스의 원리, 톰슨(켈빈)의 원리, 오스트발트의 원리, 엔트로피 증대의 원리 등 4원리가 있다.

【주3】 열 현상을 물질의 거시적 성질에서 취급하는, 물리학의 장르. 에너지나 기온, 엔트로피, 체적, 압력 등의 물리량을 이용해서 기술한다.

【주4】 분자의 「무질서 정도」를 수치화한 것. 알기 쉬운 사례를 들자면, 고체 쪽이 기체보다 더 분자가 속박되어 있기 때문에, 엔트로피가 작다는 것이 된다.

이 악마는, 스코틀랜드의 물리학자 제임스 클러크 맥스웰 【주1】이 제창한 사고실험으로, 개요는 다음과 같다.

(1) 균일한 온도의 기체가 채워진 용기를 준비하고, 그 용기를 작은 구멍이 나있는 칸막이로 분할하고, 각각 A, B라고 정한다.

(2) 분자를 보는 것이 가능한 존재 = 악마가 있다고 치자. 그는 구멍의 개폐로 인해, 재빠른 분자만을 A의 방으로, 움직임이 느린 분자를 B의 방으로 옮기려고 한다.

(3) 이 행동을 반복하면, 악마가 아무것도 하지 않아도, A의 온도는 내려가고, B의 온도는 올릴 수 있게 된다.

그러나 에너지에는 「열은 반드시 높은 물체에서 낮은 물체로 이동하고, 그 반대는 일어나지 않는다.」라는 법칙 【주2】이 있기 때문에, 악마의 행동과 모순된다. 맥스웰은 어디까지나 사고실험 상에서의 가상의 존재로서, 이 악마를 제창한 것이지만, 열역학 【주3】의 분야에 있어서는, 이 악마의 행위를 인정하면 영구기관 (P.26)을 인정해버리는 것이 되기 때문에, 물리적으로 해명을 해서 이 악마를 묻어야만 한다. 그렇기 때문에, 과학자들은 신중하게, 이 악마의 소행을 해명하는데 심혈을 기울였지만, 아쉽게도 지금까지 이 악마를 완전히 박멸했다고는 말할 수 없는 것이 현재 상황이다. 지금은, 구멍을 열고 닫는 데에 에너지와 정보의 소거가 필요하기 때문에, 시스템 전체에서 엔트로피 【주4】가 줄어드는 일은 없다, 라는 것이 유력한 설이다.

온도차가 없는 상태

(열평형)

온도차가 있는 상태

(저온)　　(고온)

⭕ ··· 빠른 분자
⚫ ··· 느린 분자

바로 써먹을
수 있는
**중2병 스타일
회화 예**

A : 응? 그 만화책 어디갔어?
B : 아, 미안. 아까 좀 보고, 이 책장에 넣었어.
A : 그건 언제나 이쪽 책장에 꽂아놓고 본다고.
이 맥스웰의 악마야.

너무 어렵게 생각하지 말고, 멋대로 물건을 움직이거나, 구분해버리는 존재를 악마라고 칭하는 것이 가장 쉬운 사용방법일 것이다. 이 외에도, 법칙이나 절대원칙을 깨부수는 존재 그 자체를, 맥스웰의 악마라고 부르는 것도 괜찮을 것 같다.

묠니르

뇌신 토르가 휘두른 마법의 워해머 묠니르는,
소인족들이 만들어서 신에게 바친 보물 중에서도 최고의 작품이었다.

❧······ 토르가 애용한 마법의 워해머 ······❧

묠니르는, 북유럽 신화에 등장하는 뇌신 토르의 워해머, 즉 전투용 망치다. 주신 오딘(P.131)의 창인 궁니르와 마찬가지로 던지면 반드시 적에게 명중하고, 혼자 알아서 되돌아온다고 한다. 단, 묠니르는 중량이 공격력에 직결하는 망치의 특성에 따라, 매우 무거운 무기였다. 자신의 힘을 자랑하는 토르조차, 평소의 모습으로는 사용할 수 없어서, 묠니르로 싸울 때는 몸을 거대화시키고, 거기다 신력이 2배(1.5배라는 설도 있다)가 되는 메긴교르트를 차고 있었다.

또한, 묠니르는 **번개**를 의미하는 이름 그대로 불을 내뿜는다는 이야기도 있다. 본체에서 나는 고열 때문에 화상을 입지 않도록, 이르안 그라이펠이라는 쇠장갑을 끼워야 한다고 하며, 이것 때문에 토르와 그의 아들인 마그니 정도밖에, 묠니르를 다룰 수 있는 자가 없었다고 한다.

토르의 트레이드마크라고도 할 수 있는 묠니르는, 불의 신 로키(P.37)의 장난이 계기로 만들어졌다. 어느 날, 로키가 장난으로 토르의 아내 시프의 머리카락을 전부 다 잘라버리는 바람에, 이에 격노한 토르에게, 자연스럽게 자라나는

머리카락을 만들 것을 약속해야만 했다. 그리고 로키는 「이발디의 아들들」이라 불리는 소인족 (주)들에게 황금 머리카락을 만들게 했는데, 소인족들은 황금 머리카락뿐만 아니라, 어디든지 갈 수 있는 범선인 스키드블라드니르와 마법의 창 궁니르도 같이 만들었다. 그러자 로키는, 이것들을 가지고 브로크과 에이트리라는 소인족 형제를 찾아가서, 「이것보다 더 훌륭한 것을 만든다면, 내 머리를 주겠다」라고 했다. 이때 소인족 형제가 황금의 멧돼지, 황금의 팔찌 드라우

바로 써먹을 수 있는 **중2병 스타일 회화 예**	A : 대타 부탁해. B : 오케이! 나한테 맡기라고! 나의 묠니르가 불을 뿜을테니까~! A : 아, 그렇다고 배트는 던지지마. 위험하니까.

묠니르는, 한번 던지면 반드시 목표에 명중하는 마법의 워해머다. 따라서, 목표를 '반드시 명중.하는, 혹은 시키는, 것과 같은 상황에서 사용하는 것이 좋다. 야구하는 중에 찬스가 왔을 때 대타 등, 반드시 명중시켜야 하는 경우에는, 말 그대로 딱 맞는 표현이다.

프니르와 같이 만든 것이, 바로 묠니르다.

그 후, 어느 쪽의 물건이 더 뛰어난지 신들에게 판정을 해달라고 해서, 오딘과 토르, 프레이야 등 3명이 심판으로 나섰다. 그 결과, **최고의 물건**으로 평가된 묠니르는 거인족에게 대항할 수 있는 유일한 무기로서, 전쟁의 신인 토르에게 바쳐진 것이다.

단순한 무기가 아니다.

토르는, 탕그뇨스트와 탕그리스니르라는 2마리의 검은 산양이 끄는 전차를 타고, 세계를 누볐다고 한다. 배가 고파진 토르가 이 산양을 잡아먹는 일도 있지만, 산양을 먹은 뒤에 묠니르를 사용해서, 다시 되살렸다. 이외에도, 묠니르를 내세우고 기도하는 것으로, 어린이들은 건강하게 성장하고, 신부에게는 많은 아이가 생긴다고 하니, 단순한 무기가 아닌 성스러운 물건이었던 것이다.

❧⸺ 거인들에게 뺏긴 적도 있다 ⸺❧

【주2】헤임달은 민감한 지각을 갖춘 신이다. 신들의 나라인 아스가르드에 걸린 무지개 다리 바프로스트 옆에 살면서, 침입자로부터 다리를 감시하고 있었기 때문에 「신의 파수꾼」이라 불린다.

【주3】북유럽에서는, 망치는 다산의 상징이라고 여겨지고 있다. 결혼식에서 망치를 신부의 무릎에 놓는 풍습이 있는 것 이외에도, 묠니르를 본따 만든 액세서리 등도 인기가 있었다고 한다. 본문에서 소개한 토르의 에피소드도, 이러한 풍습에서 생겨난 것은 아닐까?

토르는 묠니르를 사용해서 자주 거인을 타도했지만, 그중에서도 재미있는 것은 묠니르를 뺏겼을 때의 에피소드일 것이다.

용맹하고 대담한 토르였지만, 경솔한 부분이 있었다. 어느 날, 토르는 소중한 묠니르를 **거인의 왕 트림**에게 뺏기고 말았는데, 트림은 묠니르를 반환하는 대가로서 여신 프레이야와의 결혼을 요구했다. 물론 프레이야는 거인과의 결혼 따위 승낙하지 않았고, 곤란해진 신들이 모여서 의논할 때, 헤임달 【주2】이 「토르가 프레이야 대신 **신부로 변장**하고, 찾으러 가는 것은 어떨까?」라고 제안한다.

아름다운 용모와 변신능력을 가진 로키라면 모르겠지만, 토르는 뼛속까지 무인이었다. 무인 토르는 즉시 결단을 내리지 못하고 저항했지만, 다른 수단도 없는데다, 무엇보다 자신의 실수가 묠니르를 뺏긴 원인인 만큼, 결국에는 그 제안을 받아들였다.

이리하여, 토르는 프레이야에게서 빌린 신부의상을 입고, 로키와 함께 거인의 나라로 출발한다. 기골이 장대한 체구의 토르가 신부라는 것은 아무리 생각해도 무리이지만, 토르가 간 곳은 거인의 나라였기 때문에, 그렇게까지 의심을 받지 않았을지도 모른다. 하여튼, 능란한 화술가인 로키의 도움도 있어서, 토르는 무사히 결혼식장에 도착했다.

결혼식이 시작되자, 트림은 숨기고 있었던 묠니르를 꺼내 들고, 의식 【주3】에 따라 토르의 무릎 위에 올려놨다. 그 순간, 지금까지 굴욕을 꾹 참아왔던 토르의 분노가 드디어 폭발했다. 묠니르를 치켜들고 토르는 맹렬하게 거인들에게 달려들어서, 그 자리에 있던 모든 거인을 쓰러트렸다고 한다. 거인들에게는 미안한 이야기지만, 기골이 장대한 토르가 신부의상을 입고 묠니르를 휘두르는 모습은, 재미있는 광경이었음에 틀림없었을 것이다.

무 대륙

과거, 지상에 존재했다고 이야기되는 초고대문명 「무」. 천재지변으로 인해
태평양에 가라앉았다고 하는 무 대륙에 대해서, 이야기해보도록 하자.

······ 무 대륙이 세상에 등장할 때까지의 경위 ······

지금으로부터 1만 2000년 이전에, 태평양에 「무」라고 불리는 대륙이 있는데, 그 대륙에는 현대 문명을 능가하는 초고대문명이 존재했다고 한다. 대륙의 크기는 동서 8000㎞, 남북 5000㎞로, 서로 다른 10개의 민족이 살면서, 창조신의 신관이기도 한 제왕 「라무」가 통치, 고도의 기술과 문화를 가진 문명으로, 그들은 무 대륙 전체로 삶의 터전을 넓힘과 동시에, 이집트나 잉카제국 등 17개의 식민지를 두었다고 한다. 그러나, 지금으로부터 1만 2000년전에 거대지진 혹은 대해일이라고 불리는 천재지변이 발생해서, 하룻밤 사이에 대륙은 바다 속으로 가라앉았다.

이 무 대륙의 이름이 세상에 등장한 것은, 1862년, 프랑스의 샤를 브라쇠르라는 신부가 『유카탄 사물기』[주1]라는 서적의 사본을 발견한 것에서 시작된다. 이것은 마야인의 풍속이나 역사를 적어놓은 것으로, 그 안에는 마야인의 알파벳 대응표가 있었다. 여기에 브라쇠르는 「트로아노 상형문자」[주2]라는 상형문자를 해독하고, 그 결과 「무」라는 고대왕국의 멸망이 기록되어 있었다고 발표한

것이다. 이때 브라쇠르가 결국 해석하지 못했던 문자가 2개 있었는데, 그것이 M과 U를 닮았다는 이유로 「무」라고 불렸으며, 이것이 아틀란티스의 마야어로 표현한 것이라고 생각했다. 하지만, 이후의 연구를 통해, 사실은 브라쇠르의 해독은 틀린 것으로, 「트로아노 상형문자」는 천문에 관한 문헌이라는 점을 알게 되었다. 당연히, 「무」라는 고대 왕국의 존재도 부정되었다. ······라고 이야기가 진행될 예정이었지만, 1926년에 미국 거주의 영국인 작가 제임스 처치워드가

【주1】16세기 프랑스 교회의 초대 유카탄 지역 주교 디에고 데 란다가 작성한 자료. 그는 유카탄 반도에서 포교활동을 위해 종군하여, 마야 문화를 파괴한다. 그와 동시에 마야문명에 관한 상세한 보고서도 남겼다.

【주2】고대 마야족의 기록, 무 대륙에 관한 기록이 있는 서적이라 여겨졌지만 잘못 해독한 것으로, 실제로는 점성술에 관한 책이었다.

바로 써먹을 수 있는 중2병 스타일 회화 예	A : 반드시 찾고야 말겠어. B : 무엇을? A : 편하고 여자애들이 많고, 시급이 높은 아르바이트를 찾고야 말겠어. B : 무 대륙을 찾는 편이 더 가능성이 있겠네.

무 대륙은 전설상의 토지, 찾으려 해도 찾을 수 없는 장소를 가리켜서 사용하는 것이 무난하다. 혹은 현대의 문명을 월등히 능가하는 초고대명이었다는 점에서, 이상향이나 낙원과 같은 의미로도 사용할 수 있다. 또한 각지의 매장금(金) 전설과 같이, 꿈이나 낭만을 추구하는 행위에 비유해서 사용해도 무난하다.

발표한 책으로 인해, 사태는 바뀌었다.

『잃어버린 무 대륙』이라는 저서로, 처치워드가 인도에 종군을 했을 때, 힌두교의 고승이 그에게 비밀의 점토판을 보여 줬는데, 그 점토판에 무 대륙의 역사가 기록되어 있었다는 주장이다. 남태평양에 존재했다고 하는 무 대륙에 대해, 그 번영에서 멸망까지를 고찰했다.

아틀란티스 대륙이란 ?

무 대륙은 태평양 위에 떠있는 대륙이지만, 아틀란티스는 대서양 위에 떠있는 가공의 대륙이다. 고대 그리스의 철학자 플라톤이, 저서인 『티마이오스』에서, 대서양 위에는 대륙이 있으며, 거기에는 아틀란티스라는 왕국이 있었다고 기록했다. 아틀란티스는 강대한 군사력을 가지고 세계를 제패하려고 했는데, 이로 인해 신의 분노를 사서, 바다 속으로 가라 앉았다고 한다.

⚜ ⸱⸱⸱⸱⸱⸱ 초고대문명설의 선두주자 ⸱⸱⸱⸱⸱⸱ ⚜

【주3】동남아시아에 분포되어 있는 인도네시아나 필리핀과 같은 도서부는, 예전에 광대한 하나의 육지를 형성하고 있었다. 이 대륙을 순다 대륙이라 한다.

처치워드의 저서가 나온 당시에, 그의 설은 많은 지지를 받았지만, 현재는 조작으로 여겨진다. 처치워드의 경력자체가 수상하며, 증거로서 들고 있는 점토판이나 문헌의 존재 역시 의심스럽다. 무엇보다, 태평양 위에 거대한 대륙은 존재하지 않았다는 것이, 해저탐사로 인해 판명된 것이다.

무 대륙, 초고대문명은 부정되었지만, 여전히 무에 대해서 연구하는 사람은 존재한다. 지금, 연구되고 있는 설 중에, 무 대륙은 존재하지 않았지만, 문화권으로서의 무는 존재하지 않았었나, 라는 설이 있다. 이스터 섬, 하와이, 피지와 같은 독립되어 있는 섬에서, 우연치고는 너무도 기묘하게 일치하는 문명의 흔적이 있어서, 이러한 섬들 사이에는 어떠한 형태의 교류가 있었던 것이 아닌가? 한발 더 나아가서, 「무」라는 하나의 문화권이, 이러한 섬들에 퍼져있었다고 생각한 것이다. 얼핏 보기에는 황당무계한 설로 들리지만, 고대 폴리네시아 사람들의 항해기술은 뛰어났기 때문에, 태평양 횡단도 가능했었다고 한다. 실제로 1947년에는 노르웨이의 탐험가이자 인류학인인 **토르 헤위에르달**은, 뗏목으로 남미에서 폴리네시아까지 7000㎞를 항해해서, 무사히 태평양 횡단을 마쳤다. 이 항해로 인해 환태평양지역에 있어서, 고대부터 교류나 교역이 있었다는 설은, 더욱 그 현실성을 더했다. 또한, 류큐열도가 융기와 침강을 한 것이나, 요나쿠니 섬 인근 해저에 유적처럼 보이는 것이 있다는 점에서, 류큐열도가 무 대륙이라는 설도 나왔다. 이외에도, 예전에 동남아시아 도서부에 있었다는 순다 대륙【주3】이, 무 대륙이었다는 설도 있다. 처치워드가 불을 붙인, 태평양에 있는 고대문명의 수수께끼는, 형태를 바꿔가며 현재도 계속 살아있는 것이다. 해저, 지중의 조사기술이 발전된다면, 이러한 설들을 입증할 수 있는 날이 올지도 모른다.

무라마사

수많은 일본도 중에서도, 요도(妖刀), 혹은 명도로서 특별한 지위를 쌓은 칼.
어째서, 요도가 된 것인지를 알아보자.

도쿠가와에게 해를 입히는 요도·무라마사

무라마사(村正)라는 것은, 이세노쿠니(伊勢国) 구와나(桑名)「미에현 구와나시(三重県桑名市)」에서 활약한 도공의 이름으로, 별칭은 센지 무라마사(千子村正)다. 또한, 무라마사가 제작한 칼을 가리키기도 한다. 어째서 무라마사의 이름이 유명해졌는가라고 하면, 칼로서의 성능, 도공으로서의 실력도 있지만, 아마도 더 큰 이유는 **요도**로서의 일화 때문일 것이다.

무라마사가 요도라 불리게 된 이유는, **도쿠가와에게 불행을 가져다 줬기** 때문이다. 도쿠가와의 할아버지 기요야스(清康) 【주】 그 아들인 히로타다(広忠) 【주2】는, 가신의 모반에 의해 살해당했다. 할아버지·기요야스를 죽인 아베 야시치로(阿部弥七郎)가 쓰던 칼과, 히로타다가 이와마츠 하치야(岩松八弥)에게 살해당했을 때 사용된 칼이 무라마사가 만든 것이라 한다. 그리고, 이에야스의 적자였던 마츠다이라 노부야스(徳川家康) 【주3】가 할복을 할 때 사용한 칼, 세키가하라(関ヶ原) 전투에서 이에야스가 부상을 당한 원인이 된 창 등도 또한 무라마사가 만들었다고 한다. 도쿠가와 가문에서 일어난 참사에 무라마사가 많이 관여하고 있는 점에서, 도쿠가와 가문을 저주하는 칼, 요도로서 유명해진 것이다. 당연히, 도쿠가와와 인연이 있는 자들은 무라마사의 칼을 싫어했지만, 반대로 도쿠가와와 대립하는 자들은 무라마사의 칼을 즐겨 사용했다고 한다. 세키가하라에서 이에야스를 괴롭힌 사나다 유키무라(真田幸村), 도쿠가와 정부의 전복을 계획한 유이 쇼세츠(由井正雪), 에도 막부 말기의 유신 지사들도 사용했다고 한다.

하지만 도쿠가와 가문의 가신인 혼다 타다카츠(本多忠勝)가 사용한 명창·톰보기리(蜻蛉切) 역시 무라마사가 만들었으며, 오와리 도쿠가와 가문에는 이에야스의 유품으로서 무라마사가 만든 칼도 전해져 내려온다. 따라서, 요도전설은 나중에 창

아 안돼!
오라차
두견새가 울 때까지 기다리려 했는데…

【주1】 마츠다이라 기요야스(松平清康). 도쿠가와 이에야스의 할아버지. 무용이 뛰어난 인물로 미카와 통일을 달성했다. 그러나, 옆 지방인 오와리를 치는 도중에, 가신인 아베 마사토요(阿部正豊)「야시치로(弥七郎)」에게 배신당해, 베어져 즉사했다.

【주2】 마츠다이라 히로타다(松平広忠). 도쿠가와 이에야스의 아버지. 사망원인으로는 가신인 이와마츠 하치야(岩松八弥)에게 사살되었다는 설. 병사. 오다 가문에서 보낸 자객에 의해 암살당했다는 등, 여러 가지 설이 있다.

【주3】 마츠다이라 모토야스(松平元康). 이후의 도쿠가와 이에야스의 적자. 오다 노부나가의 딸, 도쿠히메(徳姫)를 정실로 맞아들였다. 그러나 노부야스와 사이가 나빠진 도쿠히메는, 노부야스와 사이가 나쁜 것과 그가 다케다 가문과 내통하고 있다 라고 노부나가에게 편지를 썼다. 노부나가가 편지를 가져온 사카이 다다츠구(酒

| 바로 써먹을 수 있는 중2병 스타일 회화 예 | A : 모처럼 빌려왔는데, 왜 나한테만 역효과가 나는 거야…… B : 아~ 운이 좋아지는 연필이 그거야? 특정 인물에게만 안 좋은 일이 있는 것을 보아하니, 요도 무라마사나 다름없네. | 무라마사는 요도라는 이미지가 강하기 때문에, 효과는 강하지만 요사스러운 도구에 무라마사라는 이름을 붙이는 것도 좋을 것이다. 물론, 요도가 아닌 명도로서의 무라마사의 이미지도, 훌륭한 도구를 비유할 때 사용하면 좋다. 단, 역시 어딘가 부정적인 면을 가지고 있는 것에 빗대는 것이, 더욱 잘 어울린다. |

무라마사

井忠次)에게 진위를 확인하자, 다다츠구는 이를 사실로 인정했다. 그때문에 노부야스는 이에야스에게 노부야스의 할복을 요구. 가신이 이미 사실이라고 인정한 이상, 이에야스도 자신의 적자를 감싸지 못하고, 결국 노부야스는 할복했다.

【주4】 가마쿠라시대 말기에서 남북조 시대 초기에 사가미 지방에서 활약한 도공. 혹은 그가 만든 칼을 가리킨다. 「소슈덴」이라 불린 작품을 확립해서, 많은 제자를 육성했다. 마사무네나 그가 만든 칼에 관해서는 여러 가지 일화가 있어서, 「마사무네는 일본도의 대명사라고도 할 수 있겠다.

무라마사

058

작된 것이라고 할 수 있다. 그러나, 1797년에 처음으로 공연된 나미키 고베이(並木五瓶)의 가부키 『사토고토바아와세카가미(青楼詞合鏡)』에서의 무라마사는 「요도」로 취급되었다. 이때문에 막부 말기에는, 요도 무라마사의 전설이, 항간에도 널리 퍼지게 되었다고 할 수 있겠다. 그렇다면, 이러한 이야기 이외에, 요도라는 소문의 증거가 될 만한 이야기가 있는가 라고 한다면, 실제로는 없다. 결국, 일본의 많은 무장들이, 훌륭한 검을 원한 결과, 무라마사를 소유하게 되어, 우연히 도쿠가와 가문의 비극에 연관되었을 것이다.

요도·무라사메 (村雨)

요도라고 한다면, 대부분의 사람들이 떠올리는 것은 무라마사와 무라사메일 것이다. 단, 무라마사는 실재로 존재한 도공이었으며, 칼 역시 실재로 존재하는 것에 비해서, 무라사메는 가공의 칼이다. 무라사메는 에도시대 후기의 독본인 『난소사토미핫켄덴(南総里見八犬伝)』이 기원이다. 8견사 중 한명인 이누즈카 시노(犬塚信乃)의 애검으로, 칼집에서 뽑으면 도신에 이슬이 맺힌다고 한다. 또한, 『위저드리』를 비롯한 게임에서도 특별한 칼이나 요도로서 등장하는 경우가 많다.

참고로, 요도라는 증거는 없지만, 무라마사에 관한 재미있는 에피소드는, 제2차 세계대전 전에 나온 과학잡지 『뉴턴』에 게재되었다.

토호쿠대학의 공학 박사 혼다 코타로 씨는, 물건을 당겨서 자를 때의 마찰로부터, 칼날이 얼마나 잘 드는지를 수치화하는 측정기를 만들었다. 이때 관계자들이 재미삼아 고금의 명검을 연구소로 가지고 와서, 조사를 했는데, 요도라 불린 무라마사만이, 몇 번을 측정해도 측정 값이 안정되지 않았다. 「이거이거, 진짜 **무라**(일정하지 않다라는 일본어와 발음이 같다) **마사**구만」이라는 농담을 했지만, 무라마사에는 뭔가 특별한 것이 있는 게 아닌지 여겨지는 이야기다.

명도로서의 무라마사

무라마사는 요도로서도 유명하지만, 명도로서의 일면도 있다. 이러한 명도를 만들어낸 도공·센지 무라마사란, 어떠한 인물이었을까? 센지 무라마사는 무로마치 시대 중기의 도공으로, 노슈 아카사카 사뵤에카네무라(濃州赤坂左兵衛兼村)의 자식으로, 아카사카센쥬인(赤坂千手院) 단야 출신이라고 전해진다. 수행을 마친 무라마사는, 이세 구와나에서 센지파를 창설하고, 활약했다. 그 작풍은 야마토덴(大和伝)과 미노덴(美濃伝), 소슈덴(相州伝)을 모은 실용주의였다. 그 성능은 무라마사와 같이 명도로서 유명한 **마사무네(正宗)** 【주4】조차 능가했다 하는데, 그것을 잘 알 수 있는 에피소드도 남아있다. 냇물에 마사무네와 무라마사를 같이 세워놓고, 위쪽에서 낙엽을 흘렸다. 그러자 무라마사는 낙엽을 두 조각 냈으나, 마사무네 쪽은 낙엽이 피해서 흘러갔다고 한다. 무라마사의 성능을 칭찬하는 에피소드이지만, 필요 이상으로 성능에 집착했던 무라마사를, 스승이 야단쳤다는 설도 있다. 그 결과, 유명한 도공으로서의 지위를 확립한 것이다.

단, 그 성능 때문에, 많은 무장들이 무라마사를 손에 넣고, 활약했다. 즉 그만큼 비극의 당사자가 된 것으로, 이러한 비극이 모여서 무라마사가 요도라는 소문이 굳어졌다고 할 수 있다. 요도이기 때문에 성능이 뛰어난 것이 아닌, 성능이 뛰어났기 때문에 요도가 되었다 라는 것이, 무라마사 요도 전설의 진상일지도 모르겠다.

무한 원숭이 정리

원숭이가 셰익스피어 문학을 타자기로 쳐낼 가능성은 있는가?
확률론의 상투어로 등장하는, 원숭이의 무한도전!

❖⸺ 아무리 낮은 숫자라 하더라도, 확률은 0 이 아니다! ⸺❖

무한 원숭이 정리란, 「만약에 원숭이라도 타자기의 건반을 방대한 시간 동안 계속 치다 보면, 언젠가는 **윌리엄 셰익스피어** [주1]의 작품을 쳐낸다」라는 예시로, 확률론 [주2] 등에서 자주 사용되는 사고실험이다. 확률적으로 이야기한다면, 30문자의 키보드가 있다고 가정하고, 의미를 가지고 있는 「King Lear」(리어 왕) 라는 단어(8자)가 완성될 확률은, $1/30 \times 1/30 \times 1/30 \times 1/30 \times 1/30 \times 1/30 \times 1/30 \times 1/30 = 1/6561$억이 된다. 1초에 1문자를 친다고 하더라도, 이것은 2만년이 걸린다는 이야기다. 물론 긴 문장이 되면 될수록, 그 확률은 줄어들지만, **결코 0이 되는 것은 아니다** 라는 말이다.

원래 이 사고실험은, 예를 들어, 원숭이가 우연히 친 문장을 문학으로서 취급해도 좋은 것인가라는, 수학에 한정되지 않는, 예전부터 있어왔던 개념이었다. 그러나 아르헨티나의 작가 호르헤 루이스 보르헤스 [주3]는 자신의 에세이인 『완전한 도서관』에서 이 개념의 역사를 이야기하고, 교육분야에서 **확률을 설명하는데 있어서의 상투어**가 된 것으로 인해 널리 퍼져서, 다른 분야에서도 자주 활용하게 되었다. 예를 들어 통계역학 [주4]에서는, 「실제로 일어날 수 있는 일이 아니니, 셰익스피어를 쳐낼 확률은 0이다」라고 하는데 즉, 너무나도 방대한 숫자에 대해서는 잘못된 결론을 도출한다고 하는 기초를 설명하는데 있어서, 무한 원숭이를 활용하고 있다. 참고로, 이 예는 너무나도 유명하기 때문에, 실제로 원숭이를 사용한 실험이 과거에 수 차례 치러졌었다고 한다.

딱 하나의 도서관

『완전한 도서관』의 개념을 기초로 한 보르헤스의 단편소설, 『바벨의 도서관』에서는 어느 거대한 도서관이 등장한다. 거기에 있는 책은, 모두 같은 크기의 책으로, 구성도 페이지수도 동일하지만, 모든 책이 무의미한 문자가 나열되어있는 것이 대부분이어서, 단 한 장도 같은 페이지가 없고, 또한 같은 책도 없다. 단, 문자의 조합의 모든 패턴만이 모이는 그런 특이한 도서관의 발상은, 그야말로 무한 원숭이 정리와 상통하는 것이라 할 수 있다.

바로 써먹을 수 있는
중2병 스타일 회화 예

A : 로리에 거유에 안경소녀, 메이드복이 잘 어울리고, 츤데레이지만, 요리도 잘하고. 게다가 덧니가 귀여운 여자애하고 사귀고 싶어.
B : 그렇게 조건이 많으면 무리인데.
A : 무한 원숭이도, 확률은 0이 아니잖아!

기본적으로 무한 원숭이의 정리는, 확률론의 상투어다. 「확률은 정말로 낮고, 방대한 시간이 걸리기는 하지만, 0 은 아니다」라는 것에 일종의 희망을 걸고, 긍정적으로 사용해야 한다. 캡슐 토이나 트레이드 카드에서 반드시 가지고 싶은 레어 물품이 잘 나오지 않을 때 사용하는 것도 괜찮을 것이다.

가 나 다 라 마 바 사 아 자 차 카 타 파 하

【주1】 1564~1616년. 영국의 극작가, 시인. 엘리자베스 왕조 연극을 대표하는 작가로, 「오셀로」「리어 왕」「햄릿」 등의 작품을 남겼다.

【주2】 불확실하며, 확률적인 예언밖에 할 수 없는 우발현상에 대해서 해석하는 수학의 한 분야. 집합론이나 측도론, 르베그 적분 등의 지식이 요구된다.

【주3】 1899~1986년. 아르헨티나 출신의 작가, 시인. 「픽션들」「모래의 책」 등의 대표작이 있으며, 환상적인 단편작품으로 유명하다. 참고로, 무한 원숭이는 그가 제시한 것은 아니다.

【주4】 계의 미시적인 물리법칙을 기반으로, 거시적인 성질을 도출하기 위해, 통계 등을 응용하는 학문.

무한 원숭이 정리

미카엘

천계에서 사탄을 추방한 대천사 미카엘은.
예전부터 서민들 사이에서 매우 인기가 높은 천사다.

❧········ 악마 사탄을 천계에서 추방한 천사 ········❧

【주1】 4명의 대천사라는 의미로, 미카엘, 가브리엘, 라파엘, 우리엘을 가리킨다.

【주2】 천사의 계급에 대해서는, 5세기경의 신학자들이 기록한 『천상위계론』이 일반적이다. 위에서부터 치천사 세라핌, 지천사 케루빔, 좌천사 트론즈, 주천사 도미니온즈, 역천사 버츄즈, 능천사 파워즈, 권천사 프린시펄리티즈, 대천사 아크 엔젤스, 천사 엔젤스로 되어있어서, 3계급씩, 상위 3대, 중급 3대, 하급 3대로 나뉘어있다.

【주3】 루시퍼(P.41) 라고도 불리는 지옥의 왕. 원래는 천사였지만, 신에게 등을 돌렸기 때문에 지옥에 떨어져서, 악마를 통솔하는 왕이 되었다.

미카엘은 신을 섬기는 천사 중 1명으로, 그 이름은 헤브라이어로 「신을 닮은 자」 혹은 「신과 동등한 자」라는 의미다. 그리스도교뿐만 아니라, 유대교나 이슬람교에 있어서도 **가장 위대한 천사**로서, 『구약성서』에는 3명 밖에 등장하지 않는 천사 중 1명이기도 하다.

일반적으로도 「천사장 미카엘」로서 잘 알려져 있듯이, 미카엘은 천사들을 통솔하는 장으로서, 「4대천사」,【주1】 「7대천사」에서는 필두로 취급되고 있는 것 이외에도, 「천사의 군단장」이나 「낙원의 수호자」와 같은 많은 역할을 담당하고 있다.

그렇다고 하더라도, 미카엘이 직접 이끌고 있는 것은 **아크 엔젤**이라 불리는 「대천사」와, **버추즈**라 불리는 「역천사」뿐이다. 대천사는 9단계가 있는 천사의 계급【주2】 중 8번째로 꽤나 낮고, 역천사 역시 5번째 밖에 되지 않는다. 사실 미카엘 자신도 대천사에 속해있어서, 신분적으로는 결코 높은 위치에 있는 것이 아니다.

그렇다면, 어째서 미카엘이 천사들을 통솔하는 입장이 되었는가 하면, 그것은 악마 사탄【주3】과의 싸움에서 보여준 공적 때문인 것으로 보인다.

『신약성서』의 『요한 묵시록』에 의하면, 미카엘은 신의 군대를 이끌고 악마와 싸워서, 악마의 군대를 격파한 것뿐만 아니라, **붉은 용을 하늘에서 땅으로 집어 던졌다**고 한다.

교회의 스테인드글라스 등에는, 검을 손에 쥔 천사가 용을 쓰러트리는 장면이 그려져 있는 것도 있는데, 이것은 『요한

바로 써먹을 수 있는 중2병 스타일 회화 예

A : 어이, 이번에 F 학교 접수하러 가자.
B : 응? 저번에 D 학교 잡은 지 얼마 안됐잖아.
A : 미카엘 님의 계시가 있었다.
B : 뭐? 미카엘? 뭐라는 거야?
A : 천사 중에 천사 미카엘 님을 모르다니······

사탄을 쓰러트린 미카엘은 전투의 이미지가 강해서인지, 종종 전투의 엠블렘에도 사용된다. 이러한 성질을 고려하면, 예시에서 나와있듯이, 싸움 좀 하는 사람들 사이에서 사용하기에 안성맞춤인 것 같은 느낌도 들지만, 이러한 사람들이 미카엘에 흥미가 있는지는 또 별도의 이야기다.

묵시록』을 참고로 만들어진 것이다. 그리고, 이 붉은 용이야말로 사탄의 화신이며, 미카엘은 사탄을 하늘에서 추방한 공적에 의해, 흔히 말하는 **특별대우**를 받는 것이다.

또한, 천사의 계급에서 정점에 위치하는 것은, 세라핌이라 불리는 치천사다. 미카엘은 치천사는 아니지만, 직위나 역할이 계급과 맞지 않기 때문에, 나중에 「미카엘은 치천사이기도 하다」라고 여겨지게 되었다.

이슬람교에서의 모습

유대교에서의 미카엘은 그리스도교와 마찬가지의 모습이지만, 이슬람교에서는 완전히 다른 모습으로 전해지고 있다. 이슬람교에 따르면, 에메랄드 색의 날개와 사프란 색의 체모를 가지고 있다는, 놀라울 정도로 화려한 모습을 하고 있다. 하지만, 머리카락 1개에 100만개의 얼굴이 있다고 해서, 그 얼굴에는 100만개의 눈과 입이 달려있다고 한다. 거의 요괴의 경지에 달한 것 같은 느낌도 들지만, 이슬람권의 사람들은 서양인들과는 다른 감각을 가지고 있는 것이 아닐까?

⚜ ┄┄┄ 서민들에게 높은 인기를 얻었던 미카엘 ┄┄┄ ⚜

교회의 권력이 매우 강력했던 중세 유럽에 있어서, 악마와 싸우는 미카엘의 인기는 매우 높았다. 실제로, 유럽 각지에는 미카엘을 칭하는 성당이나 교회가 많이 세워졌으며, 그중에서도 유명한 것이, 프랑스의 **몽생미셸**에 세워져 있는 수도원이다.

708년, 아브랑슈라는 마을의 주교 오베르가, 꿈에 나타난 미카엘에게 이 성당을 세우라는 명령을 받았다고 한다. 당초, 주교는 미카엘의 말을 믿지 않았지만, 미카엘이 자신의 존재를 증명해 보였기 때문에, 주교도 납득을 하고 성당을 지었다고 한다. 그 후, 노르망디 공 리처드 1세가 수도원을 짓고, 이후에 개증축을 반복한 결과 현재의 형태가 되었다고 한다.

이 외에도, 「미카엘제」라고 이름 붙여진 축제가 현대에도 열리고 있어서, 미카엘이 얼마나 인기가 있었는지를 엿볼 수 있다.

그러나, 당시의 미카엘 인기는 약간 과했던 것으로, 서민들 사이에서는 천사숭배【주4】까지 일어났다. 과열양상을 보인 천사숭배를 억제하기 위해, 교회에 의해 많은 천사가 타천사의 낙인을 찍히게 되었다고 한다. 교회의 입장에서 본다면, 숭배의 대상은 신과 신의 아들인 예수 그리스도뿐으로 천사는 신의 하수에 불과했기 때문이다.

참고로, 미카엘의 기원은 신 바빌론 왕국【주5】을 세운 칼데아 인들의 신이었다고 한다. 그리스도교에서는 자주 있는 일이지만, 종교가 전파되는 과정에서 다른 종교의 신이 그리스도교로 들어와서, 신의 사도나 악마로 변하는 경우가 있다. 바빌론 신화에는 홍수전설을 비롯하여, 『구약성서』와의 공통점도 있기 때문에, 미카엘이 그리스도교에 편입된 이후에, 신을 섬기는 천사가 되었을 가능성도 충분히 생각해볼 수 있는 것이다.

【주4】천사가 신을 따르는 것과 같이, 인간이 천사를 따르는 일. 천사에 대한 찬미나 숭배는 당초부터 인정되었었지만, 신에 대한 기도나 숭배와 마찬가지로 천사에게 기도를 하는 것은 금지되어 있었다. 천사숭배가 과한 경우에는 이단이 되었다.

【주5】현재의 이라크 남부에 있었던 고대도시 바빌론을 수도로 한 왕국. 기원전 625년에 건설되었지만 왕의 암살이 계속 이어지는 등, 정세가 안정되지 않아서, 이후 아케메네스 왕조 페르시아에 의해 멸망 당한다.

미카엘

중 2 병 지침서 ~ 행동 편 ~

 ## 철저하게 마이너 노선을 질주하라 !

겉모습이 중2병처럼 되었다면, 다음은 행동을 바꿔보는 것이 빠를 것이다. 여기서는, 중2병답게 행동할 수 있는 방법을 소개하고자 한다.

가장 간단한 것은, 일부러 주위에서 주목을 하지 않는 것을 발견해서,「○○의 좋은 점을 알고 있는 것은 나 혼자」라고, 주위에 어필을 하면 될 것이다. 만화나 소설, 음악, 영화 등이 다루기 쉬우며, 단순하게 마이너 노선을 관철하는 것이 좋다.

만화의 경우를 예로 들자면, 일반적으로 인기가 있는 작품이 아닌, 별로 인기가 없는 작품을 읽고, 사람들 앞에서 칭찬해보자. 대부분, 주변에서 부정을 하겠지만, 그럴 때「뭐, 이 작품의 좋은 점을 아는 것은, 나 정도 되는 사람이 아니면 어렵지」라고 발언을 하면, 당신도 훌륭한 중2병 환자다.

주변에서 만화나 라이트 노벨밖에 읽지 않는다면,「그건 애들이나 보는 것」이라는 말과 함께, 어른들이 보는 소설을 보며,「남들보다 한발 앞서는 나」를 연출하는 것도 좋을 것이다.

 ## 독자노선을 관철하는데 있어서 주의점

이것만으로도「평범한 타인과는 다른 나」는 어필할 수 있지만, 주변에서 인기가 높은 것도 일단 체크를 해두지 않으면, 단순하게「유별난 취미를 가진 사람」이 되고 만다.「요즘 유행하니까 보기는 했는데, 그렇게 대단한 것도 아니네」라는 입장을 취하고 나서, 보통 사람과는 다른 것에 손을 대는 것이 가장 좋다.

단, 모두들 보니까, 라는 이유로 손을 대는 사람이 많은 가운데, 정말로 좋아서 손을 대는 사람도 있다.

이러한 사람을 일부러 적으로 돌릴 필요는 없기 때문에, 부정적인 말과 행동은 적당히 해두도록 하자.

불량 청소년으로 변신하는 방법도 있지만, 어른들이 엄한 눈으로 보거나, 진짜 불량 청소년에게 찍힐 가능성도 있다. 실제로 해를 입을 위험성이 있기 때문에, 멘탈과 신체능력에 자신이 없는 사람은 반드시 주의를 하도록 하자.

中二病

Encyclopedia of Cyu-2 Syndrome

바

바벨탑

사람들이 힘을 과시하기 위해 세웠다고 하는 거대한 탑.
그러나, 신의 분노를 사고 말아서, 결국 완성시키지는 못했다.

🎐········ 인간의 힘을 상징해서 만들어진 전설의 탑 ········🎐

【주1】 본서에서 바벨탑이 등장하는 것은 노아의 방주 이야기에 이은 제 11장이다.

【주2】 노아의 자손 중 1 명으로, 쿠사의 아들. 사 냥꾼이었으며, 도시의 지배자였다고 한다.

【주3】 탑의 건설목적으로서, 힘을 과시하려 했다는 설 이외에, 님로드가 신의 세계를 침공하려 했다는 설도 있다.

바벨탑이란, 구약성서의 『창세기』【주1】에 등장하는 **전설의 탑**으로, 주위에는 도시가 펼쳐져 있다. 이 탑은, 노아의 자손인 님로드【주2】와 바빌로니아의 사람들이 고대 메소포타미아의 중심도시인 바빌론에 세우려고 했던 것으로, 목적은 **신에 대한 도전 혹은, 반항**을 위한 것이었다고 한다.

『창세기』에 의하면, 노아의 대홍수 후, 노아의 자손인 인간이 계속해서 늘어나, 그들은 석조 대신에 벽돌로 건축물을 만들게 되었고, 회칠 대신에 아스팔트를 사용하게 된다. 지금까지는 없었던 기술을 손에 넣은 인간들은, **하늘에까지 닿는 탑**을 세워서, 그 힘을 과시하려고 했다【주3】. 신은 이러한 그들의 교만에 노하여, 그때까지는 하나였던 언어를 혼란 시켰다. 결국 서로의 말을 알아들을 수 없어서 의사소통이 불가능해진 사람들은, 협력체제가 붕괴, 탑의 건설을 포기할 수밖에 없었던 것이다.

이 이야기에서부터, 실현이 곤란한 것, 신을 모독하는 것을 바벨탑에 비유하게 되었다. 또한, 이름의 유래에는 여러 가지 설이 있으나, 신이 사람들의 언어를 혼란 시킨 것에서, 헤브라이어의 **바렐**(혼란)을 비꼬아서 이름을 붙였다는 설이 유력하다.

참고로 메소포타미아 지방에는 바벨탑처럼 생각되는 유적이 발견되고 있다. 유적은 벽돌로 지어졌으며, 한 변이 90m인 정사각형, 높이도 90m의 8층 구조다. 또한, 유적은 메소포타미아 각지에 약 40 기 정도가 발견되어있다. 이것을 바벨탑이라 부르기에는, 작은 감이 없지 않아있지만, 옛날 건축물이라는 점을 생각해보면 충분히 크다고 할 수 있을 것이다.

바로 써먹을 수 있는 **중2 병 스타일 회화 예**	A : 이론적으로는 인간의 클론을 만들 수 있는데. B : 그렇다고 하더라도, 그건 신에 대한 모독이 되잖아. A : 그렇지. 바벨탑과 마찬가지로, 언젠가 신의 분노를 살지도 모를 일이야.

바벨탑이 상징하는 것은 인간의 교만이나, 신에 대한 모독이다. 따라서, 회화에서 사용하는 경우에는, 인간으로서는 불가능한 일, 윤리에 위반되는 일들을 예로 들 때 이용하면 알기 쉬울 것이다. 만약 예로 들려는 것이 건축물이라면, 더욱 상대방에게 잘 전달될 것이다.

바실리스크

강력한 독, 시선에 의한 석화 능력 등,
매우 흉악한 생물로 알려진 바실리스크이지만, 의외의 약점이 있었다.

❖······ 사막에 숨어있는 위험도 MAX 의 파충류 ······❖

바실리스크는, 아프리카의 리비아 동부에 서식하는 것으로 알려진 뱀, 혹은 도마뱀과 같은 몬스터다. 이름의 유래는 그리스어로「왕」을 의미하는 바실레우스이지만, 바실리스크의 머리에 왕관과 닮은 벼슬이나 돌기가 있어서 그렇다는 설도 존재한다.

바실리스크가 최초로 등장한 것은, 고대 로마의 학자인 대 플리니우스의 『박물지』[주]다. 거기에 적혀있는 기술에 의하면, 바실리스크는 **몸 길이 30cm 이하의 작은 도마뱀**으로, 머리에는 왕관처럼 생긴 표시가 나왔으며, 어떤 사람이 말에 탄 채로 바실리스크를 창으로 찔러서 죽였는데, 창을 통해서 전해진 독에 의해 인간과 말이 함께 죽고 말았다고 한다. 게다가, 독 이외에 **본 것을 돌로 만드는 능력**도 가지고 있다고 나와있지만, 이것은 날아다니는 새를 독액을 뱉어서 죽였다는 이야기가 존재하는 등, 가까운 거리가 아니더라도 다른 것을 죽일 수 있다는 점에서, 이 석화 능력은 후세에 더해진 것이 아닌가라는 견해가 강하다.

바실리스크에는 많은 일화가 남아있는데, 그중에서도 이 생물의 흉악함을 잘 나타내는 것이, 사막을 만든 것은 바실리스크라는 이야기다. 바실리스크는 사막에 산다는 이야기가 있는데, 그곳은 원래 처음부터 사막은 아니었다. 그러나 보는 것만으로 바위를 깨고, 숨을 뱉으면 식물이 말라 죽을 정도로 독이 있어서, 결국은 바실리스크가 사는 곳이 사막이 되었다고 한다.

이러한 에피소드가 생겨날 정도로, 바실리스크라는 생물이 그만큼 공포의 대상이었다.

> **【주】** 고대 로마에서 활약한 학자 플리니우스가 쓴 서적. 여기에는, 실재로 존재하는 생물을 시작으로, 드래곤이나 스핑크스, 샐러맨더 등, 가공의 생물도 다수 게재되어 있다.

바실리스크의 모티브는？

『박물지』에 기술되어 있는 바실리스크의 습성에서, 그 기원은 코브라가 아닌가라고 추측되는데, 그중에서도 아프리카에 서식하는 독을 뱉는 코브라가, 그 모티브일 가능성이 높다. 또한, 나일강 주변에 서식하는 아프리카 흑따오기가 독사를 잡아먹는 바람에, 그 알이 오염되어, 알에서 바실리스크가 태어났다고도 한다. 조류의 알에서 파충류가 태어나는 것은, 그냥 믿기는 힘들지만, 그러한 설도 존재한다.

바로 써먹을 수 있는 **중2병 스타일 회화 예**

A : 응? 어째서 이 녀석 가까이만 가면 힘이 빠지지?
B : 항상 주위에 맹독을 뿌리고 다니니까 그렇지.
A : 우와! 완전히 바실리스크네!

날숨만으로, 주위를 사막으로 바꿨다는 일화를 가지고 있을 정도로, 그 독이 공포의 대상이었던 바실리스크. 가까이 다가가는 것만으로 위험한 상대나, 강력한 독을 가진 생물을 예로 들 때 사용하면 된다. 시선에 의한 석화능력 역시 활용하고 싶다면, 아이기스의 방패(P.109)의 사용 예도 참고하도록 하자.

바실리스크

바하무트

판타지의 분야에서는 강력한 드래곤으로서 빠지지 않는 존재.
하지만, 바하무트의 진정한 모습을 아는 자는 그렇게 많지 않다.

❖······ 바하무트의 기원 ······❖

【주1】 아라비아의 전승에서 전해 내려오는 괴물. 그 모습은 거대한 소로서, 4천개의 눈, 귀, 코, 입. 다리를 가지고, 각각의 간격을 사람이 걸어서 500년은 걸린다고 한다. 또한, 세계를 지지하는 존재 중 하나로서 바하무트의 등 위에 올라가있다.

【주2】 천일야화라고도 한다. 중세 이슬람에, 아라비아어로 써진 일화집. 부인의 불륜을 보고 여성불신에 빠진 사리아르 왕은, 매일 밤 여성을 한 명씩 죽였다. 그 왕과 결혼을 한 셰헤라자드는, 매일 밤, 이야기를 들려줘서 왕의 마음을 누그러뜨려서 왕이 살인을 하는 것을 중단시켰다. 이와 같은 체제로 일화를 소개해 가는 이야기이다. 셰헤라자드가 하는 이야기가, 가공의 이야기부터, 각지에서 전승되는 것이나 실재의 인물이 등장하는 것 등 여러 가지가 있다.

RPG를 중심으로 한 판타지의 세계에서는 꽤나 유명한 몬스터. 게임에서는 거대한 드래곤으로 나오는 경우가 많지만, 원래는 거대한 **물고기의 모습**을 한 괴물이다.

아라비아의 전승에 의하면, 세계는 천사들이 지지하고 있으며, 그 천사는 루비 산에 서있다. 루비 산은 쿠자타【주1】라는 괴물의 등에서 나있으며, 이 쿠자타는 바하무트의 등에 올라타 있다. 또한, 바하무트는 바다에서 헤엄치지만, 그 밑에는 팔라크라는 뱀 괴물이 있다고 한다. 바하무트는, **대지를 받치는 괴물** 중 하나인 것이다.

바하무트는 『아라비안 나이트』【주2】에도 등장하는데, 여기에 따르면, 이사(예수 그리스도)는 바하무트를 목격하지만, 그 모습을 보고 놀라서 기절. 3일 후에 눈을 뜨지만, 아직도 바하무트의 그 거대한 육체가, 이사의 눈앞을 지나가고 있었다고 한다.

이렇게 유명한 바하무트이지만, 사실은 유래가 되는 몬스터가 있다. 그것은 유대교에서 전해 내려오는 괴물인 **베헤모스**다. 베헤모스는 『구약성서』에서, 땅 위에 있는 거대한 괴물이라고 기록되어 있다. 신이 천지창조 5일째에 창조한 존재로, 바다의 마수인 **레비아탄**(P.34)과 대칭 관계이다.

유대의 전승에 있어서, 레비아탄과 베헤모스가 동시에 바다에 살면 바닷물이 넘치기 때문에, 육지에서 살게 되었다고 한다. 그리고 세계의 종말 때는 레비아탄과 마찬가지로 사람들의 식량이 될 운명이라고 한다.

또한, 베헤모스의 겉모습은, 소나무와

야, 사과 먹을래?

와~

욕심쟁이

바로 써먹을 수 있는 **중2병 스타일 회화 예**

A : 우와, 나왔다!! 검은 악마가!
B : 뭐라고!? 위협도는 얼마지?
A : 바하무트 급. 나…날으려고 한다~
B : 최종병기・에프킬라를 남겨두고, 이 방에서 철수하도록 한다……

바하무트가 상징하는 것은, 압도적인 강력함이나 위협일 것이다. 이것을 전제로 하고, 최악, 최강, 최흉과 같은 형용사가 잘 어울리는 적이나, 적대적인 무언가를 가리킬 때 바하무트라는 말을 사용하도록 하자. 아니면 낚시로 잡은 물고기에다 비유할 때는, 최상급을 나타내는 말로서 사용하는 것도 좋을 것이다.

같은 꼬리, 금속과 같은 골격, 거대한 배를 가진 짐승으로 **하마나 코뿔소**와 같은 모습을 하고 있다고 한다. 앞에서 이야기한 아라비아의 전승에 나와있는 바하무트와는 차이가 있지만, 이 베헤모스가 아라비아로 전해져서, 물고기의 모습인 바하무트로 변화. 이것이, 미국으로 건너가서, 더욱 특별한 변화를 겪게 된다. 그리고 현대에 잘 알려진 드래곤의 모습이라는 이미지가 확정된 것이다.

판타지 세계관의 영향

바하무트의 이미지는 『던전 & 드래곤즈』의 영향이지만, 이 작품도, 원래는 톨킨의 『반지 이야기』의 영향을 받은 것이다. 좀 더 깊이 들어가자면, 일본에 있는 서양식 판타지의 대부분이 이와 같다고 할 수 있다. 예를 들어 엘프는 원래 「요정」이라는 의미였다. 그러나 반지 이야기에서 귀가 길고 사람의 모습을 하며, 활을 잘 다루는 미남 미녀와 같은 형태로 그려졌다. 결국, 엘프는 이 이미지로 통일되었다.

❖······ 드래곤으로서의 바하무트 ······❖

거대한 물고기, 혹은 하마나 코뿔소와 같은 모습이었던 바하무트가, **드래곤의 모습**이 된 것은, 의외로 최근의 일이라고 한다. 그것은 테이블 토크 RPG의 『던전 & 드래곤즈』[주3]에서, 드래곤의 모습으로 묘사된 것이, 드래곤형 바하무트 탄생의 계기라고 한다.

『던전 & 드래곤즈』는 1974년에 미국에서 만들어진 회화와 주사위를 사용해서 진행하는 게임으로, 아직 컴퓨터나 콘솔 게임이 보급되기 전의 시대에 절대적인 인기를 자랑했다. 그 세계관은 흔히 말하는 검과 마법의 판타지여서, 이후에 생겨난 RPG에 큰 영향을 미쳤다. 이 『던전 & 드래곤즈』에서, 바하무트는 **드래곤**의 모습으로 설정되어 있었다. 그 때문에, 이후의 판타지 작품이나 게임에 등장하는 바하무트는 드래곤으로 묘사되는 경우가 많아졌다. 그리고 일본에서 바하무트 = 드래곤이라는 인상을 결정적으로 확립시킨 것이, **『파이널 판타지』**[주4]에서 등장한 바하무트다. 『파이널 판타지』에서는 제1편부터 용의 모습으로 등장해서, 제3편부터는 강력한 화염으로 공격하는 소환수로 묘사되었다. 이 영향으로 인해서 일본에서도 바하무트는 드래곤으로 묘사하는 것이 일반적인 경향이 되었다. 참고로, 바하무트의 유래가 된 베헤모스는, 바하무트와는 다른 종류의 몬스터로 취급되는 경우가 많은데, 『파이널 판타지』에서도 4족 보행의 짐승 형태로 묘사되고 있다.

유대교의 전승에서 이슬람의 세계관, 미국의 테이블 토크 RPG를 거쳐서 현재의 형태가 된 바하무트. 신화나 전승에 있어서, 이와 같이 본질이나 형태가 변질되는 것은, 그리 찾아보기 어려운 것이 아니다.

[주3] 미국에서 생겨난 세계 최초의 테이블 토크 RPG. 1974년에 게일리 가이거스와 데이브 아너슨에 의해 디자인되어, 발매되었다. 일본에서는 1985년에 주식회사 신화에서 일본어판이 발매되었다. 검과 마법의 판타지 세계관을 가진 RPG의 원조라고도 할 수 있는 존재. 그 때문에, 이후에 나온 게임에 지대한 영향을 끼쳤다.

[주4] 스퀘어(현 스퀘어 에닉스)가 발매한 컴퓨터 RPG의 시리즈 작품. 1987년에 시리즈 제1편이 발매되어, 이후 시리즈 누계 출하 수 1억개를 넘는, 일본 국내를 대표하는 RPG 타이틀이다.

바하무트

발키리에

오딘이나 프레이야를 받드는 발키리에는,
전장에서 쓰러진 용감한 전사들의 혼을 모아서 천상으로 데리고 간다.

·········· 전쟁에서 용감한 전사의 혼을 모으는 반신 ··········

【주1】 신들의 세계 아스가르드에 있는 신전의 저택. 에인헤리아르들이 살고 있다. 발할라에 도착한 전사들은, 전장에서 입은 상처가 전부 완치되어, 매일마다 서로 싸우고 죽이며 무술을 향상시킨다. 그리고 하루가 끝날 때는 쓰러진 자도 다시 부활하여, 아무리 먹어도 줄지 않는 마법의 멧돼지의 고기를 먹으며, 염소의 젖에서 무한히 나오는 꿀술을 마시면서, 연회를 즐긴다고 한다.

발키리에는, 북유럽 신화에 등장하는 여성의 모습을 한 반신의 통칭으로, 「전사자를 데리고 가는 자」라는 의미가 있다. **독일어로는 발큐레**, 영어로는 발키리로 발음하지만, 북유럽 신화에서는 발키리에다. 일본에서는 독일어의 발큐레를 왈큐레라고 읽으며, **전처녀(戰乙女)** 라고 표기하는 경우도 있다.

발키리에는, 주신 오딘(P.131)과 여신 프레이야를 받드며, 전사한 전사들의 혼을 모으는 것이 주된 일이다. 갑주를 몸에 두르고 천마를 탄 발키리에들은, 인간세계인 미드가르드에서 전쟁이 일어나면 전장에 모습을 나타낸다. 그리고, 주인의 규정에 의해 선택된 전사가 쓰러지면, 지상에 내려와서 전사를 끌어안고, 죽은 전사들이 모이는 천상의 저택인 **발할라** 【주1】로 끌고 가는 것이다.

발할라로 가게 된 전사들은, 「영웅적 사자들」이라는 의미의 에인헤리아르로 불리며, 발키리에들의 보살핌을 받으며 라그나로크(P.28)에 대비해서 무를 갈고 닦는다. 주인이 선택한 전사의 혼을 모으는 것뿐만 아니라, 라그나로크가 도래할 때까지 그들의 뒷바라지를 하는 것도 발키리에들의 중요한 임무인 것이다.

현재에는 아름다운 처녀의 모습으로 묘사되는 경우가 많은 발키리에이지만, 죽은 자를 선택한다는 일인 만큼, 예전에는 사신이나 마녀와 동일시되어, 두려움의 대상이었다.

그러나, 신 오딘의 병사가 된다는 것은, 전장에서 용맹함을 보여준, 선택받은 자라는 것에 더해서, 발키리에들이 에인헤리아르의 뒷바라지를 해준다는 점에서, 점차 전장에서의 수호신으로 숭배하는 대상이 되었다. 이 과정에서, 발키리에들의 모습도 아름다운 처녀로 변화

가자!!
발할라로!!

A : 오늘 시합, 열심히 해보자고!
B : 음? 웬일로 그렇게 열심히 해?
A : 우리들의 발키리에가 응원을 하러 왔거든.
B : 니 여자 친구인데 「우리들」은 아니잖아! 이 부러운 자식! 죽어라!

전장에서 용사들을 보살피는 발키리에들은, 현대에서는 응원단이나 치어리더와 같은 존재일 것이다. 죽음을 몰고 다닌다는 점에 착안을 한다면, 문제를 잘 일으키는 여자를 비유할 때 사용하는 것도 좋을 것이다. 어느 쪽이든, 남자가 여자를 비유할 때 사용하는 것이 기본적인 패턴일 것이다.

해간 것 같다.

용감함을 숭상하는 게르만 전사들에게 있어서, 죽어서 오딘의 병사가 되는 것은, 매우 명예로운 일이었던 것이다.

사신 발키리에

당초, 발키리에는 사신으로 여겨졌지만, 그 모습을 전하는 다음과 같은 이야기가 있다. 노르웨이의 하랄드왕이 스탠포드 브릿지 전투에서 패하기 전에, 병사들이 이상한 꿈을 꾸었다. 그 꿈이란, 새 위에 서 있는 발키리에가 손에 든 포크로 전사자들을 찍어 모으고, 흐르는 피를 다른 한 손에 든 사발에 받았다는 것이다. 사신으로서의 발키리에를 잘 표현한 일화라고 볼 수 있다.

🌿⋯⋯ 때로는 인간과 사랑에 빠지는 자도 있었다 ⋯⋯🌿

발키리에들은, 전장에서 죽은 자의 혼을 데리고 가는 것뿐만 아니라, 용사의 곁으로 보내져서 연인이나 아내로서 용자들을 돌보는 일도 있었다. 그리고, 절반은 인간인 만큼, 인간과 접하는 도중에 **사랑에 빠지는** 일도 있어서, 때로는 주인의 의도를 배신하고 벌을 받는 자도 있었다. 시그루드【주2】와의 슬픈 사랑으로 유명한 브륀힐드도, 그런 발키리에 중의 하나였다.

브륀힐드는, 오딘을 거역하여 죽어야 하는 운명의 왕에게 승리를 가져다 줬기 때문에, 「공포를 모르는 남자」와 결혼할 것이다라는 저주에 걸려서 지상으로 떨어지게 되었고, 어느 저택의 불타는 벽 안쪽에 봉인되고 말았다.

브륀힐드는 오랜 세월 동안 잠들어 있었지만, 결국 저택에 찾아온 시그루드와 만난다. 눈을 뜬 브륀힐드는, 그야말로 자신을 구해줄 용사라고 생각하고 시그루드와 약혼을 한다. 그러나, 시그루드는 중요한 일을 수행하는 도중이었기 때문에, 돌아올 때 반드시 브륀힐드를 맞이하러 오겠다고 하고 길을 떠났다.

그러나, 시그루드가 방문한 곳의 규키왕은, 시그루드를 마음에 들어 해서, 자신의 딸과 결혼시키고 싶다는 욕심에 의해 망각의 약을 마시게 하였고, 결국 시구르드는 왕녀 구드룬과 결혼을 하게 되었다. 게다가, 시그루드의 처남이 된 군나르가 브륀힐드와 결혼을 하고 싶어했기 때문에, 시그루드는 군나르로 변장하고 불의 벽을 넘어, 브륀힐드를 만나러 가게 된 것이다.

브륀힐드는 군나르의 용기를 인정해서 결혼을 했지만, 나중에 구드룬과의 말싸움에서 모든 것이 밝혀지게 된다. 브륀힐드는, 군나르를 부추겨서 시그루드를 암살시키고, 장례 석상에서 자신도 가슴을 찔러서 그의 뒤를 따라, 같이 화장되었다. 매우 안타까운 에피소드이지만, 이러한 인간적인 일면도 발키리에의 매력 중에 하나일 것이다.

【주2】시그루드는, 명공 레긴에게 부탁을 받아서 파브니르라는 용을 퇴치한 영웅. 이때 안드바리의 황금이라는 소인족의 보물을 손에 넣었지만 이것은 소인족에게서 불의 신 로키가 뺏은 것으로, 황금을 가진 자를 파멸하는 저주가 걸려있었다. 시그루드와 브륀힐드의 사랑이 불행한 결말을 맞이한 것은, 이두 사람이 서로 엇갈렸기 때문이지만, 근본적인 원인은 황금의 저주에 의한 것이었다.

발키리에

발푸르기스의 밤

마녀나 악마를 따르는 자들의 제전인 발푸르기스의 밤.
마녀의 야회에 참가하기 위해서는 무엇이 필요한지, 상세히 알아보도록 하자.

❖······ 성인에 대한 도전·도발의 밤? ······❖

발푸르기스의 밤이란, 독일, 스웨덴, 핀란드와 같은 중유럽이나 북유럽에서 4월 30일에 열리는 행사다. 장소에 따라서는 국가 차원의 제전이 되어, 그 자체가 관광명물이 되어있는 경우도 있다. 이 때문에, 발푸르기스의 밤이란 말은, **술 마시고 노래 부르는 야단법석**이라는 의미로 사용이 될 정도다. 또한, 이날은 일본의 오봉(お盆)과 같이, **사후 세계와 현실 세계의 경계가 엷어진다**라고 전해져 내려온다. 그 때문에, 길을 잃고 헤매는 사자나 혼을 쫓아내기 위해, 성대하게 모닥불을 피워놓는 것이 큰 특징이다.

원래 고대 켈트에는, 「벨테인」이라는 5월 1일에 추운 계절에서 더운 계절로 바뀌는 것을 기념하는 축제가 있는 것 이외에, 고대 로마에도 풍요의 여신 마이아 【주1】를 기념하는 축제인 5월제가 있었다. 하지만, 그리스도교가 점점 널리 전파될수록, 이러한 다른 신을 기원하는 행사는 이단으로 취급 받아, 그 목적이나 내용이 왜곡되어 전달되었다. 그리고, 이러한 축제는 마녀나, 악마를 따르는 자들의 연회나 사바트 【주2】로 간주된 것이다.

5월 1일은 성인 발부르가 【주3】의 기념일이었기 때문에, 그 전날에 벌어진 제사는, 마녀들이 성인에 도전 혹은 도발을 한다, 라는 의미로 의도적으로 난리 법석을 피운다고 했다. 괴테의 【주4】『파우스트』에도, 마녀들이 악마와 발푸르기스의 밤에 춤추고 떠드는 모습이 그려져 있다고 한다.

그리스도교에 의해 이단으로 배척 받고, 그 모습을 바꾼 고대의 풍습이나 습관, 그것이 민간에 남은 형태가 발푸르기스의 밤인 것이다.

【주1】 로마 신화에서 풍요의 여신 마이아의 축제일인 5월 1일에는 공물이 바쳐졌었다. 또한, 여름이 오는 것을 축하하는 제전이며, 노동자의 권리요구와 연대를 주장한 메이데이(노동절)의 기원이기도 하다.

【주2】 마녀나 마술사가 악마를 불러내는 연회, 집회를 가리키는 말.

【주3】 영국에서 독일로 건너가서, 그리스도교 포교에 힘쓴 수녀. 사망 후, 그녀는 성인으로 모셔져, 5월 1일을 기념일로 한다.

【주4】 요한 볼프강 폰 괴테. 18세기의 작가로서, 독일을 대표하는 문호, 소설 『젊은 베르테르의 슬픔』, 희곡 『파우스트』 등, 여러 가지 분야에서 걸작을 남겼다.

형태를 바꾼 축제

발푸르기스의 밤과 마찬가지로, 그리스도교가 전파되기 이전의 제전이나 행사가 형태를 바꾼 것 중에는 할로윈이 있다. 그리스도교에서는 11월 1일은 제성인의 날(만성절) 로서, 이 전야제가 할로윈이다. 하지만, 원래는 켈트인의 축제이다. 켈트에서는 10월 31일에 한 해가 끝나서, 이날에는 사자의 영이 가족을 방문하거나, 정령이 나타난다고 한다. 즉, 고인을 그리워하며, 가을의 수확을 기원하는 행사였던 것이다.

바로 써먹을 수 있는
**중2병 스타일
회화 예**

A : 이번 주말에, 시간 괜찮아?
B : 음, 별일 없는데?
A : 후후, 이번에 술자리 마련했거든. 게다가 잘 노는 여자애들이야.
B : 오오, 발푸르기스의 밤이구나!!

발푸르기스의 밤이라는 말을, 사바트나 악마 숭배와 같은 오컬트적인 의미로 사용하는 것은, 일반인에게는 무리일 것이다. 그렇다면 매우 편안하게 놀고 마시는 술자리나, 엉망진창으로 떠들고 노는 의미로 사용하도록 하자. 나중 일은 생각하지 않고, 철야로 노는 것을 표현할 때 딱 맞는 표현이라고 할 수 있겠다.

가 나 다 라 마 바 사 아 자 차 카 타 파 하

발푸르기스의 밤

베엘제붑

예전에 예수 그리스도를 명계에 가두려 한 악마의 왕자.
파리의 왕으로 알려져 있는 악마의 실체를 알아보자.

❖······ 신에서 악마로 변모한 존재 ······❖

벨제부브, 벨제붑, 벨제바브 등의 여러 가지 이름으로 불리는 베엘제붑은, **지옥의 왕 루시퍼(P.41)**에 다음가는 고위에 있는 대악마다. 기원전 13세기 이전부터 존재했다고 하며, 지옥의 악마를 통솔하는 지휘관적인 입장에 있다. 「악마빙의」에 관한 것으로 널리 알려져 있으며, 인간에게 악마를 숭배하게 만들고, 성직자의 성적욕망을 자극하거나, 질투나 분쟁을 낳는다고 한다.

베엘제붑의 이름은, 원래 헤브라이어로 「파리의 왕」이나 「똥더미의 왕」이라는 의미를 가지는 「바알제붑」에서 유래되었으며, 그의 모습은, **거대한 파리로** 묘사되는 경우가 많다. 단, 원래는 「높은 곳의 신」이라는 의미의 「바안제불」이 어원이며, 가나안(이스라엘) 지방이나 지중해 동부해안에 위치한 페니키아지방 일대에서 믿고 있던 신이었다. **풍요를 관장하는 토착신 [주]**이며, 신성한 음식을 지키는 「파리를 죽이는 신」이었다는 설도 있다.

그렇다면 어째서, 고상한 신에서 추악한 악마로 변모한 것일까? 그 이유는, 유대인이 가나안이나 페니키아를 지배하게 되고, 그리스도교가 세계적으로 널리 퍼졌기 때문이다. 유대의 백성들은 높은 곳의 신 바알제불을 사교의 신으로 보고, 빈정거림과 모멸의 의미를 담아서, 발음이 비슷한 바알제붑, 즉 파리의 왕으로 부르게 된 것이다.

악마로 변한 베엘제붑의 존재는 중세시대에도 계속 이야기되어, 베엘제붑이 원인이라고 보는 악마 빙의 사례도 보고되어 있다.

예를 들어 16세기의 프랑스에서는, 니콜 오브리라는 여성이 베엘제붑에 빙의되어, 신체의 자유를 빼앗겼다고 한

【주】그 토지, 지방에 예전부터 살던 신.

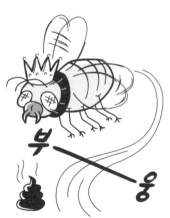

부
웅

바로 써먹을 수 있는 **중2병 스타일 회화 예**	A : 드디어 베엘제붑의 힘을 손에 넣었다! 가라! 지옥의 사자들이여! B : 자, 잠깐 이거 뭐야, 이 파리들!? 너, 멍청한 짓 그만두고, 그 썩은 빵 빨리 버려!

현대에 있어서 게임이나 만화 등의 판타지 작품에 있어서, 베엘제붑은 거대한 파리로서 표현되는 경우가 많아서, 일반적으로 베엘제붑 = 파리로 인식되어 있다. 파리를 조종하는 능력이 있는지는 알수 없지만, 많은 악마를 총괄하는 대군주라는 것은 틀림없는 사실이다.

베엘제붑

다. 17세기 전반에 일어난 수도녀들의 악마 빙의 사건의 원인도 베엘제붑에 의한 것이라고 보고되어 있다. 20세기에 들어서도 베엘제붑에 의한 악마 빙의 사례는 계속 발견되었으며, 현대에 와서도 그 영향력은 줄어들지 않고, 인간을 위협하는 불멸의 악마로 묘사되고 있다.

변화하는 베엘제붑의 모습

거대한 파리로 유명한 베엘제붑이지만, 이탈리아의 시인 단테의 경우, 어깨에 3개의 머리를 얹고 있고, 얼굴의 정면과 좌우에 각각 다른 색으로, 닭 벼슬과 박쥐와 같은 날개가 나있다고 한다. 악마나 괴물뿐만 아니라, 영국의 시인 존 밀턴의『실낙원』에서는, 사려 깊은 위대한 왕이라고 소개되어 있어서, 그 모습은 예전에 사람들의 신앙의 대상이 되었던 것을 나타내고 있는 것 같다.

❧······ 숙적 예수의 유폐를 꾀하다 ······❧

【주2】 신약성서에 들어간 4개의 복음서 중 하나. 마태오, 루카, 마르코의 3개의 복음서는 기본적인 내용이 같다.

【주3】 성서의 정전에 들어가지 못한 문서. 예수가 처형당할 때까지의 경위와, 사후, 명계를 방문한 내용이 적혀있다.

【주4】 그리스 신화에 나오는 명부의 신. 신약성서에서는 죽은 자가 가는 장소를 가리킨다.

베엘제붑과 깊은 연관을 가진 자로서, 예수 그리스도를 들 수 있다. 『마태오에 의한 복음서』나 『루카에 의한 복음서』[주2]에는, 예수가 병으로 고통 받는 사람들을 기적의 힘으로 치유했을 때, 그 행위가 「베엘제붑의 힘을 빌려서 일으킨 것이다」라고 의심받았다고 적혀있다. 이에 대해서, 예수는 「어떤 나라든 내분을 일으키면, 그 나라는 성립되지 않는다. 이것은 악마도 마찬가지다. 내가 만약 악마라고 해도, 병을 일으키는 동료를 멸할(치유하다)리 없다」라고 반론했다고 한다.

예수와의 일화는 이외에도 존재한다. 『신약성서외전』[주3]의 하나인 『니코데모 복음서』에는, 베엘제붑이 예수를 명계에 가둬두려고 획책하는 모습이 적혀있다. 유대인들을 선동해서, 신의 아들이라 이야기한 예수의 처형에 성공한 베엘제붑은, 「예수가 명계에 올 때는, 영원히 유폐시켜 달라」고 명계의 신 하데스[주4]에게 이야기했다. 악마에게 있어서 예수는 천적 중의 천적. 그 예수를 명계에 묶어두는 것은, 베엘제붑에게 있어서 무엇과도 바꿀 수 없는 기쁨이었을 것이다. 그러나, 죽고서 신의 위엄을 가진 「영광의 왕」이 된 예수가 명부를 방문한 순간, 명부의 문은 산산조각 나고, 모든 어둠을 빛으로 비추고 만 것이다. 명부에 묶여있던 죽은 자들은 해방되어, 베엘제붑의 계획은 완전히 깨지고 말았다.

그리고, 예수는 하데스에게 「베엘제붑을 다음에 자신이 방문할 때까지 잡아두어라」라고 말하고, 명계를 떠났다. 이렇게 베엘제붑은 거꾸로 명부에 묶여버리고 만 것이다.

그러나, 앞에서 이야기한 대로, 베엘제붑은 현대에도 그 모습을 드러내고, 사람들을 홀리고 있다는 보고가 있다. 그 강대한 힘으로 명부를 길들여서, 쇠사슬을 풀고, 다시 지상으로 나타났다고 생각하는 것이 타당할지도.

벨리알

신사적인 겉모습과 세련된 동작으로 사람들의 마음을 사로잡는 악마.
하지만, 그 본 모습은 사람들의 마이너스 감정을 가지고 노는 추악한 존재였다!?

✦········ 악덕을 사랑하는 발칙한 귀공자 ········✦

악마 루시퍼의 다음으로 만들어졌다고 이야기되는 하늘에서 떨어진 전 역천사로, 마술서 「고에티아」【주1】에서는 솔로몬 왕의 72악마 중 하나(P.93)로서 묘사되고 있는 악마다. 서열 68번을 관장하는 지옥의 군주로서, 20 혹은 80군단을 이끌 정도의 권력자이기도 하다. 그 이름은 헤브라이어로 「가치없는」「무익한」 등의 의미이며, 그 외견은 아름답고 우아하며 고귀한 신사처럼 보이지만, 지옥에서도 가장 발칙하면서 저속하고, 허위와 사기에 능통한 추악한 혼을 가지고 있다고 한다.

벨리알의 소행은, 구약위전 『12족장의 유언』【주2】에서 볼 수가 있다. 그는 고대 이스라엘에 존재한 유대 왕국의 14대왕 므나쎄에게 탁월한 말솜씨로 접근, 결국 그의 혼에 빙의해서, 유대교에 위반하는 수많은 악행을 저질렀다. 종교적으로 금지시킨 우상숭배를 부활시키고, 신의 말을 왕이나 이스라엘의 백성들에게 전하는 이사야를 살해. 유대교도를 박해하고, 도시를 혼란, 황폐하게 만들었다. 벨리알의 악행은 여기서 멈추지 않고, 사해의 근처에 있었다고 하는 소돔과 고모라의 마을에서 온갖 악을 만연시켰다.

특히 성적인 부분을 문란하게 만들었는데, 그것은 동성애와 수간에까지 이르게 했다. 그 결과, 신의 분노를 사서, 하늘에서 내려온 유황과 불로 인해, 2개의 마을은 멸망했다고 한다. 또한, 남색을 의미하는 소도미(sodomy)라는 말은, 이 에피소드에서 유래한 것이라는 설도 있다.

이러한 사건은, 벨리알의 무서울 정도로 탁월한 언변이 모든 것을 조종한

【주1】별명 「악마의 서」라 불리는 마술서. 솔로몬 왕의 72악마의 소환 방법이나 악마의 사역방법에 대해서 적혀있다.

【주2】유대교나 그리스도교에 있어서 구약성서의 정전 외전에 포함되지 않은 문서 중 하나.

바로 써먹을 수 있는 중2병 스타일 회화 예

A : 흐흑, 잘생긴 남자친구한테 속아서, 이상한 힘이 담겼다는 항아리를 샀어……

B : 간단하게 사람을 믿으면 안 된다니까.

A : 벨리알이야, 그 자식은 벨리알이라고!

B : 애가 점점 더 이상해지네……

아름답고 고매한 인물로 보이지만, 사실은 매우 추악해서, 즐거워하며 사람을 타락시킨다. 이러한 벨리알의 성격과 소행은, 인간과 가까운 부분에 있다. 사람을 속이려 하는 인간은 모두 달콤한 말을 속삭이고, 건실한 것처럼 보인다. 하지만 실제의 모습을 간파하지 못하다면, 아주 큰일을 당하게 된다.

벨리알

나

다

라

마

바

사

아

자

차

카

타

파

하

것이다.

우아하고 세련된 그의 언어는, 어떠한 저속한 내용이라도, 듣는 사람들이 모르는 사이에 매료되고, 선동 당하는 것이다.

벨리알의 말을 들은 자는, 어쨌든 그의 의견을 훌륭한 논리라고 생각하게 된다. 자신의 사상이 저속한 것이라는 것을 알면서도, 그는 악행을 위해서라면 어떤 노력도 아끼지 않고 실행에 옮긴다. 악덕을 행하는데 진심으로 열중하는 정신을 가진 자. 그것이 벨리알 자신의 존재의의인 것이다.

화려한 용모를 주의하라 !?

영국의 시인 존 밀턴의 서사시 『실낙원』에서, 벨리알은 「하늘에서 떨어진 자들 중에, 그보다 수려한 천사는 없었다. 태어날 때부터 위엄에 차 있었고, 고매하며, 용감한 행동력을 자랑하는 자처럼 보이지만, 그것은 전부 거짓이며 허식에 지나지 않았다」라고 써있었다. 그의 외견적인 아름다움을 칭송하고 있지만, 그 실체는 추악하다며, 인격적인 면을 부정하고 있다. 아름다운 것에는 가시가 있다는 것이다.

교묘한 화술로 예수를 상대로 고발

【주3】기원전 13 세기경에 활약했다고 하는, 고대 이스라엘 민족의 종교와 정치의 지도자.

【주4】『구약성서』의 『창세기』에 등장하는, 이집트 전국을 기근에서 구해낸 인물.

14세기경에 출판된 저서 『벨리알의 서』에서는, 주인공 벨리알이 예수 그리스도를 상대로 소송을 벌였다고 적혀있다. 벨리알 측의 주장은 다음과 같다.

「예수라 불리는 인물이, 부당하게도 지옥의 권리에 간섭하고, 지옥, 바다, 대지, 그리고 대지에 사는 모든 것들의 지배권을 강탈하고 있다.」

요약하자면, 당시의 일반인식으로서, 천계는 신의 영역, 지옥이나 지상은 악마의 지배구역이라고 생각되고 있었다. 그 때문에, 예수가 지상의 사람들을 신앙에 눈뜨게 하고, 선도하는 행위는 영역위반이라는 것이다.

결국 재판 당일, 신은 악마를 다루는데 익숙한 마술사, 이스라엘 왕국의 솔로몬을 재판관으로 임명하고, 예수는 변호인으로서 모세 【주3】의 출석을 요구. 1심에서는 천재적인 화술로 벨리알이 지론을 펴서, 재판관에게 아첨을 하는 등 법정을 지배하려고 했다. 그러나 예수가 변호인 모세를 세우면서 대항을 한 결과, 벨리알은 패소. 납득이 가지 않은 벨리알은 바로 2심 소송을 벌였다.

그 후, 이집트의 파라오 대리의 요셉 【주4】을 의장으로, 로마황제 옥타비아누스, 철학자 아리스토텔레스, 예언자 예레미야, 예언자 이사야 등을 구성원으로 한 항소심이 열리게 되지만, 최종적으로는 양쪽이 비기는 형태로 끝이 난다. 정확히는, 예수의 무죄가 입증되고, 벨리알은 특별하게 유리한 권익을 얻었다.

그 권익이란, 「최후의 심판 마지막에 지옥에 떨어지는 자들에 대해서, 악마는 권위를 휘둘러도 된다」라는 점으로, 한정적인 악마들의 지배권을 인정하는 내용이다. 하지만, 일반적인 지상의 지배권은 여전히 예수에게 있었기 때문에, 그가 어째서 이 조건을 받아들였는지는 의문이다.

벨리알

보이니치 문서

지금까지, 이 세상 그 누구도 해석할 수 없었던 문서.
그러한 기이한 문서 중의 기문서가, 이 세상에는 실제로 존재한다!

·······말도 안 되는 가설도 있는, 절대해독불능고문서·······

세상에서 수수께끼가 해명되지 않는 기서라는 것은 많이 있지만, 그중에서도 가장 이해할 수 없는 존재가 『보이니치 문서』일 것이다. 곤란하게도, 이 문서는 **지금까지 해독한 사람이 아무도 없다**. 이 책은, 고서상인 보이니치가 1912년에 이탈리아의 몬도라고네 사원에서 발견했기에, 『보이니치 문서』라고 불리게 되었다. 채색이나 삽화도 많이 사용되고, 230페이지라는 양도 많은 문서다. 하지만, 중요한 문자 자체가 **미지의 문자**로 기록되어 있는데다가, 삽화 그림 역시, 몇 개인가는 공상과 같은 것이 섞여있다. 말하자면, 내용을 해독하는 데 있어서, 실마리로 삼을 만한 것이 아무것도 없다는 것이다.

하지만, 이 책은 내용을 해명하고 싶어질 정도로 매혹적으로 만들어져 있어서, 지금도 해명작업이 이루어지고 있다. 예를 들어 암호문을 언어학의 통계적인 수법으로 해석한 결과, 일단 어떤 의미를 적은 문장열이라고 판단은 하고 있다. 또한 2011년에는 아리조나 대학에서 방사성탄소연대측정에 의해, 사용된 양피지가 **1404~1438년경의 것**이라는 사실도 해명되었다. 역사적으로도, 1582년에 보헤미아의 왕 루돌프2세[주1]가 구입했다는 사실도 밝혀졌다.

하지만, 이 이상 해명된 것은 거의 없어서, 작자도 작성경위도 아직 수수께끼에 싸여있기 때문에, 16세기의 **연금술사 에드워드 캘리**[주2]가 제작한 위서라는 이상한 가설까지 나올 정도다. 그 만큼 이 문서의 존재는, 수수께끼와 낭만으로 가득 차 있는 것이다.

【주1】1552~1612년. 합스부르크가의 신성 로마제국황제로서 1576~1612년에 재임했다. 정치적인 능력은 떨어졌지만, 교양이 뛰어난 문화인이었다. 예술이나 학문을 보호한 것으로, 많은 예술가들이 모여들어서, 제국의 수도 프라하는 문화적으로 큰 번영을 이루었다.

【주2】1555~1597년. 자칭 영매사로, 존 디와 함께 마술적 연구를 했다. 에녹어로 정령이나 천사와 통신이 가능하고, 금속을 금으로 바꾸는 비밀을 알아냈다고 공언했다. 루돌프2세의 보호를 받았지만, 결과를 기다리다 지친 왕에 의해 투옥되었다.

바로 써먹을 수 있는 중2병 스타일 회화 예

A : 뭔가 의미를 알 수 없는 리플이 달렸는데, 읽을 수 있어?

</◯ʌ)ㅁㅣㄴ | □ㅣ | ②T○ㅏ룡ㅡ(r)ㄴ지ᄡᄂ쁘

B : 흠, 10시에 학교 앞 맥도널드 앞에서 집합이래.

A : 오오, 보이니치 문서 해독 성공!

전세계에서 아무도 해독한 적이 없는, 수수께끼의 책이기 때문에, 보이니치 문서는 가끔 픽션의 세계에서 소재로 사용된다. 사실은 네크로노미콘(P.18)의 사본이라던가, 여러 가지 망상을 부풀려 보기 쉽기 때문에, 일상상활 속에 숨어있는 괴문서로 적당하게 망상을 해보도록 하자.

부두교

좀비를 만들어내는 기술로 잘 알려진 부두교. 어두운 이미지를 가지기 마련이지만,
사실 좀비는 죄인에 대한 형벌이었다.

┉┉ 강제노동자를 만들어낸 마술과 신앙 ┉┉

【주】 좀비 파우더는, 도마뱀, 두꺼비, 자귀나무, 콩과 식물, 테트로도톡신이나 그 외의 독 등, 여러 가지 재료를 섞는 것으로 정제된다. 이것을 먹이는 것으로, 살아있는 인간을 좀비로 바꿀 수 있다고 한다.

16~19세기에 걸쳐, 아프리카 전 지역에 있는 흑인을 아이티에 모아놓고, 노예로서 강제노동을 시켰다. 이러한 흑인들이 다른 종교의 요소를 집어 넣어서 만든 것이 부두교다. 서 아프리카의 폰족이 최초의 부두교 신앙자라고 알려져 있으며, 「부두」라는 이름 역시 폰족의 정령이라는 의미를 가진 「보둔」에서 왔다고 한다. 부두교는 종교로 해석되는 경우가 많지만, 교의나 교전이 존재하지 않고, 또한 종교법인으로서 인가되어있는 교단도 전무하다. 그렇기 때문에, 민간신앙으로 생각하는 것이 타당하다. 부두교의 사제는, **마술로 부상이나 병을 치료 등의**, 의사와 같은 역할을 담당하고 있는 것 이외에도, 정치에 있어서도 활약을 했다고 한다. 또한, 미국의 뉴올리언스에는, 지금도 부두교에 대한 신앙이 뿌리 깊게 남아있으며, 부두교에서 유래된 장소도 존재하기 때문에, 사제가 기원 의식을 치른다고 한다.

부두교라고 한다면, 호러 작품이나 판타지 작품 등으로 인해, **좀비를 연상하는** 사람도 많을 것이다. 또한, 좀비에 관해서는, 목숨이 붙어있는 썩은 시체로서, 사람들을 습격하는 이미지를 가지고 있다. 그러나, 이것은 어디까지나 가공의 이야기에 등장하는 좀비이며, 부두교의 좀비에 관해서는 **썩어있지도 않고 사람을 습격하지도 않는다.** 원래, 부두교에 있어서 좀비라는 것은, 사회의 질서를 지키기 위한 형벌인 것이다.

부두교에는, 좀비를 만드는 **좀비 파우더** 【주1】가 존재한다. 이 가루로 살아있는 인간을 좀비로 만드는 데, 그 이유는 인간에게 형벌을 가하기 위함이다. 부두교 신자는, 인간이 죽으면 정령으로 승화되거나, 혹은 다시 태어난다고 믿고 있다. 하지만, 좀비가 되면, 정령이 되는 것은 고사하고, 다시 태어날 수도 없게 된다. 이 형벌은 죽는 것보다 무서운 것이라 하여, 지역에 따라서는 죽은 자에게 독을 먹이거나, 목을 자르는 것으로, 사후에 좀비가 되는 것을 막으려고 할 정도다.

바로 써먹을 수 있는
중2병 스타일 회화 예

A : 야, 너 회사 안가?
B : 아, 회사에서 부두교의 좀비파우더를 받아서 말이지.
A : 그럼, 잘렸다는 거잖아.
B : ……

살아있는 인간에게 벌을 주는 것으로 알려진 좀비 파우더. 죽는 것보다 더 두려운 좀비가 되면, 참수나 음독과 같은 매우 무거운 형벌을 받는다. 회화에서 사용하는 경우에는, 상대방으로부터 심한 말을 들었을 때 사용해주면, 그 심각함이 한층 더 와닿을 것이다.

브류나크

신들의 전쟁에서 맹위를 떨친 마창. 투척된 창은 스스로 의사를 가진 것처럼,
조준한 목표를 차례차례로 관통시킨다.

❖⸺ 모든 것을 꿰뚫는 자아를 가진 마창 ⸺❖

「관통하는 것」이라는 의미를 가지고 있으며, 태양신 루【주1】가 소유하고 있는 마창이, 바로 「브류나크」다. 아일랜드의 신들인 투아하 데 다단이 가지고 있는 마법의 돌 「리아파르」, 마검 「크라우 소라스」, 마법의 가마솥 「끊이지 않는 것」 등과 함께 에린 4대 비보【주2】중 하나로서, 북방의 수도 고리아스에서 에스라스【주3】에 의해 지켜졌다고 한다.

브류나크는 사용자에게 반드시 승리를 가져다 주는 창이라 하여, 의지를 가진 창으로서 대상을 향해서 자동적으로 날아간다는 설이 유력하다.

그러나, 일설에 의하면 브류나크는 창이 아닌 투석기에서 발사하기 위해 반죽해서 굳힌 탄을 의미하는 타흐룸이라는 설도 있다. 그 진상을 확실하게 알 수는 없지만, 투석기의 탄은 원래 딱 한발만 발사가 가능한 것이다. 그러나, 브류나크는 한 번 던지면, 눈이 멀 정도의 흰 빛과 열이 번개가 되어, 적을 차례로 꿰뚫어, 죽음에 이르게 한다고 한다.

참고로, 태양신 루는 이것을 사용해서 자신의 할아버지인 마안의 발로르【주4】의 눈을 꿰뚫었다. 그때 사용된 무기는 창이 아닌, 투석기에 의한 탄이었다는 설을 자주 접할 수 있다. 표기방법은 해독자에 의해 여러 가지로 나뉘지만, 대부분이 투석기로 탄(브류나크)을 날려서 발로르의 마안을 찔렀다, 라고 정리되어 있다. 또한, 태양신 루가 마창 브류나크를 투척할 때의 모습은, 손에서 끈 형태의 빛이 늘어나서 대상을 처치하는 것처럼 보였다는 점에서 「긴 팔의 루」라고도 불린다.

흔치 않은 투척무기

신화에 등장하는 많은 무기는 주인이 손에 무기를 잡고, 스스로 휘두르는 것이 일반적인 것이다. 그러나, 브류나크는 루의 투척전용무기로서 맹위를 떨쳤다. 또한, 이 창의 형태에 대해서는 여러 가지 설이 있는데, 일반적인 창과 마찬가지로, 창 끝이 하나라는 설도 있는 반면에, 창 끝이 5개라는 설도 있다. 갈라진 창 끝에서는 루의 힘이라고 하는 태양 빛이, 천공에서 번개를 불러서 주위의 적을 일순간에 전멸시킨다고 한다.

【주1】켈트 신화에 등장하는 태양의 신. 마안의 발로르의 외동딸인 에흐네, 치료의 신 디안 케트의 아들인 키안과의 사이에서 태어났다고 한다.

【주2】에린(아일랜드)에 전해지는 4개의 비보로, 마검, 마창, 마법의 돌, 마법의 가마솥이 있다.

【주3】북방의 수도 고리아스에 사는 사제. 마창 브류나크를 지키고 있으며, 태양신 루에게 브류나크를 받았다고 한다.

【주4】켈트 신화에 등장하는 마신. 포모르족 최강의 전사로, 자신이 본 모든 것을 죽일 수 있는 마안을 가지고 있다. 최후에는, 태양신 루의 브류나크에 마안을 관통당해 사망했다.

| 바로 써먹을 수 있는 중2병 스타일 회화 예 | A : 바이러스 메일이 왔어. B : 뭐? 나한테도 왔는데. A : 뭐야, 이거 브류나크야!? B : 이거 앞으로 몇 명한테 더 가려나? |

던지면 반드시 심장을 꿰뚫는다는 마창 게이볼그(P.9)와 마찬가지로, 조준한 표적은 반드시 관통한다는 투척전용의 브류나크. 거기다 표적을 관통하고, 다음 표적을 향해 날아간다……정말로 어디서 보냈는지 알 수 없는 스팸 메일이나 바이러스 메일 등이 왔을 때에 사용하면 된다.

브류나크

블랙홀

무거운 별의 최종형태인 블랙홀은,
빛마저도 빠져나올 수 없을 정도의 무서운 중력을 가진 우주의 함정이다.

·········· 블랙홀 탄생의 구조 ··········

【주1】물질을 구성하는 원자의 핵끼리 융합해서, 더욱 무거운 원자핵이 되는 것. 태양 등의 항성이 빛나는 것은, 핵융합으로 발생한 열을 방사하고 있기 때문이다.

【주2】여기서 이야기하는 자기 함몰이란, 별을 구성하는 물질이, 별의 중심부를 향해서 떨어지는 현상을 가리킨다.

블랙홀은, 한마디로 말하면 우주에 뚫린 함정으로, 태양의 몇 배 이상으로 무거운 별이 최후에 도달하는 모습이다. 블랙홀의 생성은 별이 탄생하는 원리의 연장선상에 있기 때문에, 일단은 별이 어떻게 탄생을 하는지를 설명해 보겠다.

우주에는 수많은 물질이 떠다니고 있다. 별의 형성은, 일단 처음에 이러한 가스나 미립자가 모여서 구름과 같이 되고, 여기서 물질이 서로를 당기는 인력에 의해 끌어당겨져서, 응축되어 가는 것에서 시작된다. 응축을 반복해서 밀도가 높아지면, 점차 구름은 가열해서 빛을 발하기 시작하며, 이것이 별의 핵이 된다.

이 핵은 자기 수축을 하게 되는데, 결국 내부의 에너지가 밖으로 나가려 하기 때문에, 수축하려고 하는 힘을 상쇄시켜가며, 이윽고 별로서 안정되는 것이다.

이렇게 탄생한 별은, 가벼운 원소의 원자핵을 핵융합【주1】시켜 무거운 원소를 만들어내면서 에너지를 방출해간다. 그러나, 가벼운 원소를 전부 다 사용해서 무거운 원소만 남으면, 반대로 에너지를 소비하게 되어, 중력에 의한 자기 함몰【주2】을 억제할 수 없게 되는 것이다.

이 상태가 되면, 물체가 수축되는 것으로 별의 무거운 중심부분이 에너지를 흡수해서, 자기함몰에 대항하여 지각을 위로 밀어 올리려고 하게 된다. 그리고, 지각을 날려버리고 생기는 것이 초신성 폭발이다.

초신성폭발 이후 별의 중심이라고 이야기할 수 있는 부분이 남게 되는데, 별로 무겁지 않은 별의 경우에는 별을 구성하는 물질의 강도가 함몰하려고 하는 힘에 대항하기 때문에, 수축이 정지한다. 그리고, 그 별의 무게에 따라서 백

블랙홀

색왜성이나 중성자성으로 변화하는 것이다.

그러나, 너무 무거운 별의 경우는 중력이 매우 강하기 때문에, 별을 구성하는 물질이 중력에 대항하지를 못해서, 안으로 들어가게 된다. 그래서 수축이 멈춰지지 않아서, 별의 각 부분에 작용하는 중력에 의해 **자신의 안에 자신이 들어가 버리게 되어**, 블랙홀이 탄생하는 것이다.

약 20 개 정도의 후보가 있다

블랙홀의 존재는 1915년에 독일의 천문학자인 슈바르츠실트가, 이론상으로 발견한 것이다. 그러나, 블랙홀은 빛을 반사하지 않기 때문에, 광학적으로 직접 관측된 일은 한번도 없다. 그렇다면 어떻게 구분을 하는가 인데, 그 방법은 블랙홀의 주위에는 가스나 먼지가 충돌할 때 X 선을 방사하기 때문에, 이 X 선을 관측하는 것이다. 그 결과, 「고니자리 X-1」을 시작으로, 약 20개의 후보가 발견되었다.

가
나
다
라
마
바
사
아
자
차
카
타
파
하

빨려 들어가게 되면 어떻게 되는가 ?

이렇게 탄생한 블랙홀은, 중력이 너무 크기 때문에 주위의 공간을 왜곡시켜서, 다른 공간과의 사이에 구분선(사건의 지평선)이 생기게 된다. 물론, 무언가 물질적인 장벽이 있는 것은 아니기 때문에, 밖에서는 들어갈 수가 있다. 하지만, 인력으로 인해 밖으로 나갈 수 없는 것뿐이다. 블랙홀은 **중력으로 인해 빛 조차 탈출할 수 없다**고 한다. 우주에 깔린 함정이라고 표현되는 것이 이 때문이다.

그런데, 블랙홀에 떨어진 물체는 어떻게 되는 것일까? 블랙홀은, 그 중심에 가까울수록 중력이 커져서, 중심선에서는 그 힘이 무한대가 된다고 한다. 인간이 블랙홀에 다리부터 떨어지는 경우, 발 끝에 작용하는 중력이 머리 쪽에 작용하는 중력보다 더 강해서, 중심부에 가까울수록 그 차는 커져간다. 한편, 압축하는 힘도 작용하기 때문에, 사람의 몸은 세로로 계속 늘어나면서 가로로는 계속 눌리게 된다는 것이다. 당연히 인간이 버틸 수 있는 중력에는 한계가 있기 때문에, 중심선에 도달하기 전에 죽고 마는 것이다.

그리고, 가루가 된 인체는, 계속 낙하하는 과정에서 작게 압축되어, 결국에는 완전히 크기가 없어지고 만다. 하지만, 크기가 없어지고 난 다음에, 어떻게 되는지는 알 수 없다. 체적이 소실한 물체가 어떻게 되는가와 같은 질문은, 종래의 물리법칙으로는 설명할 방법이 없기 때문이다.

게다가, 그 후에 어떻게 되는가에 있어서는, 아직 납득이 갈만한 추측도 세워지지 않은 상태로서, 완전히 소실되고 끝이 나는지 어떤지도 알 수 없다. 단, 가능성으로서 생각해본다면, 우주의 다른 장소로 내뱉어지는 것 [주3]도 있을 수 있기 때문에, SF 의 세계에서는 종종 공간이동으로서 사용된다.

【주3】 상대성이론에서는, 블랙홀의 대극으로서, 물질을 뱉어내는 화이트홀이라는 것이 상정되어있다. 블랙홀과 쌍이 되는 것을 웜홀(벌레구멍)이라고 부르고 있으며, 이 화이트홀을 사용한 이동 방법이, SF작품에 자주 등장하는 「워프」다. 단, 화이트홀은 수학적으로 성립하지만, 실제로 존재하는가는 확인되어있지 않다. 무엇보다 블랙홀에 들어서서 온전한 상태를 유지하는 것 자체를 상상할 수 없기 때문에, 만약 웜홀이 실제로 존재한다 하더라도, 현시점에서는 이용이 불가능하다고 생각된다.

블랙홀

중 2 병 지 침 서 ~ 지 식 편 ~

겉모습은 중 2 병! 두뇌도 중 2 병!

겉모습이나 행동이 중2병 스타일로 바뀌었다면, 그 다음은 머리 속도 중2병 스타일로 바꾸면 된다. 일단은, 일상생활에서 필요 없을 것 같은 지식을 쌓아서,「다른 사람들보다 박학다식한 자신」을 만드는 것이 중2병 두뇌로 가는 지름길이다.

그렇지만, 일상생활에서 너무 동떨어진 지식만을 채워 넣으면,「모처럼 열심히 기억했는데, 지식을 보여줄 기회가 전혀 없다」라는 일이 발생할 수 있기 때문에, 어느 정도는 고를 필요가 있다.

장르로서는, 정치나 경제, 시사에 관련된 것이, 앞을 내다 봤을 때도 쓸모 없는 지식이 되지는 않기 때문에, 연령에 관계없이 추천하는 지식이다. 특히, 시사에 관련된 지식은 보통 생활에서도 화제가 되기 쉽고, 매체에서도 집중적으로 보도하는 경향이 있다. 이러한 보도들로부터 재빨리 지식을 습득하고, 이런 일이 화제가 되기 전부터 알고 있었다는 식으로, 자신이 가진 지식을 보여주는 것도 방법 중 하나다.

또한, 물리나 우주과학과 같은 이과적 지식도,「두뇌가 명석하고 멋진 나」를 연출하는데 도움이 될 것이다.

유행하는 것은 한발 앞서서 수집하자

사회정세나 이과 전문분야에는, 전혀 흥미 없는데……라는 경우에는, 유행하는 것에 관련된 지식을 깊게 탐구해보는 것이 좋을 것이다.

요즘 우리는, 무언가가 유행을 하면 일제히 그쪽으로 향하는 경향이 강하다. 인터넷이 보급된 현대에는, 개인이 상세한 지식을 모아서 올려두는 사람도 있으니, 그러한 사람의 홈페이지에서 지식을 빌려오는 것이 가장 빠른 방법이다.

한철 지식은, 기억해두더라도 쓸 수가 없어지니까 싫다 라는 경우에는, 만화나 소설 등에 등장하는, 신화에 관한 지식을 수집하는 것을 추천한다. 유행이 끝나더라도 더 이상 지식을 써먹지 못하는 불상사는 발생하지 않으며, 쉽게 지식을 얻을 수 있다는 점도 추천할 만하다.

단, 진짜로 그 분야에 정통한 사람은 당해낼 수 없으니, 그러한 사람과 맞닥뜨리지 않도록 항상 주의하자.

中二病

사

사 도

예수 그리스도의 곁에 모인 12제자. 보통 우리들에게는 익숙하지 않은 존재이지만,
그리스도교를 전파하는데 다대한 공헌을 한 위인들이기도 하다.

········ 그리스도의 생각을 잇는 제자들 ········

【주1】 15세기, 르네상스 시대를 대표하는 예술가. 예술뿐만 아니라, 토목, 인체, 과학 기술에도 통달했었기 때문에, 만능인이라고 불린 천재였다.

【주2】 그리스도가 십자가에서 처형당한 이스라엘의 언덕이다. 그 장소에 대해서는 여러 가지 설이 있지만, 현재 예루살렘 구 시가, 성분묘 교회가 있는 장소라고 한다.

【주3】 그리스의 펠로폰네소스 반도 북부의 지방. 예전에 아테네, 스파르타, 테베와 같은 폴리스가 있었다.

사도란, 그리스어로 「파견된 자들」「대사」「사자」와 같은 의미로, 성서에서는 선교를 위해 파견된 자를 가리킨다. 또한, 이것과는 별개로, 예수 그리스도의 12제자를 가리키는 경우도 있다. 우리들에게는 생소하지만, 이미지로서는, 레오나르도 다빈치【주1】가 그린 『최후의 만찬』에 그려져 있는 인물이라고 하면 쉽게 알 수 있을 것이다.

그리스도는 서력 29년에 골고다 언덕【주2】에서 십자가형을 당하지만, 각지에 흩어진 12사도들은 선교를 계속해서, 그리스도교단의 결성에 전력을 다하였으며, 그에 따른 여러 가지 전설이나 일화가 남아있다. 그러나 당시에는 그리스도교가 탄압을 받던 시대였기 때문에, 그들은 고난의 길을 걸어야만 했다. 베드로는 로마에서 십자가에 거꾸로 매달려 처형을 당하고, 안드레아는 아카이아【주3】에서 십자가형을 당하고, 야고보는 헤로데 왕에 의해 처형을 당하고, 필립보는 소아시아에서 십자가형을 당하고, 바르톨로메오는 아르메니아에서 살가죽이 벗겨지는 형을 당했으며, 토마스는 인도에서 창으로 찔렸고, 마태오는 에티오피아에서 사살되었다. 알페오의 아들 야고보는 예루살렘에서 돌에 맞아 죽었으며, 타대오와 시몬은 페르시아에서 순교했다. 그리스도를 배신한 이스카리옷 유다 역시, 자신의 배신을 후회하고 자살했다. 자신의 수명을 다 누린 사람은, 요한 한 명이었다. 하지만 요한 역시 독을 먹게 되거나, 끓어오르는 기름 안으로 던져지는 등의 일을 겪게 된다.

12 사도	
베드로	안드레아와 형제
안드레아	베드로와 형제
야고보	대 야고보
요한	나중에 묵시록을 남겼다
필립보	그리스도의 첫 번째 제자
바르톨로메오	필립보의 소개로 그리스도와 만나게 된다
토마스	포교를 위해 인도로 간 사도
마태오	원래 세리였던 사도
알페오의 아들 야고보	소 야고보
타대오 (유다)	유다와 구별하기 위해, 타대오라고 부른다
시몬	「열심당의 시몬」이라 불렸다
이스카리옷 유다	그리스도를 배신한 사도

사도들의 최후는 비극적인 것이 많은데, 당시의 그리스도교도의 선교활동이 얼마나 힘든 것이었는지를 알 수 있다. 고난에 지지 않고, 계속 선교를 한 그들을, 신성한 존재로서 숭배하는 것 역시 당연할 지도 모르겠다.

바로 써먹을 수 있는
중 2 병 스타일 회화 예

A : 그 녀석, 당했다면서?
B : 신경 쓰지마. 그 녀석은 사도 중에서도 가장 약하니까.
C : 그냥 게임일 뿐인데, 그렇게 진지하지 않아도 ......

사도라는 말은, 선택 받은 자, 선택 받은 부하와 같은 의미로 사용되는 경우가 많다. 도쿠가와 군 3대 가문, 사천왕, 사나다 10용사와 같은 느낌이다. 12사도라고 사용하는 것이 알기 쉬운 사용 방법이다. 또한, 종교적인 연관성으로, 오컬티즘의 요소와도 엮을 수 있다.

사리엘

사안(사악한 눈)을 가지고 사자의 혼을 인도하는 존재인 천사는,
때로는 죽음을 관장하는 두려움의 대상이 되기도 하였다.

❖······ 본 사람을 불행하게 만드는 사안 ······❖

사리엘은, 천사가 신의 계율을 어기지 않도록 감시하고, 법을 어긴 천사의 운명을 결정하는 역할을 담당하는 치천사(세라핌)[주1], 혹은 대천사다. 인간의 혼을 천국이나 지옥으로 인도하는 존재이기도 해서, 일설에는 죽음을 거부하는 상대를 위협해서 혼을 수확한다고 해서, **죽음을 관장하는 천사**, 죽음의 선고인이라는 공포의 대상이기도 했다.

그의 특징적인 능력이라 한다면, 그가 본 사람에게 여러 가지 저주를 거는 「**사안(이블 아이)**」이 유명하다. 사시나 마안이라고도 하며, 요즘의 창작 작품 등에 자주 등장을 하기 때문에, 알고 있는 독자도 많을 것이다. 실제로 그리스도교 사회에서 「사안」의 존재를 믿고 있어서, 사리엘의 이름이 적힌 수호부를 가지고 있으면, 다른 사안을 막을 수 있는 파마의 힘을 손에 넣을 수 있다는 이야기가 남아있다.

불길한 이미지가 강한 사리엘은, 구약성서 외전 『에녹서』[주2]에서는 **달의 움직임을 관장하는 천사**로서 등장하고 있다. 거기에서 그는 달의 금단의 비밀을 알게 되어, 그것을 인간에게 가르쳐주게 된다. 이 죄를 물어서, 사리엘은 신에게 반역을 했다는 반역자의 꼬리표가 붙여져서, 스스로 하늘에서 떨어졌다고 한다.

천사다운 일화가 적은 사리엘이지만, 『쿰란 문서』[주3]의 일설에 있는 「빛의 아들들과 어둠의 아들들의 전쟁」에서는, 빛의 군대의 지휘관으로서 인간의 전사들에게 적절한 전투지시를 내려, 승리를 이끌었다고 한다. 달의 비밀은 멋모르고 이야기해버렸지만, 아마도 그는 사람에게 무엇인가를 가르치기를 좋아하는 것 같다.

【주1】천사의 계급 중 하나. 신학자인 위(僞) 디오니시우스 아레오파기타의 저서 『천상지위론』에서는, 가장 상위에 위치하는 존재로 나와있다.

【주2】기원전 1~2세기경에 쓰여졌다고 하는 에티오피아 정교의 구약성서 중 하나.

【주3】사해의 서쪽 둑인 키르벳 쿰란의 동굴에서, 1947년 이후에 발견된 헤브라이어와 아랍어의 문서들.

푸른 사안이란 ?

예전에 중동이나 유럽 남부에서는, 「파란 눈의 인간은 사안을 가졌다」라는 이야기가 퍼졌었다. 물론 진짜로 저주를 거는 힘을 가진 사안을 다룬 자가 있는 것은 아니었다. 이 이야기는, 갈색 눈동자를 하고 있는 중동 · 남미의 인간이, 자신들과는 다른 백인의 파란 눈을 두려워한 것이 원인으로 생겨난 소문이다. 정체를 알 수 없는 것을 저주나 괴물이라고 해서, 멋대로 두려워하고 적대시하는 것은 인간의 나쁜 버릇일지도 모르겠다.

바로 써먹을 수 있는 **중2병 스타일 회화 예**

A : 자 두려워해라! 이 사안을 가지고, 네놈을 불행하게 만들어 주마!
B : 참나, 단지 컬러 콘택트렌즈를 한 것 가지고 사안이라고 우쭐대긴……
A : 사…사안의 힘을 무시하지 말라고!

사리엘의 대명사라고도 할 수 있는 사안, 단어가 주는 무법자 같은 느낌, 보는 것만으로 상대에게 저주를 걸 수 있다는 편리한 능력을 동경하는 사람도 많을 것이다. 단, 주인의 의지와는 상관 없이 저주 효과를 발동하는 사안도 있어서, 능력을 얻고 나면 틀림 없이 생활에 지장을 줄 것이다.

사리엘

사역마

전승이나 판타지 세계에 등장하는, 주인에 대해서 절대로 복종하는 종자들.
그들은 어떤 상황에서 소환되며, 그들에게는 어떤 역할이 주어지는 것인가?

❖⋯⋯ 여러 가지 수단으로 사역을 당하는 사역마들 ⋯⋯❖

【주】 서구의 민화나 전설에 등장하는 불사의 왕. 사람의 피를 식량으로 마시고, 상대를 권속으로 만든다.

동서고금, 전승이나 이야기에 수많이 등장해서, 주인을 보조하는 사역마들. 사역마라는 말을 듣고 대부분의 사람들이 가장 먼저 떠올리는 것은, 역시 마녀가 부리는 **검은 고양이**일 것이다. 이 외에도 동물이나 정령이거나, 상황에 따라서는 인간이 사역마가 되는 경우도 있다. 부리는 수단은 많이 있지만, 여기서는 그중 몇 가지를 소개하고자 한다.

가장 일반적인 것이 술자에게 소환 당하고, 그대로 사역마가 되는 경우다. **악마소환** 역시 여기에 포함된다. 주로 정령이나 악마, 때로는 마물 등이 불려 나와서, 술자의 목적에 따라 행동한다. 이 경우는 목적을 달성하면 없어지는 경우가 많은데, 영속적인 사역마라기 보다는, 목적에 맞춰서 일을 하는 보조요원이라는 측면이 강하다. 이와 비슷한 것으로, 주술적인 힘이 담긴 물건에서, 해방이라는 형태로 불려 나오는 것도 있다.

다음으로 힘을 나눠줘서 상대방을 사역마로 부리는 패턴이다. 맨 처음에 거론한 마녀의 사역마는 여기에 해당되는 경우가 많아서, 마력을 나눠준 것으로 고양이가 말하거나, 마법을 사용하기도 한다. 뱀파이어 **【주】**가 피를 빨아서 생겨나는 권속 역시, 사역마하고는 조금 다르지만, 힘을 나눠서 일을 시킨다는 점에서는 같다.

개 빵사가지고 와

— 여이!

또한, 술법에 의해 동물이나 마물을 일시적으로 사역하는 것도 있다. 이 경우, 대부분은 전달이나 정찰 등에 사용되어, 명령을 가장 충실하게 잘 따른다. 그렇다고 하더라도, 사역이라기보다는 조작에 가까워서, 원래 상대가 지성이나 감정을 가지고 있지 않은 경우가 대부분이다.

바로 써먹을 수 있는 중2병 스타일 회화 예

A : 니네 집 개 정말 잘 짖던데?
B : 나의 사역마 켈베로스를 가리키는 것이냐?
A : 사역마라니…… 애완동물 아냐?
B : 그 녀석은 나의 권속으로, 사역마다. 수상한 사람이 오면 내쫓으라고 명령했다.

일상생활에 있어서 사역마로 취급하기 가장 쉬운 것은, 역시 기르고 있는 애완동물이다. 특히, 강아지, 고양이, 새와 같은 동물은, 사역마로서 일반적인 종류이기 때문에 추천한다. 만약 애완동물을 기르고 있지 않다면, 근처의 도둑 고양이 등을 사역마로 부려보는 것은 어떨까?

가 나 다 라 마 바 사 아 자 차 카 타 파 하

사역마

이외에도, 뱀파이어가 조종하는 박쥐 등, 원래부터 사역마로서 존재하고 있는 경우도 있다.

어쨌든 간에, 어떤 타입의 사역마건, 기본적으로는 주인의 명령을 충실히 잘 따른다는 것은 변함이 없다. 최근의 판타지에 있어서는 사역마 자신이 자아를 가지고 있는 경우도 많아서, 주인을 거역하는 경우도 있지만……그래도 역시 사역마라고 하면, 주인을 보조하는 종이라는 측면이 강하다고 볼 수 있다.

왜 마녀의 사역마는 검은 고양이인가 ?

가장 일반적인 사역마의 대표인 마녀의 검은 고양이. 어째서 마녀가 검은 고양이를 부리는 이미지가 생긴 것인가라고, 한마디로 정의하자면 검기 때문이다. 그냥 검기 때문이다. 아니, 정말로 그냥 검기 때문이다. 검기 때문에 암흑 속에서 활동을 잘하며, 고양이와 마찬가지로 검은색 복장을 한 마녀의 파트너로 잘 맞는다고 여겨졌기 때문이다. 이 생각이 마녀 이야기로 전해져서, 현대에 있어서 마녀의 사역마 = 검은 고양이의 이미지가 정착된 것이다.

🎗········ 일본에서의 사역마 ········🎗

지금까지 소개한 사역마의 대부분은, 서양의 전승이나 그것을 모델로 한 이야기에 등장하는 것이 대부분이었다. 그렇다면, 일본에서는 사역마에 해당되는 것이 없나? 라고 물어보면, 그런 것은 아니다.

일본에서는 아베노세이메이【주2】가 유명하듯이, 예전부터 **음양도**(P.137)가 깊게 뿌리내리고 있다. 그 음양도의 술법 중 한 가지에 **시키가미(式神)**라는 것이 있다. 이 시키가미는, 영이나 신을 다른 물건(종이나 인형 등)에 빙의 시켜서 조종하거나, 또는 퇴치한 요괴나 귀신을 부리는 술법이다. 흔히 판타지 세계에서 볼 수 있는 시키후다(式札)라고 불리는 종이를 새나 괴수의 모양으로 변화시켜서, 부리는 것이 바로 시키가미 중 하나인 것이다. 전자는 힘을 빌리는 측면이 강하고, 반드시 절대로 복종하는 것만은 아니지만, 사람 이외의 것을 부린다는 의미에서는, 이 역시 일종의 사역마라고 부를 수 있을 것이다.

또한, 요괴 중에서는 사람에게 힘을 빌려주는 것도 있다. 유명한 것으로는, 추부지방(中部) 지방에 전해지는 **쿠다기츠네**가 있는데, 이것은 이즈나츠카이(飯綱使い)라고 불리는, 그들을 조종하는 술자에 의해 관리된다고 한다. 슈겐도(修驗道)【주3】의 개조(開祖)인 엔노 오즈노(役小角)【주4】가 부렸다고 알려진 **젠키(前鬼), 고키(後鬼)** 이 둘도 사역마의 카테고리에 들어간다.

약간 다른 종류의 것을 소개하자면, 우시노코구마이리(丑の刻参り)【주5】나 상대방을 저주하는 술법 역시, 넓게 보자면 사역마에 해당된다고 할 수 있다. 그 이유는, 이러한 술법은 원래 저주를 한 대상에 요괴나 재앙을 불러오는 신을 씌우게 해서, 그것이 원인으로 불행이 일어난다는 것이다. 이것을 듣고 느낌이 팍 오는 사람도 있을지 모르겠지만, 이것은 일종의 악마소환인 것이다.

이렇게, 일본에도 사역마와 닮은 존재는 전기나 전설에서 예전부터 등장하는 것을 알 수 있다. 서양·동양을 가리지 않고, 술법이나 마법과 같은 오컬트적인 요소로서, 사역마는 뗄래야 뗄 수 없는 존재인 것이다.

【주2】 헤이안 시대에 활동한, 일본에서 가장 유명한 음양사. 천황이나 후지와라 씨와 같은 권력자들도 귀인으로 대접했다.

【주3】 일본의 산악신앙과 신토가 섞인, 혼성종교 중 하나. 야마부시(山伏)라 불리는 수행자들이, 산에 들어박혀서 깨달음을 얻는다.

【주4】 나라시대에 슈겐도를 설립한 주술자. 높은 법력을 가지고, 2체의 귀신(전키, 고키)을 조종한 것으로 유명하다.

【주5】 일본에서는 메이저(?)한 저주의 일종. 저주를 걸려는 대상을 상징화한 지푸라기 인형을 준비하고, 축시(오전 1시~3시)에 신사의 신목에 다, 대못으로 지푸라기 인형을 때려 박는다.

사이클릭 우주론

우주는 어떤 최후를 맞이할 것인가? 여러 가지 가설이 제시되는 가운데,
사이클릭 우주론은 어떤 최후를 상정하고 있는 것일까?

❖……… 우주는 최종적으로 하나의 점으로 수축되어 사라진다 !? ………❖

우주는 약 137억년 전에 탄생해서, 「인플레이션」[주1] → 「빅뱅」[주2] → 「맑게 개어 있는 우주」[주3]의 이후에, 은하나 별이 탄생된다, 라고 하는 것이, 지금 유력한 우주의 모델이다. 이 **인플레이션 우주론**의 경우, 우주의 팽창은 가속하여, 언젠가는 식어버리게 되는 「빅 프리즈」를 맞이하게 된다고 한다.

하지만, 지금 있는 우주가 이후에 어떻게 되는가에 대해서는 여러 가지 시나리오가 나오고 있다. 빅 프리즈가 아닌, 우주는 팽창한 이후에 수축해서, 하나의 점으로 축소된다는 「빅 크런치」를 맞이한다는 시나리오도 있다. 이것이, 사이클릭 우주모델이다. 이 모델의 경우, 우주는 팽창과 수축의 사이클을 몇 번이고 반복하는 것으로 되어있어, 다시 빅뱅을 일으켜서 확장하고 수축한 우주(하도겐 우주)는, 앞의 사이클에서 얻은 에너지에 의해, 이전보다 더 팽창한다고 여겨지고 있다.

문자대로 사이클릭= 순환하고 있는 우주 모델이란 것으로, 지금의 우주는 이러한 사이클을 반복한 50번째 우주다, 라고 주장하는 연구자도 있을 정도다.

원래 이 모델은 아인슈타인의 세대부터 고찰되어 왔지만, 21세기가 되어서 암흑물질(P.118)이 발견됨으로써, 논리적으로 정합성이 있는 최신의 사이클릭 우주 모델이 제창되게 되었다. 하지만, 연구자에 의해 이 모델 역시 베리에이션이 다양한 것이 현재의 상황이다.

다른 우주 모델에 대해서

본문에서 소개한 것 이외에도, 학자들은 여러 가지 우주 모델을 생각해냈다. 지금은 부정되고 있는 아인슈타인의 정지우주 모델이나, 최근의 초끈이론 · M 이론을 적용한 브레인 월드(우리들이 사는 우주는 고차원시공에 심어져 있어, 막과 같은 시공이라는 설) 등이 일례이다. 아직 우주론은 발전도상에 있기 때문에, 이후에도 여러 가지 우주 모델이 제시되리란 것을 어렵지 않게 상상할 수 있다.

【주1】 빅뱅 이론을 보완하는 초기 우주의 진화 모델로, 우주가 질량의 흔들림에 의해 개벽하여, 10의 100 승배까지 한번에 부풀어오른 상태를 가리키는 말이다. 말도 안되게 팽창되어버렸기 때문에, 관측할 수 있는 범위가 매우 한정된다.

【주2】 인플레이션 이후에, 진공의 상전이에 의해, 진공 상태가 변해서, 방대한 열량이 개방된 상태. 이 열에 의해 우주는 초고온의 불덩이 상태가 된다. 넓은 의미로는, 인플레이션도 포함해서 빅뱅이라고 칭하기도 한다.

【주3】 빅뱅에서 시간이 경과되어, 우주가 차가워진 상태. 온도가 내려가고, 전자의 움직임이 둔해져서 원자가 탄생함과 동시에, 산란해있던 빛이 공간을 직진하게 되어 멀리까지 닿게 된다.

바로 써먹을 수 있는 중2병 스타일 회화 예

A : 나는 크레인 게임 왕이 될 거야! 하지만, 금전적으로 계속 할 수 없으니까, 안되겠다. 그만두자. 아, 하지만 격투게임은 잘하잖아. 격투 게임 왕이 될 거야!…… 하지만 금전적으로……

B : 이름하여 사이클릭 A군.

팽창과 수축을 반복하는 우주모델에 비유해서, 증장과 비굴을 반복하는 경우에 사용하는 것이 좋다. 또한, 우리한 다이어트로 갑자기 마르고 요요 현상으로 다시 찌는 것을 반복하는 사람이나, 컬렉션을 계속 팔아버리는 사람 등, 끝나지 않은 순환을 비유하는데도 사용할 수 있을 것이다.

사해문서

사해 주변의 동굴에서 발견된 사해문서에는,
쿰란 종교가 절대신으로부터 밝혀냈다는 인류 멸망의 예언이 기록되어 있다.

⚜⋯⋯ 사해문서에는 신의 예언이 새겨져 있다 ⋯⋯⚜

현대에 남아있는 **종교유물**【주1】은 무수히 많지만, 지금부터 소개하는 사해문서도 그러한 것 중에 하나다.

1947년, 요르단과 이스라엘의 국경에 있는 **사해** 부근에서, 3명의 양치기 소년이 방목을 하고 있었다. 그런데, 몇 마리의 양이 무리에서 떨어졌기 때문에, 소년들은 양을 찾으려고 주변에 있는 동굴을 돌아다니면서 들여다 봤는데, 우연히도 복수의 동굴에서 종교유물이 발견되었다. 발견장소에 있는 사해의 이름을 따서, 이 문서는「사해문서」라고 이름이 붙여졌다.

사해문서에는, 이미 알려져 있었던『구약성서』의 예언집의 사본 등이 있어서, 얼마 뒤에 고대 유대교 성전인 것이 판명되었다. 그러나, 파피루스 종이나 양피지, 심지어는 동판에 새겨진 미지의 문서도 다수 섞여 있었기 때문에, 더 많은 검증이 이루어졌다. 그 결과, 문서는 2000년도 더 전의 **쿰란 종단**【주2】의 것임이 밝혀진 것이다.

사해문서의 전모에 대해서는, 발견된지 60년이 지난 현대에도 해명되지 않고 있다. 해명이 진행되지 않는 것은, 이 사해문서가 기존의 권위를 부정하는 내용인 것을 두려워한 로마 교황청이, 정보를 공개하지 않기 때문이다, 라는 소문이 돌고 있다.

하지만, 사해문서가『회중 요람』『감사의 시편』『빛의 아들들과 어둠의 아들들의 전쟁』『하바쿡서 주해』『성 마르코의 이사야 사본』『히브리 대학・이사야 사본』『외전 창세기』등 7권으로 구성되어 있는 것이나, 절대신이 쿰란 교단에게만 밝혔다는 예언이 적혀있다는 것.

【주1】 종교유물이란, 종교에 관련된 유물을 가리키는 말이다. 대표적인 것으로는, 그리스 신들의 조각상이 잘 알려져 있다. 그리스도교에 한정짓는다면, 예수가 처형당한 후에 그의 시체를 감쌌던 성해포나, 성배전설로 유명한 성배 등이 있으며, 특히 성유물이라고도 불린다.

【주2】 쿰란 종단이란, 고대 유대왕국에 존재했다는 유대교의 일파다. 엄격한 수행으로 초자연적인 힘을 익혔다고 하며, 예수 그리스도 역시 쿰란 종단 출신이었다는 설도 있다.

바로 써먹을 수 있는 중2병 스타일 회화 예	A : 2교시에 본 쪽지시험, 어땠어? B : 훗, 사해문서의 예언대로다. A : 쉬웠다⋯⋯는 건 아닌 것 같네. B : 훗, 사해문서의 예⋯⋯ A : 못 봤다는 거구만. 뭘 그리 돌려서 말하냐.

왼쪽의 예는, 사해문서를 예언서로 비유해서 사용한 방법이다. 잊고 있었던 일이나 몰랐던 것에 대해서, 그 결과도 포함해서 전부 다 알고 있었다는 것처럼 사용하는 것이 포인트다. 일의 결과가 좋던 나쁘던 간에, 모든 것이「예언대로」라고 해두면 사용하기 편할 것이다.

【주3】 아마겟돈 성서에 기록되어있는 인류의 종말, 혹은 인류가 멸망할 때에 일어나는 최종전쟁을 가리킨다. 일반적으로는 「신약성서」의 「요한 묵시록」이 유명하지만, 아마겟돈의 모습은 「구약성서」의 「다니엘서」나, 위서인 「시리아어 바룩 묵시록」에도 기록되어 있다.

그리고, 쿰란 종교가 『구약성서』의 『다니엘서』를 중시해서, 그 예언에서 이스라엘 건국의 70년 후에 일어날 아마겟돈【주3】으로 인해, 인류가 멸망할 것을 읽었다는 것이 판명되어 있다.

이스라엘이 건국된 것은 1948년이기 때문에, 사해문서에 적혀있는 예언이 정확하다면, 인류는 2018년에 멸망하게 된다.

공개된 사해문서

2011년 9월 26일, 이스라엘 박물관이 미국의 대형 검색엔진인 google 과 공동으로, 사해문서 중에 5권을 공개한다고 발표했다. 이것은, 디지털 촬영을 한 사해문서의 사진을 박물관 전용사이트에 올려둔 것으로, 고화질 영상을 확대하면, 영어로 번역하는 것도 가능하다고 한다. 이 박물관에는, 이외에도 3개의 문서가 보관되어 있어서, 순차적으로 공개될지도 모른다.

❧······· 사해문서에 기록된 인류의 종말 ·······❧

사해문서에 기록된 인류 멸망의 모습은, 과연 어떤 것일까? 주요 문서 7권중 하나인 『감사의 시편』에는, 「멸망의 화살이 일제히 발사되어, 반짝이는 불꽃과 함께 덮쳐온다」라던가, 「물을 마신 자는 사라진다」라고 기록되어 있다. 이것은, 일제히 발사된 핵 미사일이 지상에 떨어지는 모습을 묘사한 것은 아닐까? 원폭이 투하되었을 때, 불에 타서 녹아 내린 사람들이 물을 마시고 숨이 끊어진 사실이나, 고밀도의 방사능에 오염된 물을 마시면 죽는다는 것을 생각하면, 역시 핵전쟁의 묘사일지도 모르겠다.

이 문서에는, 더 나아가 「지상에 있는 자, 모두 미친다」라고도 기록되어 있다. 너무나도 심한 참상에 의해 사람들이 절망하고 패닉 상태에 빠져서, 자살자가 속출하거나 폭동을 일으키는 모습이라고 생각할 수도 있지만, 혹시나 세균 병기 등에 의해서, 뇌신경을 다친 것일 수도 있다.

무엇보다, 적혀있는 종말의 묘사는 아비규환의 지옥도 같은 느낌이지만, 한편으론 「두 사람의 구세주가 등장한다」라는 기술도 있다. 수많은 문서 중의 하나인 『비결의 서』에는, 「의가 세계의 기준으로서 태양과 같이 나타날 것이다」라고 나와 있어서, 다소는 희망이 남아 있는 것 같다. 이것은, 성서에 관련된 다른 문서에는 없는, 사해문서만의 특징인 것이다.

이 「태양과 같이 나타난다」라는 첫 구절을 「태양이 뜨는 방향」으로 해석하면, 아주 넓은 범위로 「해가 뜨는 나라, 일본」이라고 해석하는 설도 있다. 즉, 의를 새로운 기준으로 하는 **구세주가 일본에서 나온다**라는 말이 된다.

문서의 해석이 어떻든 간에, 사해문서의 전모가 해명되면, 예언의 내용이 더욱 명확해질 것이다. 다만, 예언이 정확한가 아닌가는 별개의 문제이지만 말이다.

성 배

그리스도교의 성유물 중에서도 특히 많은 일화나 전설이 남아있는 성배.
그 존재감, 영향력은 그야말로 타의 추종을 불허한다.

❖……… 성배전설의 진위는 ? ………❖

예수 그리스도나 성인의 유품, 유골을 **성유물**이라고 한다. 성유물 중에서도 특히 유명하며, 여러 가지 전설이나 일화를 남긴 것이 **성배**다. 성배란 원래 그리스도가 최후의 만찬【주】 때 사용한 잔으로, 그리스도가 처형되었을 때 그 피를 받았다고 한다. 그것은 단순한 잔이 아닌, 부활, 재생, 불사, 풍요 등의 기적을 일으킨다고 한다.

성배전설은 중세 유럽 최고의 전설이라고 하는 **아더왕 전설**【주2】의 이야기에 들어가 있어서, 더욱 그 존재를 세상에 널리 퍼트렸는데, 그 성배전설의 개요는 다음과 같다. 성배는 그리스도의 제자 요셉에게 건네져서, 그 후로는 요셉의 자손이 대대로 성배를 수호해왔다. 성배의 수호자는 고결하고 순결한 것이 조건이었지만, 한 수호자가 순간적으로 잘못 마음을 먹게 되어, 그때부터 성배의 행방은 알 수 없게 되었다. 그 후, 성배는 아더왕과 **원탁의 기사들**【주3】 앞에 모습을 드러내어, 기적의 일면을 슬쩍 보여줬다. 그리하여, 원탁의 기사들이 성배를 찾아서 탐험을 나서게 되었다. 탐험하면서, 기사들 중 반수가 목숨을 잃게 되었지

만, 갤러헤드, 퍼시발, 보호드 등 3명이 결국 성배를 찾아서, 갤러헤드가 성배를 획득한 것이다.

또한 성배와 깊은 연관이 있는 것으로, 템플 기사단(P.167)의 존재가 있다. 템플 기사단은 제1차 십자군 이후에, 성지를 순례하는 순례자들을 지키기 위해 탄생한 기사단이다. 강력한 군사력에, 기사단 자제의 함대까지 갖출 정도의 자금력도 있어서, 그 이름을 떨쳤다.

그러한 그들이 성지를 본거지로 하고 있을 때, 성배를 손에 넣고, 성배의 수

【주1】예수 그리스도가 처형당하기 전날 밤, 12 사도와 같이 먹은 저녁을 가리킨다. 이 자리에서 예수는 자신을 배신하는 사람이 나올 것임을 이야기한다.

【주2】영국의 아더왕에 관련된 여러 전설을 가리킨다. 5세기말의 색슨족을 격퇴한 영웅 아더가 모델이 되었다. 단, 원전이 단 1개도 존재하지 않고, 웨일즈 인이 남긴 『마비노기온』(P.50), 제프리 오브 몬머스가 쓴 『브리타니아 열왕사』가, 아더왕 전설의 중핵이 되어있다. 현재 일반적으로 알려져 있는 것은, 중세 후기에 토마스 말로리가 정리한 기사도 이야기를 중심으로 한 전설로서, 아더왕이 유럽의 왕이 되는 이야기, 아더왕의 궁정에 모인 원탁의 기사 이야기, 원탁의 기사에 의한 성배 탐색 이야기, 아더왕의 죽음과 왕국붕괴 이야기 등이 있다.

바로 써먹을 수 있는 **중2병 스타일 회화 예**	A : 갑자기 벼룩시장에 와서 뭘 그렇게 찾고 있어? B : ……나만의 성배를 찾고 있지. A : 아~ 그 좋아하는 성우의 사인이 들어간 한정 유리컵 말이지?

성배는 귀중한 물건, 존재는 알고 있지만 실물은 본 적이 없는 물건에 비유할 수 있다. 단, 성스러운 아이템이기 때문에, 플러스 이미지를 주는 사용방법이 쉽게 먹혀들 것이다. 혹은 오컬트적인, 강력한 힘을 가지고 있는 물건, 치유의 힘을 가진 물건에도 사용할 수 있다.

【주3】 아더왕 전설에서, 그를 따랐던 기사. 왕은 기사들에게 위아래 구별을 하지 않도록 원형 테이블에 앉혔다. 이로 인해 원탁의 기사라고 불리게 되었다. 원탁의 기사는 12명이라 여겨지지만, 전설에 따르면 그 수는 제 각각이다.

【주4】 12~13세기에 남프랑스나 북 이탈리아에 퍼진 그리스도교 이단의 일파. 현세를 악으로 규정하고, 금욕적인 생활, 고생을 했다. 당시 부패해있던 가톨릭 교회 대신에 세력을 확대했다. 그러나 프랑스의 왕과 교황청은 위기를 감지하고, 십자군을 결성해서 이들을 탄압했다.

호자가 되었다는 설이다.

십자군은 1187년에 성지 예루살렘을 이스라엘 세력에게 빼앗겨서, 템플 기사단 역시 거점을 잃었다. 이때 경건한 그리스도교 교도인 그들이, 성배를 비롯한 종교적 귀중품들을 그대로 놔뒀으리라고는 생각되어지지 않는다. 여기에 더해서, 이러한 귀중품을 운반하거나 숨길 수 있을 정도의 조직력, 자금력이 템플 기사단에는 있었다. 그렇기 때문에, 성배 역시 템플 기사단이 몰래 빼와서 지키고 있다는 것도, 그렇게 황당한 발상은 아닌 것이다. 지금 현재도 많은 사람들이 이 설을 믿고 있어서, 소설이나 영화 등에 있어서 여러 가지 형태로 이야기되고 있다.

성유물의 가치

성유물은 고대부터 중세에 걸쳐서 신앙의 대상이 되었기 때문에, 교회나 국가가, 자신들의 권위를 높이기 위해 성유물을 찾아 다녔다. 십자군 원정 때는, 많은 성유물이, 중동지역에서 유럽으로 유출되었다. 이러한 성유물은 고가로 거래되었고, 그래서 더 많은 성유물을 불러모은 것이다. 하지만 그것은 동시에, 많은 가짜가 돌아다니게 된 원인이 되었기 때문에, 가짜와 진짜의 구별이 어려울 정도의 정교한 가짜들도 존재한다.

성배의 행방은 어디로 ?

그렇다면, 성배는 어디에 있는가 라고 하면, 지금까지 밝혀진 것은 없다. 아더왕 전설을 믿는다면, 성배는 영국, 스코틀랜드에 있는 것이 된다. 템플 기사단과 관련지어 생각을 한다면, 템플 기사단과 연관이 있는 땅이 후보다. 템플 기사단의 손에 의해 미국 대륙으로 건너갔으리라는 추측도 있다. 물론 이외에도, 카타리파 **【주4】** 라 불리는 비밀결사가 성배를 빼앗아서, 피레네 산에 숨겼다는 설도 있다. 또한, 이탈리아의 산 로렌초 대성당, 스페인의 발렌시아 대성당, 뉴욕의 메트로 폴리탄 미술관에는 각각 성배가 있다. 물론 이것들 중에 진짜라고 인정받은 것은 없다. 약간 특이한 설로는, 성배 = 예수 그리스도의 혈통이라는 설도 있어서, 이것은, 영화에서도 다뤄졌었다. 성배의 행방을 찾기 위해서는, 성배란 무엇인가라는 정의부터 시작해야 할 필요가 있는지도 모르겠다.

그리스도의 성유물 중에서 가장 유명하고, 워낙 많은 여러 정보가 나와있어서, 확정되지는 않았지만, 실제 물품까지 몇 개가 나와있다. 다른 한편으로, 정보과다 상태이기도 한 것이 바로 이 성배다. 그렇기 때문에, 진짜 정보와 가짜 정보가 얽혀있어서, 「성배」의 행방에 관한 정보는, 그 진위성을 파악하기가 너무나 힘든 것이 사실이다.

세피로트의 나무

유대교의 신비주의사상, 그 결정체라고도 할 수 있는 세피로트의 나무.
근대 서양마술에도 큰 영향을 미친 개념이다.

❦⋯⋯ 세피로트가 나타내는 것은 ⋯⋯❦

세피로트의 나무란, 유대교의 신비사상인 **카발라의 가르침**을 나타낸 것이다. 카발라 독자적인 세계관이 도형적, 상징적으로 표현된 것으로, 근대 이후에는, **서양마술**에 접목되었다.

기초가 되는 것은 에덴 동산에 있는 생명의 나무다. 생명의 나무에는, 그 과실을 먹으면 영원한 생명을 얻을 수 있다는 선승이 있기 때문에, 「생명의 나무 = 세계나 생명을 관장하는 존재」라고 보는 것이다. 그리고 **천지창조, 생명창조**를 생명의 나무에 비유해서 개념도를 그려서, 세피로트의 나무가 탄생한 것이다.

세피로트의 나무는 10개의 **세피라(구체)** [주1]와 각각을 연결하는 22개의 **패스(길)** [주2]로 구성된다. 전체의 형태는 하늘로 뿌리를 내리는 거꾸로 된 나무의 형태로, 우주의 창조나 생명의 기원과 같은 것을 나타내고 있다. 세피로트의 나무는 자비의 기둥, 균형의 기둥, 준엄의 기둥으로 불리는 세로로 된 3개의 기둥이 있으며, 여기에 세피라가 있다. 또한 나무는 상하 4개의 계층으로 나뉘어서, 위에서부터 신에 의한 완전한 세계이며, 인류의 의식의 집합체이고, 완벽한 존재인 **아담 카드몬**이 있는 「아칠루트= 원형계」[주3]. 대천사가 지배하고, 완전한 아담 카드몬의 개성이 생겨나고, 타인이 발생하는 「브리아= 창조계」[주4]. 천사가 존재하고, 사람이 남녀로 구별되어, 성서의 에덴 동산에 속하는 「에틸라= 형성계」[주5]. 육체를 가지고, 희로애락을 반복하는 인간과 악마도 존재하는 「아시야= 물질계」[주6]. 이 위쪽 단계에서 아래쪽 단계로 이동하는 것이 천지창조의 프로세스이다. 반대로 아래쪽에서 위쪽 단계로 올라가는 것으로, 신의 예지에 도달할 수 있다고 한

세피로트의 나무 그림: 케테르, 비나, 호크마, 게브라, 티파레트, 헤세드, 호드, 네자, 예소드, 말쿠트

【주1】 만물을 구성하는 10개의 속성. 각각 상징하는 것이 다른 것 이외에, 신의 이름을 가진다.

【주2】 세피라를 연결하는 길. 각각 이름이 있으며, 타로 카드와 대응한다.

【주3】 케테르(왕관), 호크마(지혜), 비나(이해)의 3개의 세피라로 구성.

【주4】 호크마(지혜), 비나(이해), 헤세드(자비), 게브라(준엄), 티파레트(미)의 5개의 세피라로 구성.

【주5】 헤세드(자비), 게브라(준엄), 네자(승리), 호드(영광), 예소드(기초)의 5개의 세피라로 구성.

【주6】 「아시야= 물질계」는 네자(승리), 호드(영광), 말쿠트(왕국)의 3개의 세피라로 구성.

| 바로 써먹을 수 있는 **중2병 스타일 회화 예** | A : 봐봐…… 내가 드디어 세피로트의 나무를 구현시켰어. 마술을 오의를 깨우친게 아닐까.
 B : 아니…… 단순히 청소를 안 해서, 부엌에 이상한 균이 번식한 거 같은데. | 세피로트의 나무는 도형과 세트가 되어, 처음으로 의미를 갖는다. 그렇기 때문에 회화에 집어넣기가 꽤나 어렵다. 뭔가 신비한 일이 일어났을 때에, 세피로트의 나무에 비유해서 해석을 하거나, 예를 적용해서 오컬트적인 연출에 사용해보자. |

세피로트의 나무

다. 단, 케테르의 앞에는 0= 아인(무), 00= 아인 소프(무한 신), 000= 아인 소프 오울(무한의 빛) 이라는 3개의 영역이 있다. 이 영역은 신의 영지이며 인간이 이해할 수 있는 범주는 아니다. 또한, 일반적으로는 적혀있지 않지만, 다트(지식)라는 다른 차원에 숨겨있는 세피라도 있어서, 세계를 넘어서는 지식을 전달한다.

세피로트 나무의 이용

세피로트 나무는 카발라의 가르침을 나타낸 것이지만, 그 이외에 이용하는 것도 가능하다. 특히 마술에 응용하는 것도 연구되어, 22개의 패스를 타로 카드에 대응시켰다. 이외에도 룬 문자와의 대응, 성좌, 광물, 천사와 같은 것도 세피로트의 나무에 대응시켜서, 여러 가지 술법에 응용하고 있다. 세피로트의 나무는 세계의 진리를 보여주기 위한 지도이며, 마술이론을 정비하기 위한 도구이기도 하다.

■ 세피라가 상징하는 것

NO.	세피라 이름	상징하는 것
1	케테르 (왕관)	사고나 창조를 관장한다. 색은 흰색으로 다이아몬드, 혹성은 해왕성을 상징. 신의 이름은 에헤이에, 수호천사는 메타트론.
2	호크마 (지혜)	색은 회색, 보석은 터키석, 혹성은 천왕성을 상징한다. 신의 이름은 요드, 수호천사는 라지엘.
3	비나 (이해)	색은 검은색, 보석은 진주, 금속은 납, 혹성은 토성을 상징한다. 신의 이름은 엘로힘, 수호천사는 자프키엘.
4	헤세드 (자비)	색은 파란색, 보석은 사파이어, 금속은 주석, 혹성은 목성을 상징한다. 신의 이름은 엘. 수호천사는 자드키엘.
5	게브라 (준엄)	색은 빨간색, 도형은 오각형, 보석은 루비, 금속은 철, 혹성은 화성을 상징한다. 신의 이름은 엘로힘 기보르, 수호천사는 카마엘.
6	티파레트 (미)	색은 노란색, 금속은 금, 혹성은 태양을 상징. 신의 이름은 엘로하. 수호천사는 미카엘.
7	네자 (승리)	색은 녹색, 보석은 에메랄드, 금속은 동, 혹성은 금성을 상징. 신의 이름은 아도나이 차오바트, 수호천사는 하미엘.
8	호드 (영광)	색은 주황색, 금속은 수은, 혹성은 수성을 상징한다. 신의 이름은 엘로힘 차오바트, 수호천사는 라파엘.
9	예소드 (기초)	색은 보라색, 금속은 은, 혹성은 달을 상징한다. 신의 이름은 샤다이 엘 하이. 수호천사는 가브리엘.
10	말쿠트 (왕국)	색은 레몬색, 올리브색, 팥색, 검은 색의 4색이다. 보석은 수정, 혹성은 지구를 상징한다. 신의 이름은 아도나이 메르크, 수호천사는 산달폰.
—	다트 (지식)	숨겨진 세피라. 다른 세피라와 차원이 다르다. 생명의 나무의 심연(어비스) 위에 존재한다. 이 세계의 바깥에서 지식을 전달한다.

■ 패스와 대응하는 타로

패스의 이름	연결하는 세피라	대응하는 타로	패스의 이름	연결하는 세피라	대응하는 타로
아레프	케테르와 호크마	광대	라메드	게브라와 티파레트	정의
베트	케테르와 비나	마술사	멤	게브라와 호드	매달린 남자
기엘	케테르와 티파레트	여교황	눈	티파레트와 네자	죽음
달레트	호크마와 비나	여제	사멕	티파레트와 예소드	절제
헤	호크마와 티파레트	황제	아인	티파레트와 호드	악마
바브	호크마와 헤세드	교황	페	네자와 호드	탑
자인	비나와 티파레트	연인	짜데	네자와 예소드	별
헤트	비나와 게브라	전차	코프	네자와 말쿠트	달
테트	헤세드와 게브라	힘	레쉬	호드와 예소드	태양
요드	헤세드와 티파레트	은둔자	신	호드와 말쿠트	심판
카프	헤세드와 네자	운명의 수레바퀴	타브	예소드와 말쿠트	세계

솔로몬 왕

고대 이스라엘 왕국을 발전시킨, 위대한 지혜의 왕.
신화에 등장하는 현자의 대명사.

신에게 예지를 내려 받은 이스라엘의 왕

솔로몬 왕은 『구약성서』에 등장하는 고대 이스라엘의 왕으로, 이스라엘 왕국을 크게 발전시킨 현자로서 유명하다. 지혜로운 자로서의 일화는 아주 많지만, 그 발단이라고도 할 수 있는 가장 충격적인 에피소드가, 신에게서 지혜를 내려 받았다는 것이다.

솔로몬 왕은 취침 중, 꿈에 신이 나타나서, 성대한 공물을 바친 보상으로서 소원 한가지를 이루어주겠다고 했다. 여기서 솔로몬 왕은 **지혜**가 필요하다고 말하고, 그 대답을 마음에 들어 한 신은, 기쁘게 지혜를 내려줬다고 한다. 이렇게 신의 예지를 내려 받은 솔로몬 왕은, 현자로서 군림하게 되었다.

그 후, 그는 제도의 확립이나 기술의 발전에 힘을 쏟아서, 국가를 번영시켰다. 또한 동시에, 당시로서는 보기 드물게, 군대로 침략을 하지 않고 동맹을 맺었다고 한다. 다른 나라에서 솔로몬에게 지혜를 구하고자, 자주 사자가 방문했다는 이야기도 있어서, 무가 아닌 문으로서 나라를 다스렸다는, 지혜로운 왕다운 통치였다.

자 어떻게 할 것이냐?

목숨만은~

또한 솔로몬 왕은, 유대교의 성지 예루살렘에 **예루살렘 신전** [주1]도 건설했다. 예루살렘 신전 자체는 개중축이 반복되고 있지만, 그 기초를 세운 것은 솔로몬 왕이며, 당시부터 현대에 이어지는 유대교의 상징을 만든 것이었다.

이와 같이, 수많은 위업을 달성한 솔로몬 왕. 그의 이름은, 지혜로 나라를 발전시킨 위대한 왕으로서, 유대교뿐만 아니라, 전 세계에서 계속 전해져 내려온다.

【주1】유대교 예배의 중심지에 세워진 장대하고 아름다운 신전 솔로몬 왕 시대는 그렇게까지 크지 않았지만 3번째 개축 시에 매우 광대한 신전으로 바꾸었다.

| 바로 써먹을 수 있는 중2병 스타일 회화 예 | A : 우와~ 저번에 본 쪽지시험. 점수가 너무 안 나왔어.
B : 한심하네, 나는 이번에도 만점이지롱.
A : 어째서 맨날 만점을 받을 수 있는 거야?
B : 나에게는 솔로몬 왕의 지혜가 있으니까. | 솔로몬 왕은 현자로서도 유명하기 때문에, 자신의 지식을 어필할 때 사용하면 딱 좋다. 오컬트와 연관된 이야기라면 솔로몬 왕의 72악마의 힘을 빌렸다고 하는 것도 괜찮은 사용법일 것이다. 약간 건방진 사용법으로는 오오카(大岡) 재판 이야기(일본 판 솔로몬 재판이야기) 가 나왔을 때, 사실은 솔로몬 왕이 원전이라고 설명해 주는 방법도 있다. |

가
나
다
라
마
바
사
아
자
차
카
타
파
하

솔로몬 왕

【주2】 5장에 걸친 솔로몬 왕의 활약이 적혀있는 마술서. 이외에도 악마를 소환, 사역하는 방법이 실려있다.

『구약성서』에서는 지혜로운 왕으로 유명한 한편, 솔로몬 왕은 오컬트의 세계에서도 유명하다. 그 이유는, 그가 앞에서 이야기한 예루살렘 신전을 건설할 때, 대천사 미카엘(P.60)에게서 천사와 악마를 부릴 수 있는 솔로몬의 반지를 받았다. 그리고 신전의 건설을, 72체의 악마에게 맡겨서 완성시켰다……라는 전설이 남아있기 때문이다.

갑자기 판타지 스타일의 이야기가 되었지만, 이 이야기는 솔로몬 왕이 썼다고 추측되는 마술서 『레메게톤』【주2】에 적혀있는데, 이것은 솔로몬 왕의 무용담 같은 것이다. 하여튼, 이 72체의 악마들은 솔로몬 왕의 72 악마라 불리고 있어서, 솔로몬 왕의 이름과 함께 오컬트의 세계에서는 유명한 이야기다.

참고로 72악마는, 신전이 완성된 이후에, 악마의 힘을 위험하게 생각한 솔로몬 왕의 손에 의해, 바빌로니아에 있는 호수에 봉인되었다. 그러나, 현지의 사람들이 그 봉인을 풀어버려서, 악마들은 원래 있던 세계로 돌아갔다고 한다. 그 중에 1체인 대악마 벨리알(P.73)만이 우상 안으로 들어가서, 이후 신탁을 받는 자로서 지상에 남았다고 한다.

■ 솔로몬 72악마의 서열과 이름 일람(『레메게톤』에서의 기재순)

NO.	이름	NO.	이름	NO.	이름	NO.	이름
1	바엘	2	아가레스	3	바사고	4	가미진
5	마르바스	6	발레포르	7	아몬	8	바르바토스
9	파이몬	10	부에르	11	구시온	12	시트리
13	벨레스	14	레라예	15	엘리고스	16	제파르
17	보티스	18	바딘	19	살로스	20	푸르손
21	마락스	22	이포스	23	아임	24	나베리우스
25	글라샤 라볼라스	26	부네	27	로노베	28	베리스
29	아스타로스	30	포르네우스	31	포라스	32	아스모다이
33	가아프	34	푸르푸르	35	마르코시아스	36	스톨라스
37	페넥스	38	할파스	39	말파스	40	라움
41	포칼로르	42	베파르	43	사브녹	44	샥스
45	비네	46	비프론	47	부알	48	하겐티
49	크로셀	50	푸르카스	51	발람	52	알로세스
53	카임	54	무르무르	55	오로바스	56	그레모리
57	오세	58	아미	59	오리악스	60	바풀라
61	자간	62	볼락	63	안드라스	64	하우레스
65	안드레알푸스	66	시메예스	67	암두시아스	68	벨리알
69	데카라비아	70	세에레	71	단탈리온	72	안드로말리우스

슈뢰딩거의 고양이

양자역학에 있어서, 양자는 매우 골치 아픈 존재다.
그런 세계를 비유한 이 고양이는, 과연 어떤 것일까?

❖········ 양자의 세계를 예시하기 위한 고양이 ········❖

뉴튼역학, 특수상대성이론, 물리학에는 몇 가지 사고 방식의 전환이 있었다. 이것에 뒤를 잇는 거대한 혁명이라 일컬어지는 것이 「양자역학」[주1]이다. 과학 기술이 진보해서, 물질의 최소구성물질인 분자나 전자, 소립자(= 양자)에까지 연구 범위가 넓어졌을 때, 하나의 벽이 앞을 가로막고 있었다. 이 분자의 움직임에는 일정한 규칙성이 없는 것이었다. 이것을 수학적으로 기술하기에는, 확률분포와 파동함수[주2]를 활용하는 수밖에 없다.

이러한 양자역학의 분야에 있어서, 반드시 거쳐야만 하는 개념이 「중첩(superposition)」이다. 예를 들어 원자는, 위쪽으로 회전하는 경우도 있고, 아래쪽으로 회전하는 경우도 있다. 관측을 하면 어느 쪽으로 회전을 하는지가 결정이 되지만, 관측하기 전까지는 「위쪽으로 회전하는 상태」와 「아래쪽으로 회전하는 상태」가 중첩되는 상태라고, 양자역학은 해석한다. 이렇게 해석을 하지 않으면, 수식으로 적을 수 없기 때문이다.

그리고, 이러한 상태를 어떻게 받아들이는가 라는 것을 설명하기 위해 등장한 것이, 「슈뢰딩거의 고양이」다. 이것은 오스트리아의 물리학자 에르빈 슈뢰딩거[주3]가 고안한 사고실험으로, 미크로의 세계를 일상 생활에 가까운 형태로 비유해놓은 것이다. 구체적으로 이 고양이를 만들면, 다음과 같이 된다.

라듐 / 가이거 카운터 / 청산가리

(1) 방사선을 감지하면 청산가스 발생 장치가 작동하는 가이거 카운터를 준비. 이것과 라듐과 고양이를 상자 안에 넣는다.

(2) 만약 라듐에서 방사성물질이 나오면 가이거 카운터가 감지해서 청산가스

【주1】 전자나 원자핵, 소립자 등의 현상을 연구하는 물리학이론. 양자는 매우 이질적인 특징이 있어서, 입자의 위치와 운동량을 동시에 특정하는 것이 불가능하고, 입자로서의 특징도 전자파로서의 특징도 있기 때문에, 확률분포로 밖에 수학적인 기술을 할 수 없다. 이 현상을 이해하기 위해, 해석에 대해서 엄청난 논쟁이 벌어졌다.

【주2】 물체의 상태를 파동으로 잡아서, 그 파동현상을 나타내는 함수. 파동으로 잡은 경우에는, 파동1과 파동2가 동시에 존재하는 「중첩의 원리」가 작동한다. 양자의 상태를 나타내는 경우, 복소함수(complex-valued function)가 된다.

【주3】 1887~1961년. 오스트리아의 물리학자. 파동역학을 구축하고, 양자역학의 기본방정식인 「슈뢰딩거 방정식」 등을 제시했다. 1933년에 노벨 물리학상을 수상했다.

바로 써먹을 수 있는
중2병 스타일 회화 예

A : 이 칼럼도, 페이지를 열기 전에는 없는 것과 마찬가지니까, 있다고도 할 수 있고 없다고도 할 수 있다. 당신이 관측한 이 책에서, 이 항목은 과연 있는 것인가?

B : 슈뢰딩거의 고양이 같은 소리군.

어느 쪽으로도 정해지지 않은 상태나, 어떤 결과가 나오는지 알 수 없는 중첩된 상태 등을 비유해서, 슈뢰딩거의~ 라고 이야기 하는 것이 일반적이다. 코펜하겐 해석을 따르자면, 어느 쪽으로 결과가 나오더라도, 그 원인은 추구하지 말아야 한다.

를 발생시키니 고양이는 죽는다.

(3) 고양이의 생사는 어디까지나 방사성물질이 나오는가에 의해 결정된다.

(4) 1시간이 경과한 후, 상자 안의 고양이는 살아있는가, 죽어있는가?

이상이 슈뢰딩거의 고양이의 개요다. 어디까지나 이것은 사고실험이기 때문에, 고양이의 생사는 관계없이, 「이 고양이를 어떻게 봐야 하는가」라는, 물리 철학적인 문제다. 원래 슈뢰딩거는, 「고양이의 생사는 어느 쪽으로든 결정되어 있다. 단, 인간이 모를 뿐이다」라고 생

각해서, 중첩이나 확률해석에 부정적이었다. (아인슈타인 역시 마찬가지로 생각해서, 「신은 주사위를 던지지 않는다」라는 유명한 말은, 그의 양자역학에 대한 자세를 나타내고 있는 것이다.)

애니메이션에서도 상자 속 고양이는 등장

중첩을 상자 속의 고양이로 예시를 한 이 생각은, 때때로 과학분야 이외에도 그 영향을 미치고 있다. 특히 애니메이션이나 만화의 세계에서는, 다원 세계를 생각하는 요소로서 매우 많이 활용되고 있다. 「상태의 결정에 영향을 주는 힘을 가진, 신과 같은 관측자」라던가, 「살아있는 세계도 있는 반면에, 죽어있는 세계도 있는 패러렐 월드」와 같은 이야기는, 슈뢰딩거의 고양이를 바탕으로 생각해낸 것이라고 이야기할 수 있을 것이다.

········ 고양이는 50% 죽어있고, 50% 살아있다 ········

그러나 세월이 흐르자, 「어느 쪽(살아있지도 죽어있지도 않은)도 아닌 고양이는, 인간이 관측했을 때 결과가 결정된다(파속의 수렴)」라는, 중첩상태를 용인하고, 파속의 수렴의 원인을 추궁하지 않는 사고 방식이 일반적이 되었다. 이것을 「코펜하겐 해석」[주4]이라 한다. 예를 들어, 알파 입자의 발생확률을 50%로 맞추면, 고양이가 살아있는 상태와 죽어있는 상태는 1:1이 된다. 상자를 열어보지 않는 이상, 살아있는 고양이와 죽어있는 고양이는 1:1로 중첩되어있는 상태로 볼 수 있는 것이다.

하지만, 우리들은 경험적으로 이 「삶과 죽음이 중첩된 상태의 고양이」를 인식하는 일은 없으며, 중첩이라고 받아들일 수 있는 이론적인 근거는 아무것도 없다. 또한, 이 이외에도 고양이의 해석은 여러 가지 있다. 예를 들어, 살아있는 고양이를 관측한 관측자와, 죽어있는 고양이를 관측한 관측자의 중첩으로 나뉘진다고 생각하는 「에버렛 해석」[주5]. 외부환경에서의 열 변동이 원인으로, 극히 짧은 시간에 파동함수가 수렴하는 「양자 디코히런스(결어긋남) 해석」. 사람의 의사로 양자의 태를 결정하는 「의사해석」 등등, 양자의 세계를 어떻게 해석하고, 거기에 어떤 이론적인 뒷받침을 하는가 등으로, 여러 가지 의견이 있다고 한다. 따라서, 코펜하겐 해석은 어디까지나 지지를 얻은 것뿐이며, 과학이라는 것은 하루가 다르게 진보하는 분야인 만큼, 또 다른 해석이 주류가 될지도 모른다. 그때까지는, 이 고양이가 사고 실험으로 등장하지 않을까?

【주4】덴마크의 수도, 코펜하겐에 있는 보어 연구소에서 발신된 것에서 유래하는, 양자역학의 해석 중 한가지. 어느 쪽이라고도 할 수 없는 상태라고 해석해서, 관측자가 실행하는 관측에 따라 파동함수가 수렴되어, 물체가 관측되는 상태가 비로소 한가지로 결정된다, 라고 해석한다.

【주5】프린스턴 대학의 대학원생이었던 휴 에버렛 3세에 의해 제창된, 양자역학의 해석 중 한가지. 파동함수의 수렴을 정식화한 것이지만, 실체가 동반되지 않는다. 그 실체를 동반시키기 위해서, 우리들이 사는 일상 세계 이외에 다세계가 있다고 해석하고 있다.

슈뢰딩거의 고양이

가 나 다 라 마 바 사 아 자 차 카 타 파 하

스사노오

영웅담 뿐만 아니라, 여러 가지 악행도 같이 전해져 내려오는 난폭한 신 스사노오.
이러한 다면성이나 파천황적인 성격은 잘 알려져 있다.

❖⋯⋯ 무뢰배에서 영웅으로 ⋯⋯❖

일본 신화에서, 황천에서 돌아온 이자나기(伊邪那岐)가, 코를 씻을 때 태어난 것이 스사노오(素戔男尊), 모든 신 중에 가장 위에 있는 아마테라스(P.106)의 동생으로서 3귀신(貴神) 【주1】중 하나다.

스사노오가 태어난 뒤, 이자나기는 스사노오에게 바다를 다스리라고 했다. 하지만, 스사노오가 그것을 거절하고, 마치 어린애처럼 떼를 써서, 어머니 이자나미가 있는 황천으로 가고 싶다고 울었다. 이 때문에 이자나기의 분노를 사서, 스사노오는 **추방**당하고 만다. 이와 같이 신과는 너무나 동떨어진 행동이, 스사노오 신화의 시작인 것이다.

추방 명령을 받은 스사노오는 누나인 아마테라스【주2】를 만나려고, 그녀가 있는 타카마가하라(高天原)로 향한다. 하지만, 그 위세가 너무나도 대단해서, 마치 타카마가하라를 습격하려 오는 것으로 오해를 받고 만다. 그래서 스사노오는 자신의 결백을 증명하기 위한 **서약**【주3】을 하고, 타카마가하라에 들어오는 것을 거우 허락 받았다.

여기까지라면, 그냥 약간 제멋대로 굴고 요령이 없는 악신으로 끝나지만, 여기서부터 스사노오의 포악질이 점점 더 심해진다. 스사노오는 타카마가하라에서, 밭을 어지럽히고, 신전을 더럽히는 등의 패악을 부린다. 그리고 스사노오의 장난에 의해, 아마테라스의 부하인 베를 짜는 처녀가 죽게 된다.

스사노오의 이러한 행동에 아마테라스는 결국 아마노이와토에 숨어서, 세계는 암흑으로 휩싸이게 된다. 다른 신들의 활약으로 인해, 아마테라스는 아마노이

【주1】이자나기가 황천에서 돌아온 후, 목욕 재계를 할 때 태어난 아마테라스, 츠쿠요미, 스사노오의 3신을 가리킨다.

【주2】일본신화의 신으로, 타카마가하라의 재상신. 태양을 관장하는 신으로, 스사노오의 누나.

【주3】스사노오가 타카마가하라에 왔을 때, 타카마가하라를 침공한 것으로 의심을 받았다. 그때, 자신의 결백을 나타내기 위해 한 점과 같은 것

바로 써먹을 수 있는 중2병 스타일 회화 예

A : 아, 그거 제가 도와줄게요!
B : ⋯⋯음 뭔가 갑자기 여자애한테 상냥하네?
A : 음. 나의 스사노오 계획이지. 여자애를 도와줘서, 지금까지의 안 좋은 이미지를 날려버리는 거야.
B : 과연 그게 생각대로 잘 될까?

스사노오는 일반적으로는 영웅의 대명사다. 그렇기 때문에, 그대로 용감한 인물이나 운동을 잘하는 사람을 비유해서 사용할 수도 있다. 조금 더 색다른 사용방법으로는, 난폭한 무뢰배에서 영웅이 된 점을 이용하는 것도 괜찮다. 갑자기 이미지가 좋아진 인물을 비유하는데 사용해도 좋을 것이다.

스사노오

【주4】일본서기의 표현에는 奇稲田姫라고 나와 있다. 논의 여신이라고 한다.

【주5】이즈모 지방, 히노카와(肥の川)의 상류인 토리카미(鳥髮)에 있던 괴물로, 8개의 머리와 8개의 꼬리를 가지고 있었으며, 그 몸은 8개의 골짜기와 8개의 봉우리에 걸칠 정도로 거대했다고 한다. 그리고 잘린 꼬리에서는 아마노무라쿠모노츠루기가 나왔다.

와토에서 나오고 세계에는 다시 빛이 돌아오게 되었지만, 결국 스사노오는 타카마가하라에서 추방당하게 된다. 추방당하고 나서, 지상에 있는 아시하라노나카츠쿠니(葦原中国)로 내려온 스사노오였지만, 이때부터 그의 행동은 급변한다.

이즈모의 토리카미산에 온 그는, 거기서 쿠시나다히메(櫛名田比売)【주4】와 만나게 된다. 그녀는 이 땅을 어지럽히는 괴물 · 야마타노오로치(八俣遠呂智)【주5】의 제물이 될 처지였다. 그래서 스사노오는 야마타노오로치 퇴치에 나서게 된 것이다.

일본 최초의 와카(和歌)

스사노오가 지었다는 일본 최초의 와카는, 「구름 겹겹이 / 이즈모 땅 겹겹이 / 아내 데리고 / 담을 겹겹이 짓네 / 여덟 겹 울타리를」라는 노래다. 이 의미는, 「구름이 몇 겹이고 올라오는, 구름이 솟아난다는 이름의 이즈모(出雲) 땅에, 여러 겹의 담을 둘러치듯이 구름이 솟아난다. 아내를 감추기 위해, 나는 궁전에 몇 겹이고 담을 만들었다. 그 구름이 둘러싼 것처럼」라는 뜻이다. 단, 형식이 너무 잘 갖춰졌기 때문에, 후세에 만든 것이 아닌가 라는 이야기가 있다.

······ 무뢰배에서 지상의 영웅으로 ······

【주6】733년(텐표8년)에 이즈모 지방에서 중앙정부로 제출된 보고서. 이즈모의 특산물이나 토지의 상황, 지명의 유래, 전승들을 기록한 것이다. 상세하게 기록되어 있어서, 정보량도 꽤 많지만, 편찬에 20년 걸렸다.

그는 야마타노오로치에게 발견되지 않도록, 쿠시나다히메를 빗으로 바꿔서 자신의 머리카락에 꽂아서 숨겼다. 그리고 독한 술을 준비해서, 야마타노오로치가 그것을 마시도록 만들었다. 야마타노오로치가 술을 마시고 잠이 들자, 스사노오는 야마타노오로치를 베어서, 퇴치를 한 것이었다.

그 후, 이즈모 지방을 마음에 들어 한 스사노오는, 궁전을 짓고 쿠시나다히메와 결혼해서, 이즈모 지방의 지배자가 되었다. 참고로, 이때 스사노오는 일본 최초의 와카를 지었다고 한다.

스사노오는, 토지를 어지럽히는 무법자에서 괴물을 퇴치한 영웅, 그리고 이즈모의 지배자가 되어, 결국에는 황천의 지배자가 된다. 타카마가하라에서 했던, 신전에 똥을 싸는 것과 같은 품격이 없는 모습을 보여주는가 하면, 이즈모에서는 와카를 지었다. 게다가 『이즈모쿠니풍토기(出雲国風土記)』【주6】에서는, 스사노오는 매우 소박하고 온화한 신으로 기록되어 있다. 이러한 성격은 앞에서 다뤘던 에피소드와는 너무나 큰 차이가 나서, 다면성을 보여준다고 할 수 있겠다. 그렇기 때문에 스사노오는, 여러 신들이 합쳐져서 태어난 것이 아닌가 라는 설도 있다.

또한 스사노오라는 존재를 이야기하는데 빼놓을 수 없는 키워드는, 이즈모 지방과 아마노무라쿠모노츠루기 「쿠사나기의 검(P.159)」이다. 당시 이즈모 지방에는 우수한 제철집단이 있었다고 여겨졌던 것으로부터, 스사노오는 그들의 왕이나, 그들이 믿었던 신이 아니었겠는가 라는 설도 있다. 혹은, 다른 지역의 신(왕)이, 이즈모의 제철집단을 제압하고 지배자가 되었을 때, 생겨났을 것이라는 가능성도 높다고 한다.

098

스페이스 콜로니

스페이스 콜로니는 현재의 기술로도 만들 수 있지만,
실현을 하는데 자금을 포함한 여러 가지 문제를 먼저 해결해야만 한다.

❖······ 오닐 박사가 제창한 인공의 우주 식민지 ······❖

스페이스 콜로니란, 우주공간에 지구와 똑같은 환경을 재현한 **인공 식민지**이다. 1969년, 미국의 우주선 아폴로 11호가, 인류 첫 월면착륙에 성공했다. 이 때에, 미국의 프린스턴 대학의 교수인 제럴드 오닐 박사가 학생들과의 세미나에서 스페이스 콜로니 안을 탄생시켰다고 한다.

오닐 박사는, 우주공간에 지구환경을 재현한 도시를 건설하고, **수 만에서 수 십만의 사람들을 이주**시키는 것으로, 급격히 증가하는 지구 인구를 줄일 수 있지 않을까라고 구상했다. 그리고 이 도시를 스페이스 콜로니라 이름 붙여서, 제창한 것이다. 이 안은, 그 후 1974년에 『뉴욕 타임즈』에 발표되어, 전세계에 널리 퍼지게 되었다.

그 후, 스페이스 콜로니 구상은 NASA(미항공우주국)에 넘겨졌다. 그리고, 더욱 연구를 진행한 결과, 달의 궤도상에 있는 라그랑주 포인트 [주]라면, **스페이스 콜로니를 설치할 수 있을 것**이라 생각되었다. 우주개발 기술이 진보한 현대에는, 기술적으로도 스페이스 콜로니를 만들 수 있는 영역에 도달해 있지만, 단 하나의 장해물이 바로 자금이다.

스페이스 콜로니를 만드는 데는, 일본 엔으로 60조엔(원화로 계산하면 약 800조원)이라는 국가예산 규모의 자금이 필요해서, 세계 각국의 협력이 없이는 불가능하다. 스페이스 콜로니를 실현시키기 위해서는, 종교나 문화를 뛰어넘은 세계정부라도 생기지 않는 한, 무리일지도 모르겠다.

【주】 라그랑주 포인트란, 지구와 달의 인력이 똑같이 작용하는 지점을 가리키는 말이다. 달의 궤도상에 몇 군데 확인되어 있다.

콜로니의 형태

NASA가 고안한 스페이스 콜로니는 도넛 모양으로, 거주구는 링으로 설치된다. 위쪽에 설치한 집광 거울로 거주구를 비추고, 아래쪽에 설치된 발전기로 전력을 공급하는 구조다. 한편, 일본에서는 실린더 모양의 본체에 3장의 판을 붙인 형태가 잘 알려져 있다. 이 판은, 태양광을 받아서 거주구에 빛을 전달하는 것뿐만 아니라, 본체를 회전시켜서 중력을 얻는 밸런서의 역할을 하고 있는 것이다.

바로 써먹을 수 있는 중2병 스타일 회화 예

A : 언제나 너를 지켜보고 있어. 우주에 떠있는 스페이스 콜로니처럼 말이야.

B : ……야? 기분 나쁘게.

A : 뭐라고~!? 이렇게 너를 사랑(이하 생략)

B : 꺄악~ 이 변태! 가까이 오지마!

달과 지구의 라그랑주 포인트에 설치하는 스페이스 콜로니는, 항상 같은 위치에 있는 것이 특징이다. 같은 위치에서 지켜본다는 의미로, 스페이스 콜로니라는 말을 사용하는 방법도 있지만, 이야기하는 내용과 상대방을 잘 골라서 이야기하지 않으면, 「기분 나쁜 놈」이라는 꼬리표가 붙기 때문에 주의하도록 하자.

스페이스 콜로니

쌍둥이 역설

우주의 신비를 엿볼 수 있는, 시간 팽창. 이 문제를 알기 쉽게 생각하기 위해,
쌍둥이는 자신들의 몸으로 직접 문제해결에 나선 것이다!

┈┈┈┈ 나이를 먹는 방법이 변화하는 쌍둥이의 이야기 ┈┈┈┈

【주1】「진공 상태에서의 빛의 속도는, 광원의 운동상태에 영향을 받지 않는다」와, 「서로 등속도로 운동하고 있는 모든 관성계에 있어서, 모든 것의 기본적 물리법칙은, 완전히 같은 형태를 나타낸다」라는 2대 원리를 기본으로 한 물리학원리.

【주2】 1872~1946년. 프랑스의 물리학자. 원자의 구조에서 자성의 기원을 설명하거나, 수정진동자를 개발해서 초음파를 발생시키는 것을 처음으로 성공시킨 업적을 남겼다.

【주3】 관성의 법칙이 성립하는 좌표계. 관성계에 의해서 물체의 운동상태를 기술하는 경우. 그 물체는 외부의 힘을 받지 않는 이상 등속직선운동을 한다.

특수상대성이론 **【주1】**에 의한 운동계의 시간 팽창에 관련된 역설. 독일의 물리학자 알베르트 아인슈타인 자신이 시계의 역설(같은 시각을 가리키는 2개의 시계를 A 지점에 놓고, 그중 1개를 폐곡선에 따라서 일정 속도로 움직여서 다시 A 지점에 돌아왔을 때, 그 시계는 움직이지 않은 시계보다 느리다)이라고 제시한 것을, 1911년 프랑스의 물리학자 폴 랑주뱅 **【주2】**이 쌍둥이로 바꿔서 유명해졌다.

그 개요는 다음과 같다. 쌍둥이 형제가 있는데, 동생은 지구에 남고, 형은 광속에 가까운 속도로 비행하는 로켓에 타고, 우주의 끝까지 여행을 하고 지구로 돌아온다고 가정한다. 동생이 보면 형이 움직이고 있기 때문에, 특수상대성이론으로 인해 형의 시간이 늦어졌으므로, 지구에 돌아왔을 때는 **형이 더 젊어졌지**만, 형의 입장에서 본다면 동생 쪽이 움직이고 있는 것이기 때문에, 동생의 시간이 느려서, 형보다 **동생이 더 젊어진다**는 것이다. 결과가 반대로 나왔기 때문에, 역설이란 이름이 붙었다.

이 문제는 특수상대성이론이 틀렸다는 것을 지적하는 예로 자주 사용되었으나, 사실 특수상대성이론은 명확한 해답을 제시하고 있어서, 실제로는 모순되지 않는다. 그 이유는, 동생은 관성계 **【주3】**에 있는 지구에 있지만, 로켓에 있는 형은 출발할 때나 U턴을 할 때 일시적으로 가속계에 있다. 그렇기 때문에, 쌍둥이의 운동이 대칭이 아니기 때문에, 형의 시점은 생각하지 않아도 됨으로, 「형의 시간이 느리게 간다(형이 젊은 채로 지구에 귀환)」가 정답이다.

잘 다녀와~

동생

슝~

쌍둥이 역설

| 바로 써먹을 수 있는 중 2병 스타일 회화 예 | A : 동시에 전시장에서 나왔는데, 왜 늦은 거야?
 B : 쌍둥이의 역설 아냐?
 A : 나만 아공간이동을 했다는 거냐? | 사실은 광속으로 이동하는 일은 있을 수 없기 때문에, 시간 감각이란 점에 착안을 하면, 이런 사용방법이 가능할 것이다. 또한, 동세대임에도 불구하고, 동세대 공감대형성이 잘 되지 않는 경우에도, 쌍둥이 역설을 적절히 사용할 수 있다. |

Encyclopedia of Cyu-s Syndrome

아

아르테미스의 활

달의 여신 아르테미스가 자랑하는 강력한 원거리 무기.
그 활에서 빌사되는 은화살은 모든 표적을 한번에 명중시킨다.

⚜ ········ 활을 잡고 수렵을 사랑하는 달의 여신 ········ ⚜

【주】 레토는 티탄 친족의 코이오스와 포이베의 딸이다. 참고로 레토의 여동생 아스테리아는, 제우스의 유혹을 거절한 것으로 인해 제우스의 분노를 사서, 그녀의 모습을 바다에 떠있는 섬으로 바꿔버렸다. 레토가 출산을 한 곳이, 바로 이 섬이라고 한다.

【주2】 제우스의 누나이며, 아내다. 남편의 측실들에 대해서, 모든 수단과 방법을 동원해서 과몹했다고 한다.

그리스 신화에서 활의 명수라고 한다면, 가장 먼저 떠오르는 것이 달의 여신 아르테미스일 것이다. 그리고 그녀가 가지고 있는 활이야말로, 어떤 목표도 맞힐 수 있는 강력한 아르테미스의 활이다. 이 활이 얼마나 강한지 알 수 있는 에피소드는 존재하지만, 그 전에 일단 이 활의 주인인 아르테미스에 대해 이야기해보도록 하자.

태양신 아폴론의 쌍둥이 여동생인 아르테미스는, **수렵과 순결을 상징하는 여신**이다. 그녀의 아버지는 최고신 제우스(P.146)고, 어머니는 여신 레토 **【주】**다. 쌍둥이를 낳을 때, 레토는 제우스의 정실인 헤라 **【주2】**의 질투를 사서, 여러 가지 방해를 받았다. 그런 상황에서도, 레토는 어떻게든 아이를 낳았는데, 사실 이 때 아르테미스는 오빠인 아폴론보다 먼저 태어나서, 태어난 직후에 조산부의 역할을 자처했다. 이러한 이유로 아르테미스는 **출산의 수호신**으로서의 측면도 같이 가지고 있다. 아르테미스는 **남자를 싫어하는 것**으로 유명해서, 자기 스스로 제우스에게 순결의 서약을 한 것 이외에도, 자신의 종자들에게 연애를 금지시키고, 이것을 어긴 자를 곰으로 만들어서 추방했다. 또한, 수영을 하고 있던 그녀의 나체를 우연히 본 아크타이온이라는 사냥꾼 청년의 경우, 아르테미스가 그 모습을 사슴으로 변하게 하고, 아크타이온이 자신의 사냥개에 의해 갈갈이 찢겨지는 끔찍한 형벌을 받게 하였다. 이 정도로 연애, 혹은 남자를 싫어했던 아르테미스였지만, 사실은 연심을 품은 적이 있다. 나중에 다루는 오리온이 아르테미스의 상대였지만, 결국 두 사람은 맺어지지 못하고, 결과적으로 아르테미스는

바로 써먹을 수 있는 **중2병 스타일 회화 예**	A : 오~! 또 A상 맞췄다!! B : 우와~ 그 피규어 5개째잖아. C : 더블 찬스 캠페인까지 맞추고, 네 오른손은 어떤 의미에서, 아르테미스의 활이네.

높은 명중률을 자랑하는 아르테미스의 활. 그것이 아르테미스 자신의 실력인지, 활의 성능인지는 둘째 치고, 일단 절대로 빗나가지 않는 것이 이 활의 존재의의인 것이다. 그렇기 때문에, 「잘 맞힌다」라는 것을 아르테미스의 활에 비유해서, 실제 회화에 사용하면 될 것이다.

평생 순결을 관철했다.

　이와 같은 에피소드로 인해 냉정한 인상을 주는 아르테미스이지만, 가족에 대해서는 상냥한 면도 가지고 있었다. 예를 들어 거인 티튜오스가 어머니 레토를 강간하려 하자, 아폴론과 협력해서 바로 격퇴시켰다. 많은 자식을 둔 여신 니오베【주3】가, 자식이 둘밖에 없다고 레토를 비웃자, 바로 **니오베의 자식들을 쏴 죽였다.** 약간 도가 지나친 감은 있지만, 성품은 매우 상냥한 효녀였던 것 같다.

쌍둥이지만, 성격은 정반대!?

아르테미스의 오빠인 태양신 아폴론은, 그 다재 다능함으로 올림푸스 신족 중에서 첫손에 꼽히는 미남자로 유명하다. 그래서인지, 여동생 아르테미스와는 다르게, 연애를 많이 한 인물이었다. 하지만, 연애를 한다 하더라도, 매번 슬픈 결말을 맞이하게 된다. 예를 들어, 아폴론이 사랑한 여성인 다프네는, 그가 성애의 신 에로스를 바보 취급한 것으로, 다프네의 몸이 나중에 월계수로 바뀌게 되어, 아폴론의 사랑은 이루어지지 못한 채 끝나고 만 것이다.

【주3】 니오베는 10명 이상의 아이를 낳았는데, 그것을 레토에게 자랑한 것 때문에, 결국에 자식들이 죽음을 당했다.

⚜ ········ 달의 여신이 자랑하는 강력한 원거리무기 ········ ⚜

　수렵을 관장하는 여신 아르테미스가 가진 활. 그 뛰어난 성능 때문에, 다음과 같은 비극이 일어나게 된다.

　아버지 제우스에게 **순결의 서약**을 하고, 평생 그 서약을 지킨 아르테미스. 하지만, 유일하게 그녀가 마음을 허락한 남성이 있었다. 그것은 바다의 신 포세이돈의 아들인 오리온이었다. 그는 완력이 강해서, 곤봉을 손에 들고 산과 들판을 뛰어다니는 그리스 제일의 사냥꾼이었다. 오리온과 만난 아르테미스는, 점점 더 친해졌고, 결국에는 결혼을 한다는 소문이 돌 정도로 두 사람의 사이는 가까워졌다. 하지만, 아르테미스의 오빠인 아폴론은, 순결의 서약을 한 동생이 남자에게 연심을 품는 것은 있을 수 없는 일이라 생각하고, 두 사람의 사이를 갈라놓기로 했다.

　어느 날, 아폴론은 해변가에 있었던 오리온 주변에 전갈을 풀어놓고, 위험하니 바다로 피난하도록 유도했다. 그리고 오리온이 육안으로는 확인이 되지 않을 정도로 멀리 떨어진 곳으로 가자, 여동생 아르테미스를 불러내서 「저~ 기 멀리 있는 것은 맞힐 수 없겠지?」라고, 점과 같이 작게 보이는 오리온을 손가락으로 가리키며 도발을 한 것이다. 활 솜씨에 자신이 있었던 아르테미스는 이 도발에 넘어가서, 표적의 정체를 알지 못한 채로 활을 쐈다. 화살을 정확히 명중하고, 오리온은 그 자리에서 죽고 말았다. 사건의 진상을 알게 된 아르테미스는 그를 살리려고 백방으로 뛰어다녔다. 하지만, 결국 죽은 자를 살려내지는 못했고, 제우스는 오리온을 **성좌**【주4】로 만들어서, 아르테미스를 위로했다고 한다.

　무서울 정도의 명중력과, 일격필살의 위력을 가진 아르테미스의 활이지만, 이 성능이 화근이 되어, 돌이킬 수 없는 사태를 초래하고 만 것이었다. 하지만, 이 활이 있었기 때문에 과거에 가족을 지킬 수도 있었다. 그녀에게 있어서, 이 활의 존재는 복잡한 것이었을 것이다.

【주4】 하늘로 올라간 오리온은, 여러분이 잘 아시는 겨울의 성좌 중 하나인 오리온자리가 되었다.

아마겟돈

성서에 쓰여진, 세계의 종말……
그 뒤에 일어나는 기적의 재생이란!?

❧ ········ 3종교에서 묘사되고 있는 세계의 종말 ········ ❧

【주】 1998년에 개봉된 미국영화. 지구를 향해 소행성이 날아와서, 18일 안에 소행성의 궤도를 바꾸지 않으면 세계가 멸망한다는 내용이다.

【주2】 1976년부터 연재가 시작된 동명의 만화를 원작으로 한 애니메이션 작품. 시리즈 제목 중에 아마겟돈이라는 단어가 등장한다.

유대교, 그리스도교, 이슬람교의 3대종교, 통칭 **아브라함의 종교**에는, 내용은 다르기는 하지만, 공통적으로 그려져 있는 것이 있다. 그것은 바로 **세계의 종말론**인, 아마겟돈인 것이다. 세계의 파멸 그 자체를 아마겟돈이라 부르는 경우도 있는 반면, 파멸의 계기가 되는 인류의 전쟁을 그렇게 부르는 경우도 있다. 어느 쪽이건, 많은 종교에서 묘사되는 세계의 종말을 가리켜서 아마겟돈이라 한다.

그리스도교의 성서에 의하면, 종말이 가까워졌을 때, 선한 세력(그리스도 세력)과 악한 세력(적 그리스도 세력)이 전쟁을 한다고 나와있다. 이때 세계에는 벼락이 치고, 땅이 갈라지고, 여기에 거대 운석이 떨어져서 세계는 종연을 맞이한다고 한다. 이러한 모든 것을 통틀어서 아마겟돈이라고 하는 경우도 있는가 하면, 선과 악의 세력의 싸움을 아마겟돈이라고 하는 경우도 있다. 전쟁이 끝난 후, 예수 그리스도가 지상에 나타나서, 그리스도교를 믿는 선한 이들을 구원하고, 이상향을 만든다고 한다.

이러한 종말론에서 신자들만이 구출된다는 부분이 강조되어서, 자주 신흥 종교 교단에서, 자신들의 종교에 아마겟돈을 집어 넣으려고 한다. 하지만, 어디까지나 아마겟돈이란 성서에 묘사된 이야기 중 하나이며, **종말에 관한 예언이 아니라는 점**을 주의하길 바란다.

또한, 아마겟돈이 일반적으로 유명하게 된 이유 중 하나로, SF계의 영화나 소설, 애니메이션 등을 거론하지 않을 수가 없다. 일본에서 유명한 것을 들자면, 1998년에 개봉한 영화 『아마겟돈』

| 바로 써먹을 수 있는 **중2병 스타일 회화 예** | A : 이제 좀 있으면 세계가 멸망한다!
 B : 뭐야, 갑자기 무슨 말을……
 A : 성서에 의하면 세계는 아마겟돈으로 멸망한다고 나와있어. 지금 빨리 회개를 해야 해! | 일반적으로 아마겟돈이라는 단어가 나오면, 역시 영화나 소설이라고 오해를 하기 마련이다. 일본에서 지명도가 높기 때문에 어쩔 수 없는 일이지만, 여기서는 일부러 지식으로서의 진짜 의미를 가르쳐주면, 회화가 좀 더 잘 풀릴지도 모른다. |

【주1】이 있다. 한 세대 전이라면, 애니메이션 영화인 『환마대전』【주2】 등에 의해, 그리스도교도 이외의 사람들도 아마겟돈이라는 단어를 알게 된 것이다.

　물론 이 이외의 작품, 흔히 종말물이라 불리는 세계의 종말을 화제로 한 작품에서도, 자주 아마겟돈을 소재로 사용하고 있다. 즉 아마겟돈은, SF와 매우 친숙한 소재라고 할 수 있다.

아마겟돈 = 세계 최종 전쟁

아마겟돈이란 말은, 세계최종전쟁이라고 패나 거창한 번역이 된다. 확실히 아마겟돈은 세계의 종말을 맞이하는 전쟁이라는 의미도 있기 때문에, 이러한 번역이 틀린 것은 아니다. 하지만, 글자만 놓고 보면, 마치 세계 그 자체가 전쟁에 휩싸여서 끝나버리는 것과 같은 인상을 받는다. 세계에서 펼쳐지는 최후의 전쟁이라고 해석한다면, 그렇게 나쁜 말은 아닐지도 모르겠지만, 어감이란 것은 확실이 어려운 문제인 것 같다.

······ 아마겟돈이란 사실은 지명이었다 ? ······

　성서를 풀어서 읽어보면, 사실 아마겟돈이란 세계의 종말을 나타내는 현상이 아닌, 그 끝을 맞이하게 되는 **지명**이라는 설이 있다. 정확히는, 아마겟돈은 일어나는 현상이기도 하며, 지명이기도 하다는 편이 정확할 것이다. 아마겟돈과 마찬가지로 종말의 땅이라는 의미를 가리키는 메기도 언덕이라는 토지가 있는데, 아마겟돈 역시 메기도 언덕과 같은 의미라고 하는 이론도 많다.

　이 메기도 언덕은 실제로 예루살렘에 존재하는 언덕으로, 고대에는 요지로서 큰 전쟁이 자주 일어났다고 한다. 특히 이집트 왕에 의해 그려진 히에로글리프【주3】에는, 이 땅을 **바다의 길**이라고 부르며 이 곳이 매우 중요한 장소라고 적어 놓았다. 게다가, 로마 제국시대에도 중요한 전략도로서로 활용되었다. 이 땅이 오래 전부터 큰 전쟁이 일어나는 땅이었고, 또한 아마겟돈의 어원이라고 하는 메기도 산이 있다는 것에서, 메기도 언덕 = 아마겟돈이라고 하는 경우도 많다고 한다.

　실제로 성서의 『요한 묵시록』 제16장에는 「예수 그리스도가 군대를 아마겟돈이라는 땅에 모았다」라고 적혀있다. 이와 같이 아마겟돈이란, 현상과 토지, 양쪽의 의미로 다 사용되어, 종말을 가리키는 일종의 편리한 단어로서 표현되었던 것 같다.

　또 다른 설로, 아마겟돈을 생물이 사멸할 정도의 대 기근이라고 주장하는 자도 있다. 하지만, 구체적으로 성서에 나와있는 부분은 없기에, 일반적인 것은 아니다. 어디까지나 이런 설도 있다는 것을 기억해두는 정도면 괜찮을 것이다.

　또한, 유명한 노스트라다무스【주4】의 예언이 아마겟돈이라고 하는 설도 있었다. 하지만, 그 예언은 어디까지나 그의 점성술에 의한 점의 결과이며, 성서에 적혀있는 종말과는 별개의 것이다. 어느 쪽이건 세상의 끝이라는 의미에서는 같을지도 모르겠지만, 오해가 없도록 주의하자.

【주3】 고대 이집트에서 사용된 문자 중 한 종류로, 이것을 사용해서 그려진 비문을 가리킨다. 대부분이 그림과 같은 상형문자인 것이 특징이다.

【주4】 1503~1566년 프랑스에서 실존한 인물. 점성술을 사용했으며, 지구가 멸망할 것이라는 대예언을 남겼다.

아마겟돈

아마테라스

수많은 신들의 정점에 서는 태양신이면서, 황조신이기도 하다.
일본이라는 국가에 있어서 가장 중요한 부분을 관장하는 신이다.

🎗️┈┈┈ 태양을 관장하고 , 대지를 비추는 여신 ┈┈┈🎗️

아마테라스(天照大御神)는, 수많은 신들의 정점에 위치하는 타카마가하라(高天原)【주1】의 가장 높은 신이다. 다른 이름은 아마테라스오오카미(天照大神), 오오히루메무치노카미(大日孁貴神) 라고도 한다. 아마테라스란 일본어로「하늘(아마)을 비추다(테라스)= 하늘에서 빛나다」라는 의미이며, 그 이름이 나타내는 대로 태양신이다. 또한 일본 황실의 조상신이기도 하여, 이세신궁에 모셔져 있다.

아마테라스는, 태양신앙이라는 자연숭배에서 탄생한 신이면서, 선조의 영이 자손을 수호한다는 조령신앙의 대상이기도 해서, 일본민족에 있어서 가장 높은 조상신으로 취급되었다.

아마테라스에는, 남성신이라는 설과 여성신이라는 설 2가지가 있으나, 일반적으로는『고사기』【주2】나『일본서기』【주3】에 기록되어있는 신화를 바탕으로, 여성신이라고 보고 있다. 단, 신화에서 그려놓은 아마테라스가, 남성적인 면과 여성적인 면을 동시에 가지고 있는 것 역시 사실이다.

특히 아마테라스의 남성적인 면이 나와있는 것은, 스사노오(素戔嗚尊)(P.97)와의 대결 장면이다. 아마테라스는, 이

자나기(伊邪那岐)【주4】가 죽은 처인 이자나미(伊邪那美)【주5】를 그리워해서 황천으로 갔다가 도망쳐서 돌아온 다음, 강에서 목욕 재계【주6】를 했을 때 왼쪽 눈에서 태어났으며, 타카마가하라를 다스리게 되었다. 이때 오른 쪽 눈에서는 츠쿠요미(月讀尊), 코에서는 스사노오가 태어나서, 각각 밤의 세계, 바다의 세계를 다스리게 되었다. 하지만, 스사노오는 이자나기에게 이자나미가 있는 황천으로 가고 싶다고 이야기했기 때문에, 화가

【주1】신들이 산다고 하는 세계. 인간이 사는 지상은 아시하라노노카츠쿠니(葦原中国)라고 한다.

【주2】히에다노 아레, 오노 야스마로가 편찬한 일본에서 가장 오래된 역사서다. 712년(와도 5년)에 겐메이천황에 헌상되었다. 천지개벽부터 스이코천황시대에 이르기까지의 신화, 전승을 기록하고 있다.

【주3】나라시대에 편찬된 일본의 역사서.『고사기』와는 다르게, 그 성립 경위는 확실하지 않다. 신대부터 지토천황의 시대까지를 기록하고 있다.

【주4】천지개벽을 할 때 나타난 12주 7대신 중 1명으로 남성신이다. 이자나미와 부부가 된다. 이자나미와 함께 일본의 국토와 삼라만상의 신들을 낳는다.

바로 써먹을 수 있는 **중2병 스타일 회화 예**

A : 불경기에 날씨도 안 좋고, 미래가 참 어둡네. 뭔가 좋은 일 없나?
B : 아, 바람에 저기 여자애 스커트가!
A : 아마테라스……태양의 여신!
B : 무슨, 여신까지는 아닌데……

딱딱한 인상이 있어서, 아마테라스라는 말은 사용하기가 어렵다. 최고신이라는 것보다, 여신이라는 점에 주목해서, 여러 가지로 도움을 받는 여성이나, 행운을 가져다 주는 여성에게 사용하는 것이 무난할 것이다. 또한 아마노이와토 숨기 신화처럼 삐쳐있는 여성에게 사용하는 것도 의외로 좋을지 모른다.

난 이자나기에 의해 추방이 되어, 마지막으로 누나인 아마테라스를 만나보려고 타카마가하라로 향했다.

하지만, 그 위세가 워낙 대단했기 때문에, 아마테라스는 스사노오가 타카마가하라를 뺏으러 온줄 알고 오해를 하는 바람에, 활로 무장을 하고, 남자머리로 다시 묶고 나왔다. 아마테라스는 거친 스사노오에 대적해서 물러나는 일 없이, 가장 높은 신으로서의 위엄을 보여서, 스사노오에게 서약에 따라 자신의 결백을 증명하게 한 후, 타카마가하라로 들이게 되었다.

스사노오와의 서약

자신의 결백을 나타내기 위해, 스사노오가 아마테라스와 같이 행한 것으로, 이것은 점이나 내기에 가까웠다. 아마테라스는 스사노오에게 받은 토츠카노츠루기에서, 종상 3여신을 낳는다. 한편, 스사노오는 아마테라스에게 받은 야사카니노마가타마에서, 5명의 남성신을 낳았다. 그 결과, 스사노오의 승리로 끝났다고 한다. 단 신화에서는, 도중 경과가 애매모호해서, 어떻게 스사노오가 이겼는지는, 확실하지 않은 것 같다.

❖⋯⋯⋯ 여성신 다운 아마노이와토 숨기 신화 ⋯⋯⋯❖

스사노오와 겨루는 용맹함을 보여준 아마테라스이지만, 곧바로 스사노오와의 문제로, 여성신 다운 면을 보이게 된다.

타카마가하라에 들어간 스사노오는, 논두렁 길을 부수고, 신전에 똥을 싸는 등, 제 멋대로 날뛰었다. 처음에는 동생이기 때문에, 스사노오를 감쌌던 아마테라스였지만, 휘하의 베를 짜는 신하가 스사노오에 의해 죽음으로써 마음에 상처를 입고, **아마노이와토**^[주7]에 틀어박혀서 밖으로 나오지 않았다. 그러자 세계는 어둠에 휩싸이고, 여러 가지 나쁜 일이 차례차례로 발생했다. 곤란해진 다른 신들은, 지혜의 신인 오모이카네(思金神)와 상담해서, 어떤 계책을 실행하기로 했다.

신들은 아마노이와토 앞에서 마가타마나 야타노카가미를 들고, **아메노우즈메**(天宇受賣命)가 그 앞에서 춤을 쳤다. 그리고, 밖에서 나는 소리를 들은 아마테라스가 무슨 일인가 하고 바위 동굴 문을 약간 열었을 때, 아메노우즈메가 「당신보다 더욱 높은 신이 오셨다」고 말했다.

아마테라스는, 야타가라스에 비친 자신의 모습을 더욱 높은 신이라고 착각하고, 더욱 자세히 그 모습을 보려고 아마노이와토를 더 열었을 때, 준비하고 있던 아메노타지카라오(天手力男神)에게 끌려 나오게 되었다. 그리고, 이와 동시에 후토다마(布刀玉命)가 아마노이와토를 밧줄로 봉인 해서, 세계에 다시 빛이 되돌아오게 된 것이다.

이상이 「아마노이와토 숨기」로서 유명한 에피소드이다. 스사노오가 타카마가하라에 왔을 때, 당당하게 맞서던 모습에 비해서, 아마테라스가 꽤나 귀엽게 그려져 있다. 이 여성스러운 일면과, 『일본서기』에서 스사노오가 아마테라스를 누나라고 부르는 기술에서, 아마테라스는 **여성신**이라는 설이 유력한 것이다.

아마테라스, 태양신이라는 **거대한 힘**을 가진 존재인 것뿐만 아니라, 남성과 여성이라는 양면성이 있는 매력적인 신이라고 할 수 있을 것이다.

【주5】천지개벽을 할 때 나타난 12주 7대의 여신 중 1명. 이자나기와 부부의 연을 맺고, 일본 국토와 신들을 낳았다. 단, 불의 신인 히노카구츠치(火之迦具土神)를 낳을 때 화상을 입어서 죽는다. 황천에서 이자나기와 재회를 한 뒤, 황천의 대신이 된다.

【주6】몸을 물로 씻어서 청결히 하고, 죄나 더러움을 씻어내는 일.

【주7】일본신화에 등장하는 바위 동굴.

아마테라스

아발론

유럽에서 예전부터 전해져 내려오는 아더왕 전설.
그 전설의 종착점이 된 것이 환상의 섬, 바로 아발론이다.

❧ ⋯⋯⋯ 아름다운 사과가 열리는 전설의 낙원 ⋯⋯⋯ ❧

【주1】 아더왕 전설은 유럽에서 오래 전부터 존재하는 전설, 혹은 전승 설화다. 아더왕과 원탁의 기사들을 중심으로 한 장절한 전투와 모험이 그려져 있다.

【주2】 싸움에서 검을 부러뜨리고 만 아더왕에 대해서, 새로운 검을 내려준 인물. 호수의 아가씨라고도 한다. 개인의 이름이 아닌, 복수의 인물의 총칭이라고 여겨진다.

【주3】 글래스톤베리 토는, 글래스톤베리 수도원이 아더왕과 기네비어왕비의 유골을 발굴한 장소다.

『아더왕 전설』【주1】은, 유럽은 물론이고, 세계각지에 널리 알려져 있다. 이 전설의 종착점이, 서쪽 어딘가에 있는 전설의 섬인 아발론이다. 전해지는 바에 따르면, 아발론은 호수와 암석으로 이루어진 섬으로, 평탄한 장소에는 푸른 잔디가 자라나 있고, 목초지나 그 외의 평원에는 여러 가지 다양한 종류의 과실수가 심어져 있다고 한다. 기후는 항상 온화하며, 비나 눈은 물론, 강한 바람이 부는 일도 없다고 한다. 또한 그리스도교의 전설에서는, 이 섬에 예수와 그 제자인 요셉이 방문하여, 영국 **최초의 그리스도교 교회를 세운 장소**라고 한다. 『아더왕 전설』에는, 카멜롯 성을 거점으로 여러 가지 모험을 경험한 아더왕이, 왕위 찬탈을 노리고 반란을 일으킨 모드레드경과의 싸움에서 큰 상처를 입고, 영원한 휴식을 취하기 위해 호수의 귀부인【주2】에 의해 아발론으로 인도되었다고 전해진다.

섬 자체의 장소에 대해서도 여러 가지 설이 존재한다. 그중에서도 유명한 것이, 「글래스톤베리 설」이다. 1191년, 글래스톤베리 수도원이 관할하는 건물에 화재가 발생했는데, 화재의 뒤처리 도중에 납으로 된 십자가가 발견되었다. 그 십자가에는 「여기에 아발로니아의 고명한 아더 잠들다」라고 새겨져 있었다고 한다. 또한, 유골도 2구가 발견되었는데, 이 유골은 **아더왕과 그의 처인 기네비어왕비**라고 추정된다고 한다. 이상의 내용들을 봤을 때, 글래스톤베리 토【주3】야말로, 아더왕이 잠든 아발론이 아닌가 라고 추측하고 있지만, 확실한 증거는 없기 때문에, 사실인지는 알 수 없다.

에고, 벌써 아침이냐…

꽥꽥

바로 써먹을 수 있는 중2병 스타일 회화 예

A : 그 녀석, 여자친구한테 차였다던데?
B : 어쩐지. 그래서, 아까 메이드 카페 간 거구나.
A : 그 녀석한테는, 메이드 카페가 아발론이라는 거네.

아발론은 상처를 입은 아더왕이 휴식을 취하기 위해 찾는 장소다. 그렇기 때문에, 회화에서 사용할 때는, 육체적 외상, 혹은 정신적 내상을 입은 인간이 어딘가로 가는 것을 예로 들면 쉽게 이해할 수 있을 것이다. 전설의 섬인 만큼, 찾아가는 곳은 가능한 한 흔하지 않는 장소를 선택하는 것이 바람직할 것이다.

아이기스의 방패

여신 아테나가 아버지 제우스로부터 받은 유서 깊은 방패.
석화 능력과 함께, 모든 공격을 튕겨내는 높은 방어력을 지니고 있다.

┅┅┅ 여신 아테나가 소유한, 공방 일체의 강력한 방패 ┅┅┅

그리스 신화의 주신 제우스(P.146)가 자신의 사랑스러운 딸인 여신 아테나(P.114)에게 하사한 것이 아이기스의 방패다(영어로 읽을 때는 이지스의 방패). 악한 것을 쫓아내는 **파마의 힘**을 가지고 있으며, 일설에 따르면 방패가 아닌, 어깨 방어구나 가슴 방어구라고도 한다. 이 방패는 눈 1개의 거인인 사이클롭스의 일족, 혹은 대장의 신인 헤파이스토스 중 하나가, 어렸을 때 제우스에게 젖을 먹인 산양의 가죽으로 만들어낸 것이다. 산양은 **정령**이나 **태양신 헬리오스의 후예**라고도 일컬어지기 때문에, 이 방패를 누가 만들었든지 간에, 훌륭한 방패임에는 틀림이 없는 것이다.

이 방패의 강력한 방어력만큼은, 절대적인 것이라는 이야기가 전해 내려오고 있는데, 올림푸스의 신들을 통치했던 제우스가 가지고 있는 강력한 무기인 「번개」[주1]로도, **상처 하나 내지 못할 정도**라고 하니 놀라울 따름이다. 거기다 이 방패의 성능은, 메두사의 목[주2]에 의해 더욱 향상되었다. 유명한 영웅인 페르세우스[주3]가 괴물 메두사를 퇴치할 때, 눈을 마주치는 사람을 돌로 만든다는 메두사의 힘을 무력화시키기 위해서, 아테나는 그에게 표면이 거울같이 빛나는 청동의 방패를 빌려줬다. 이 방패 덕분에 페르세우스는 메두사의 눈을 보는 일 없이, 메두사의 목을 잘라냈으며, 자신에게 방패를 빌려준 아테나에게 감사의 뜻을 담아서, 그 목을 아테나에게 헌상했다. 그러자 아테나는, 아직 석화 능력을 가지고 있었던 메두사의 목을 아이기스의 방패에 집어넣은 것이다.

예를 찾아볼 수 없을 정도의 뛰어난 방어력에다, 보는 사람을 돌로 만드는 특별한 능력을 얻은 것으로 인해, 아이기스의 방패는 공수 양면에서 힘을 발휘하는 최강의 무기로 탈바꿈하게 된 것이다.

자자~ 어서 들어와!
팡 팡
그런 말도 안 되는

【주1】 강력한 파괴력을 자랑하는 제우스의 무기이다. 그 모습은 번개 그 자체라고 한다.

【주2】 예전에는 인간이었지만, 어떤 일을 계기로 아테나의 분노를 사서, 아테나의 손에 의해 괴물로 변하게 되어버린 여성

【주3】 그리스 신화에 있어서, 헤라클레스 다음으로 유명한 영웅이다. 헤라클레스와 마찬가지로, 최고신 제우스를 아버지로 두고 있다.

바로 써먹을 수 있는 **중 2병 스타일 회화 예**	A : 뭐야! ㅋㅋ 이 녀석, 공격이 안 통하는데? B : 아, 그 녀석 아이기스의 방패가 표준장비라서, 공격해도 튕겨나가. ㅋ A : 진짜로? 그럼 빨리 눈 마주치지 말고 도망치자고. ㅋㅋ

아이기스의 방패가 상징하는 것은, 절대적인 방어력과, 보는 사람을 돌로 만든다는 석화 능력이다. 회화에서 인용한다면, 사용 예와 같이 게임 이야기를 할 때가 가장 좋을 것이다. 공격을 무효화하는 적은 여러 게임에서 등장하기 때문에, 사용할 기회가 많을 것이다.

아이기스의 방패

아카식레코드

미래를 예언하는 것은, 점이나 초능력뿐만이 아니다.
화제의 아카식레코드는, 궁극의 미래예보인 것인가?

❧ ⋯⋯⋯ 인류는 「혼의 기록」에 따라서 역사를 짚어간다? ⋯⋯⋯ ❧

【주1】 불교의 세계에서, 우주를 구성하는 지, 수, 화, 풍, 공, 식(識)을 가리킨다. 원래는 고대 인도의 사상인 3대(화·수·지)에서 발전한 것이지만, 요소가 계속 더해졌다. 그리고 불교도와의 교학 논의를 거쳐서, 불교의 사상체계에 도입하게 되었다.

【주2】 1831~1891년. 신지학을 제창한 인물로, 신지학 교회를 설립했다. 영국의 영매 다니엘 더글러스 흄의 조수로서, 영매기술을 익힌다. 1873년에 미국 국민이 되어, 신비주의작가, 사상가로서 활동하고, 2년 후에 신지학협회를 창설한다.

【주3】 선한 행동이 행복을 불러오고, 악한 행동이 불행을 불러온다는 사고방식이다. 과거의 전생에서의 행위에 따라, 현세의 운명이 결정되고, 현세의 행위에 의해 내세의 운명이 결정된다는 세계관.

요즘 자주 듣게 되는 「아카식레코드」라는 것은, **인류의 혼이 활동한 기록**이라고 하는 것에 대한 개념이다. 아카식이란 산스크리트어의 「아카샤」의 영어 변화형으로, 원래는 고대 인도의 종교나 사상 철학에서 인정하고 있는, 6대원소【주1】 중 하나인 「허공」을 가리키는 말이다. 그 존재는 눈으로 볼 수 없지만, 소리로 확인할 수 있으며, 창조와 귀결, 그리고 윤회전생을 상징하는 뱀·우로보로스의 위치에 배치되는 것이다.

이와 같은 고대 인도의 세계관을 이용해서, 「전 인류의 혼이 활동한 기록」을 정의한 것이, 19세기에 블라바츠키 부인【주2】이 설립한 **신지학**이다. 신지학이란, 이 세계의 모든 종교·사상·철학·과학·예술 등을 하나의 진리로 통합해서, 보편적인 진리를 이끌어 내는 것이다. 블라바츠키 부인은 저서인 『시크릿 독트린』에서, 아카식레코드의 원형이라고도 할 수 있는 **「생명의 서」**를 정의하고 있다.

이 「생명의 서」라는 것은, 7대 천사의 자식인, 말과 영혼에서 창조된 리피카(기록자)가 기록하는, 에르트랄 광 「에테르(P.123)」으로 구성된 캔버스로, 아카샤에는 매우 큰 화랑이 구축되어 있어, **인류의 행동**을 기록한다고 한다. 그리고 이 기록에 대한 응보의 법칙으로서 인과율(P.139)이 기능해서, 전 인류는 이 기록에 따라 행동한다는 것이다. 이것은 불교에서 말하는 업이나 윤회와 같은 사고방식을 기초로 하는 「인과응보」【주3】적인 사고라고도 할 수 있을 것이다. 또한 이러한 것을 기록하고, 인류 행동을 기록하는 자라는 개념은 여러 종교에서도 볼 수 있기 때문에, 「생명의 서」는 이러한 것을 합한 결과의 개념이라고 할

바로 써먹을 수 있는 **중2병 스타일 회화 예**	A : 이번 연말연시에는 반드시 여자친구를 만들겠어! B : 지금 아카식레코드 읽어봤는데, 무리일 듯⋯⋯ A : 아카샤 기록으로 이미 결정되어있다고!?

앞에서 이야기한 대로, 아카식레코드라는 것은 초능력적인 힘을 사용해서, 완전한 미래예언을 하는 것이 아닌, 인과응보적인 관점에서 미래를 판단하는 것이다. 따라서 이와 같은 의미로 사용하는 것이 가장 이상적일 것이다. 원인을 알 수 없는 사실이나 현상에 대해서는, 솔직하게 초능력으로 예언을 하면 된다.

수 있을 것이다.

이러한 원형을 바탕을, 루돌프 슈타이너【주4】가 『아카샤 연대기』(1904~1908년)에서 제창한 것이 아카식레코드로서, 아카샤와 이 기록을 연관시켰다. 그리고 슈타이너가 영적 세계를 추구한 것에서, 이 개념성립과 동시에, 아카식레코드를 관람하려는 시도도 이때부터 시작되었으며, 영적인 방법이나, 고위의 자아에 의한 방법 등, 관람할 수 있는 방법은 여러 가지다.

뉴에이지 운동이란 ?

뉴에이지 운동이란, 1970년대 후반에서 1980년대에 걸쳐 미국에서 유행한 운동으로, 초자연적이고 정신적인 사상으로 기존문명이나 과학, 정치 등을 비판하고, 진정한 자유로 인간적인 삶을 모색하려고 한 운동이다. 흔히 말하는 전세요법, 요가나 정체술, 파워 스톤, 윤회전생신앙 등은, 여기서 보급되었다. 리딩과 채널링 역시, 이러한 것들 중 하나이다.

【주4】1861~1925년. 오스트리아 출신의 신비사상가이자 철학박사이다. 1902년에 신지학협회의 회원이 되어, 영적인 세계를 논하게 된다. 하지만 협회 간부와의 방향성 차이로 인해 신지학협회를 탈퇴하고, 「인지학」(단, 개념은 확실하지 않다)이라는 독자적인 세계관을 창시하며, 「인지학협회」를 설립했다.

❧······ 아카식레코드의 보급 ······❧

아카식레코드로 접촉을 시도한 가장 유명한 사례는, 19~20세기의 예언자 에드가 케이시【주5】의 리딩【주6】일 것이다. 에드가 케이시는 리딩으로 아카식레코드에서 정보를 얻어, 많은 환자들의 병 치료법 등을 이끌어냈다. 그의 말에 의하면, 인간의 혼은 **시간의 제약을 받지 않기** 때문에, 접촉을 해서 얻을 수 있는 시간의 정보는 상대적인 추정에 불과할 뿐이라고 한다. 또한, 리딩을 하는 자와 받는 자의 이해나 경험에는 한계가 있기 때문에, 실제로 찾고 있는 지식에 대해서는, 실제 체험이나 소망에 의해, 아카식레코드에서 얻을 수 있는 내용이 정해진다고 한다. 에드가 케이시가 의료관계의 정보에 동조할 수 있었던 것 역시, 과거 전생이 원인으로 작용해서 능력과 방향성이 정해졌기 때문이라고 하니, 말 그대로 인과응보의 세계라고 할 수 있겠다.

즉, 아카식레코드에서 미래를 알 수 있다는 것은, 혼의 기록에서 인과율의 법칙을 얻고, 그로부터 결과를 예측해서 준비하는 점에서, 초능력적인 **미래예언이나 점과는 다르다.** 하지만 미국 등 여러 나라에서는, 이런 에드가 케이시의 리딩 결과를 적극적으로 받아들인 **뉴에이지 사상**이 유행해서, 동양사상이 보급되는 계기가 되었다. 이것이 일본에도 널리 퍼지게 된 것으로, 꽤나 뒤틀리기는 했지만, 아카식레코드라는 것은, 말하자면 인과응보설의 역수입판이라고도 볼 수 있을 것이다.

【주5】1877~1945년. 미국의 심령진단가로서, 지지자들로부터는 「20세기 가장 큰 기적을 보여준 사람」으로 불리고 있다. 리딩에 의한 질환치료를 했으며, 그 건수는 기록으로 남아있는 것만으로도 1만 4천건에 이른다.

【주6】다른 사람에 의해 최면에 걸린 상태에서, 제3자가 하는 질문을 듣고, 아카식레코드에서 정보를 꺼내는 행위.

아카식레코드

아킬레우스와 거북이

실제로는 틀렸음에도, 이론상으로는 옳은 것처럼 보인다.
이러한 역설 중 대표적이라고 할 수 있는 것이 아킬레우스와 거북이의 문제다.

❖······ 운동이란 모순되어 있다!? ······❖

아킬레우스 【주1】와 거북이의 이야기란, 고대 그리스의 **철학자 제논** 【주2】이 자파의 학설을 지키기 위해서 고안해낸 **역설** 【주3】 중 하나다.

그 개요는 다음과 같다. 아킬레우스와 거북이가 달리기 시합을 하기로 했다. 당연히, 아킬레우스가 발이 빠르기 때문에, 거북이에게 핸디캡을 줘서, 출발지점을 앞쪽으로 설정(A지점)하고 출발한다. 출발한 다음, 아킬레우스가 A지점에 도착하면, 거북이는 그 사이에 새로운 지점인 B지점으로 나아간다. 다시 아킬레우스가 앞으로 나아가서 B지점에 도착하면, 이번에 거북이는 C지점까지 나가있다. 그리고 아킬레우스가 C지점까지 다다르면…… 이와 같이, 계속해서 반복을 하면, 아킬레우스는 언제까지 달려도 거북이를 따라잡을 수 없는 것이다.

물론 현실에서는, 아킬레우스가 거북이를 따라잡고, 당연 거북이보다 앞서나가지만, 이론만 놓고 보자면 제논의 역설이 맞는 것처럼 보인다. 참고로 이 아킬레우스와 거북이의 역설은, 「운동 부정의 역설」이라 불리는 4개의 역설 중 하나로서, 이외에도 **이분법의 역설, 화살의 역설, 경기장의 역설** 등이 있다. 단, 이 4가지 모두 본질적으로는 같은 내용으로, 유한한 시간이나 거리 안에서 무한이라는 요소가 있는 것은 이상하다는 것을 나타낸다.

그렇다면 어째서, 이 역설이 생겨났는가라고 하면, 제논의 스승인 파르메니데스가 일으킨 철학논쟁이 그 원인이다. 파르메니데스는 존재에 대해서 「존재하고 있는 것은 당연히 사라지지도 않고 늘어나지도 않는다. 그것은 유일하기 때문에 나눌 수도 없고, 변하지도 않으며, 움직이지도 않고, 완전하며 충실하다」라고 주장했다.

하지만, 현실에 존재하는 것은 변화

【주1】 그리스 신화에 등장하는 영웅, 호메로스의 서사시인 일리아스의 주인공이기도 하다.

【주2】 기원전 5세기 고대 그리스의 철학자 스승인 파르메니데스가 창립한 엘레아 학파의 멤버이기도 하다. 변증법의 발견이나 「제논의 역설」로 유명하다. 후대의 철학자에게 매우 큰 영향을 미쳤다.

【주3】 옳은 것처럼 보이는 전제, 추론에서, 받아들이기 힘든 결론을 얻어낼 수 있다는 것을 가리키는 말.

아킬레우스와 거북이

바로 써먹을 수 있는
중 2 병 스타일 회화 예

A : 또 차였어…… 꽤나 괜찮았었는데 말이지.
B : 아킬레우스와 거북이구나……
A : 나한테는 여자친구가 절대로 안 생긴다고 이야기하고 싶은 거냐?

제논의 역설인 아킬레우스와 거북이는, 이해할 수 없지만 납득할 수밖에 없는 상황을 설명할 때 사용할 수 있다. 또한 불가능에 가까운 목표에 대한 도전이나, 절망적인 반복 작업을 비유할 때도 딱 맞는다.

도 하고 움직이기도 한다. 그렇기 때문에, 그의 주장에 대해 많은 반론이 제기되었지만, 여기서 제논이 아킬레우스와 거북이를 비롯한 4개의 역설을 이야기하면서, 「자 봐봐, 아킬레우스는 거북이를 쫓아가지 못하고, 화살은 날지 않는다고. 운동이란 것은 모순되어 있지 않은가?」라고 주장했다. 이 역설에, 많은 철학자와 수학자가 반론을 했지만, 모든 사람이 납득할 만한 답은 나오지 않아서, 의논은 아직까지 계속되고 있다.

날지 않는 화살

아킬레우스와 거북이와 마찬가지로 유명한 역설이다. 날고 있는 화살은, 어느 한 순간에 화살을 보면, 그 순간만큼은 화살이 정지해 있다. 다른 순간을 본다 하더라도, 역시 화살은 정지되어 있다. 시간이라는 것이 순간의 연속이라면, 모든 순간에 화살이 정지되어 있는 경우, 화살은 움직이지 않는다고 볼 수 있다. 이것이 날지 않는 화살이라 불리는 역설이다. 이 역설의 반론에는, 미분으로 그 순간 화살의 속도를 구하는 방법이 있다.

❖ ········ 아킬레우스는 거북이를 따라잡을 수 있을까 ? ········❖

아킬레우스와 거북이의 역설에 대한 대답은, 어디까지나 철학적인 논쟁으로 대항하는 방법, 수학적으로 증명하려고 하는 방법, 역설의 전제조건 그 자체가 이상하다 라는 방법 등 여러 가지다. 비교적 일반적인 대답으로서는, 실제로 수학을 대입해서 생각해보는 수학적인 방법을 들 수 있겠다.

예를 들어, 아킬레우스가 달리는 속도를 거북이의 10배, 거북이의 출발위치를, 아킬레우스의 1M앞이라고 가정한다. 아킬레우스가 처음에 거북이가 있던 위치에 도착했을 때, 거북이는 0.1m앞으로 나아간다. 그리고 그 위치에 아킬레우스가 도달했을 때는, 거북이는 그 위치에서 0.01m앞으로 나아간다. 결국 거북이의 위치는 1.11111……라고, 계속 1이 이어지는 숫자가 된다. 하지만, 1.2, 1.12 와 같은 그 이상의 숫자는 되지 않기 때문에, 결국에는 따라 잡히게 된다. 무한의 횟수, 숫자를 더하더라도, 그 합계는 무한이 아닌 유한인 것이다. 이것은 수학의 급수 [주4]나 수렴 [주5]과 같은 사고 방식을 사용한 반론의 방법이다.

또한 다른 반론에서는, 애초에 이것이 역설이 아니다 라는 것도 있다. 제논은 아킬레우스가 거북이를 따라잡아서 앞질러나가는 것을 무시하고, 아킬레우스가 거북이를 따라잡을 때까지를 무한으로 분할하는 것일 뿐이다 라는 것이다. 예를 들자면, 아킬레우스와 거북이의 경주를 비디오로 녹화하고, 아킬레우스가 따라잡을 때까지를 느리게 재생하는 것일 뿐이다 라고도 할 수 있다. 이외에도 거북이의 위치를 나타내는 위치가, 실질적인 두께가 없는 「점」이기 때문에, 무한하게 통과지점을 만들어낼 수 있다는 이론이다. 이와 같이 몇 가지의 반론은 나와있지만, 그 모든 주장이 전제로서, 자신의 주장에 유리한 해석을 이용하는 방법밖에 없다. 그래서, 아킬레우스와 거북이는 완벽한 반론이 아직까지 나오지 않은 역설로서 알려져 있다.

【주4】일정 규칙에 따라서 늘어선 수의 열을 수열이라고 하고, 이 수열의 각 항을 1+2+3+4와 같이 「+」로 묶어준 것을 가리킨다.

【주5】일정 수치에 한없이 가까운 것을 가리킨다. 예를 들어 0.999……와 같이 9가 무한히 계속되는 무한 수열은 1에 수렴한다.

아킬레우스와 거북이

아테나

아버지 제우스의 무용과 권위, 어머니 메티스의 지혜를 물려받은 아테나.
그녀는 많은 사람들에게 사랑을 받았으며, 많은 사람들이 믿었던 여신이다.

제우스의 머리에서 태어난 수호여신

【주1】 올림푸스 산에 사는 12신을 가리킨다. 일반적으로는, 제우스, 헤라, 아테나, 아폴론, 아프로디테, 아레스, 아르테미스, 데메테르, 헤파이스토스, 헤르메스, 포세이돈, 헤스티아의 12신이지만, 여기에 디오니소스나 하데스를 더하는 경우도 있다.

【주2】 그리스 공화국의 수도 아테네시의 전신인 도시. 그 중심에는 파르테논 신전이 존재한다.

【주3】 메두사에는 시선에 의한 석화능력이 있었기 때문에, 페르세우스가 메두사의 눈을 보지 않도록, 아테나는 표면을 거울처럼 만든 방패를 그에게 빌려줬다. 덕분에, 페르세우스는 방패너머로 메두사를 포착해서 물리칠 수 있었다. 일설에 의하면, 이때 아테나가 페르세우스에게 빌려준 방패는 아이기스의 방패(P.109)였다고 한다.

최고신 제우스(P.146)와 지혜의 신 메티스를 부모로 둔 여신 아테나는, 올림푸스 12신 【주1】 중 하나로서, 지혜, 예능, 공예, 전략을 관장하는 신이다. 또한, 신들 중에서는 특이한 방법으로 태어나는 신들이 많은데, 아테나는 그러한 신들의 대표적이기도 하다. 특이한 방법으로 태어난 에피소드도 존재한다.

메티스가 낳은 아이가 **자신의 지위를 위협한다**라는 예언을 들은 제우스는, 이 예언을 두려워해서 메티스가 임신을 하자마자, 그녀를 삼켜버렸다. 이렇게 미래의 화근을 잘라버린 제우스였지만, 그 후 두통에 시달리게 되었다. 그리고, 더 이상 참을 수 없게 되자, 아들인 헤파이스토스에게, 자신의 머리를 쪼갤 것을 명령한다. 그러자 제우스의 머리 안에서 갑주를 두른 아테나가 나타난 것이다. 게다가, 이때 그녀는 이미 **성인으로 성장**해 있었다고 한다. 제우스와 메티스의 피를 이어받은 아테나는, 용맹하고 과감하였고, 또한 머리가 좋아서, 그녀의 아버지인 제우스 역시 그녀를 매우 귀여워했다고 한다.

부모의 피를 제대로 물려받은 아테나는, 용감하고 현명한 여성이었다. 그것은 올림푸스의 12신의 하나로서 그녀보다 높은 포세이돈과 도시 아테나이 【주2】의 수호권을 놓고 싸워서 이긴 것에서도 알 수 있다. 또한, 자신의 머리카락이 아테나의 머리카락보다 아름답다고 자랑했던 메두사에게 저주를 걸어서, 머리카락을 뱀으로 바꾼 것 이외에도, 페르세우스가 메두사를 퇴치하러 갈 때, 그에게 방패 【주3】를 빌려주는 등, 매우 **지기 싫어하**는 성격이기도 했던 것 같다.

처녀신으로 평생을 독신으로 지낸 아테나이지만, 그녀에게도 자식이 있다는

응앙

바로 써먹을 수 있는 중 2 병 스타일 회화 예

A : 저 선배, 일 엄청 잘하지?
B : 거기다 머리도 좋고, 상냥하고, 누구한테나 잘 대해준다니까.
A : 그야말로 살아있는 아테나구나!

강하고 현명하며 아름다운 아테나는, 올림푸스의 12신 중에서도 가장 여신이라는 말에 잘 어울리는 인물이다. 그녀를 회화에서 인용한다면, 아름다운 여성이나, 일을 잘하는 여성에 대해서, 찬미의 말로서 그 이름을 인용하면 될 것이다. 분명, 여성에게 있어서 최고의 찬사가 될 것이다. 아마도……

것을 알고 있는가? 어느 날, 아테나가 무기를 만들어달라고, 대장의 신 헤파이스토스를 찾아갔을 때, 그녀의 아름다움에 반한 헤파이스토스는 아테나를 죽자살자 쫓아다녔다. 아테나는 어떻게든 헤파이스토스를 뿌리쳤지만, 헤파이스토스는 대지에 정액을 뿌렸다. 그러자, 대지에서 반인반사(半人半蛇)인 에릭토니우스가 태어난 것이다. 그는 아테나의 자식으로서 키워져서, 나중에 **아테나이를 통치하는 왕**이 되었다.

여신 아테나의 진짜 모습은?

다수의 무용담을 가지고 있는 아테나이지만, 그녀는 결코 호전적이 아니었다. 그녀가 벌인 싸움은 도시의 평화와 질서를 지키기 위한, 말하자면 자기 방어를 위한 전투가 대부분이었다. 또한, 지혜의 여신으로서, 사람들에게 여러 가지 지식을 전파한 인물이기도 해서, 물레라던가 돛의 제작법을 알려줬다고 전해진다. 참고로, 처녀신이기는 하지만, 남성을 싫어하는 것은 아니며, 오히려 영웅이라고 불릴만한 남성에게는 조력을 아끼지 않았다.

❖ 그리스 전체에 퍼진 아테나 신앙 ❖

그리스 전체에 신자가 존재하고, 많은 사람들로부터 숭배를 받은 아테나. 헤파이스토스와 대지가 낳고, 그녀가 길러낸 에릭토니우스 역시, 아테나를 믿는 사람 중 하나였다. 아테나이의 왕이 된 에릭토니우스는, 아테나를 상징하는 올리브 나무로 만들어진 아테나 상을 건조하거나, 판아테나이아라 불리는 성대한 축제를 개최해서 아테나 신앙을 더욱 널리 퍼트렸다. 이 축제는 매우 규모가 커서, **4년에 한번씩 열리는 대제**와, **매년마다 열리는 소제**가 있으며, 양쪽 다 현재의 7~8월중에 **4일간**에 걸쳐 개최되었다고 한다. 축제기간 중에는 시장이나 장로를 시작으로, 기마대, 취악대 등이 큰 행렬을 이루어 **파르테논 신전** [주4] 까지 행진했다고 한다. 또한 축제기간 중에는 여러 가지 경기가 열려서, 소나 양 등을 시민에게 나눠줬다고도 한다. 또한, 행진에서 사용된 길은 판아테나이로라고 이름 지어졌으며, 현재까지도 남아있다.

그녀를 숭배하기 위해서, 앞에서 이야기한 축제가 열린 것뿐만 아니라, 각지의 아크로폴리스 [주5]에 신전도 건설되었다. 그중에서도 유명한 것이, 아테나이의 아크로폴리스에 있는 파르테논 신전일 것이다. 거기에는, 아테나 니케(승리를 가져다 주는 아테나 여신상), 아테나 휘기에이아(건강의 여신 아테나), 아테나 폴리아스(도시의 수호자 아테나) 등, 여러 가지 모습의 아테나가 모셔져 있었다. 또한, 예전에 신전 안에는, 상아색 피부 위에 황금 의상을 입은 **아테나 파르테노스**(처녀신 아테나)가 자리잡고 있었으나, 아쉽게도 현재는 소실되어, 그 모습은 로마시대의 모작으로밖에 확인할 수 없다. 도시의 수호자로서 도시를 지키고, 지혜의 여신으로서 사람들에게 지식을 전해준 여신 아테나. 그리스 신화에 등장하는 신들 가운데, 그녀만큼 사람들과 친했던 신은 없었을 것이다.

【주4】 파르테논은 「처녀」라는 의미다.

【주5】 아크로폴리스란, 도시의 심볼 역할을 담당하는 약간 높은 언덕이다. 또한, 예전에는 도시의 방어거점으로서 성채화 되었다고 한다.

아테나

아포칼립스

이 세계에는, 비술이나 예인 등, 인간의 지혜를 뛰어넘은 지식이 많이 존재한다.
이런 것은 신이나 악마와 같은 존재로부터, 여러 가지 형태로 전해져 왔다.

······· 예언자를 통해 전달된 신의 계시 ·······

【주1】 구약성서 중 1서, 바빌로니아 제국에 잡혀간 유대족의 다니엘이 집필했다. 내용은 역사적인 기술과 예언적인 부분이 있어서, 그중에서 세상이 끝나는 날, 끝날 때에 무언가가 일어난다고 적혀있다. 요한 묵시록보다 더 전에 집필된 묵시문학으로, 요한 묵시록에도 영향을 줬다고 알려져 있다.

【주2】 구약성서 중 1서로서, 예언자 에제키엘에 의해 집필된 것이다. 바빌로니아에 멸망당한 예루살렘신전의 재건이나 이스라엘 부흥의 예언이 적혀있다. 단, 내용 중에서 기묘한 물체와 조우한 내용이 기술되어있는데, 이것이 UFO 와의 조우가 아닌가 라고, 일부 사람들 사이에서는 해석되고 있다.

아포칼립스란, 유대교나 그리스도교에 있어서, 신에게 선택된 자들이, 신에게서 받은 인간의 지혜를 뛰어넘은 심리나 신의를 뜻한다. 그리스어의 「폭로, 탄로나다」라는 의미의 「아포칼시프시스」를 어원으로 하지만, 보통은 아포칼립스의 일본어표기인 「묵시」쪽이 더욱 일반적일 것이다.

이 묵시를 기록한 문서는, 「묵시문학」이라고 불린다. 일반적으로는, 원시 그리스도교나 유대교의 문서를 시작으로, 성서에 있는 것을 묵시, 혹은 묵시문학으로 취급하지만, 넓은 의미로서는 전 세계에 존재하는 예언서나, 계시를 적은 것 역시, 묵시로서 취급되기도 한다.

묵시문학은, 자연계의 법칙이나 신들의 비밀 등이 적혀있으나, 지금까지 확인된 묵시에 관련된 문헌에는, 예언이나 **세계의 종말**에 대해서 적극적으로 다룬 것이 많다. 예를 들어, 가장 유명한 묵시문학인 「요한 묵시록」은 세계의 종말을 기록한 것이며, 『구약성서』의 『다니엘서』[주1]나 『이사야서』에도, 요한 묵시록과 마찬가지로 종말에 대해서 기록되어있다.

마찬가지로 『구약성서』의 『에제키엘서』[주2]나 『자카리아서』 역시 묵시문학이다. 특히 『에제키엘서』에는, 크바르 강가에서 기묘한 물체를 목격했다는 기술도 있는데, 여기에 묘사된 것을 봤을 때, UFO와의 조우를 기술한 것이 아닌가 라는 설도 있다.

일반적으로, 묵시는 세계의 종말에 대한 계시라는 이미지가 강하다, 묵시문학이 종말을 소재로 하고 있기 때문이지만, 가장 큰 요인은 역시 『요한 묵시록』일 것이다.

바로 써먹을 수 있는 **중 2병 스타일 회화 예**

A : 주말에 캠프가?
B : 아니. 하늘에서 노란색과 검은색의 맹수 무리가! 그것이 나의 아포칼립스.
A : 그러고 보니, 말벌이 대량으로 발생했다는 뉴스가 나왔었지.

아포칼립스는, 신의 계시라는 의미로 사용되기보다, 종말이나 파멸의 전조, 예언이라는 쪽이 알기도 쉽고, 임팩트도 강하다. 단, 세계적 규모의 파멸을 갑자기 이야기하는 것도 어려울 것이다. 일단은 가까운 주변 범위에서의 파멸, 파국에 대해, 아포칼립스라는 말을 사용해서, 이야기해보도록 하자.

『요한 묵시록』이란, 전22장으로 구성된 문서로, 그중에 4장에서 22장에 걸쳐서, 세계 종말의 모습이 기록되어 있다.

12사도중 1명인 요한이 신의 계시를 받고, 눈으로 본 미래에 생길 일을 기록해서 소아시아에 있는 7개의 교회에 보낸 것이라고 알려져 있지만, 사실 요한과는 별개의 인물이라는 설도 있어서, 정확한 것은 아니다. 내용적인 면 역시, 너무나도 이상하기 때문에, 해석이나 성서로서의 취급에 대해서도 여러 가지로 의논되고 있다.

┉┉ 요한이 본 광경, 최후의 심판이란? ┉┉

그렇다면 요한이 본 광경은 어떤 것이었을까? 그 개요는 다음과 같다. 하늘의 왕좌에 신이 있고, 그 주위를 24명의 장로와 4마리의 생물이 둘러싸고 있다. 신의 손에는 7개의 봉인된 두루마리가 있어서, 7개의 뿔과 7개의 눈을 가진 어린양이 봉인을 뜯자, 4명의 기사[주3]가 나타나서, 여러 가지 재난이 지상을 덮친다. 그리고 7개째의 봉인을 뜯으면, 7명의 천사가 나타나고, 각자에게 나팔이 주어진다. 천사가 1명씩 나팔을 불 때마다, 재해가 지상을 덮친다. 그리고 7명의 천사는 그릇에 담긴 신의 분노를 지상에 뿌리자, 세계에는 파멸이 찾아온다. 또한 신과 악마의 군대가 싸움을 벌여 사탄은 지고, 1000년간 봉인된다. 결국 구세주가 재림하여, 신을 믿고 올바르게 행동한 신자는 부활하고, 신과 같이 지상을 1000년간 통치한다. 그 후에 사탄이 부활하지만, 하늘에서 불이 비와 같이 내리고, **최후의 심판**이 시작된다. 최후의 심판에서는 **생명의 서**에 이름이 없는 사람은 지옥으로, 이름이 있는 사람은 천국으로 간다고 한다.

이것이 『요한 묵시록』의 대강의 줄거리이지만, 이야기로서 제대로 정리가 된 것이 아닌, 여러 가지 이미지가 나열되어 있는 곳도 많다. 4명의 기사, 7개의 봉인, 짐승의 숫자[주4], 붉은 용[주5], 천년왕국과 같은 추상적이며 상상력을 자극하는 말도 많고, 그 이미지나 상징 역시 해석에 따라서, 의미가 상당히 달라진다. 요한이 묵시록을 썼을 당시, 그리스도교도는 로마 제국의 박해로 인해 괴로워하고 있었다. 그렇기 때문에, 같이 박해를 받는 그리스도교 신도들에게, 적그리스도는 멸망할 것이라고 암호로 신도들을 독려하는 편지를 보냈다고 한다. 또한, 세계의 종말이 아닌 **로마제국의 멸망**을 예언한 것이라는 해석도 있다. 결국 읽는 시대, 읽는 사람에게 각각 종말을 보여주고 있는 것이다.

아포칼립스

암흑 물질

우주는 무엇으로 이루어져 있는가? 그 구성물질 중 하나라고 하는 암흑 물질.
그 정체는…… 아직 밝혀지지 않은 물질이었다.

········ 광대한 우주 안에 「보이지 않는 무언가」 ········

【주1】 1898〜1974년. 스위스 국적의 천문학자. 월터 바데(독일의 천문학자)와 함께, 초신성 연구의 개척자로서. 초신성이 중성자성으로 이행하는 과정에 있다는 것이나, 초신성이 우주선의 발생원이라는 것을 발표했다.

【주2】 1928〜 . 미국의 여성 천문학자. 안드로메다 은하를 관측하고 있던 그녀는, 이 대발견에 성공한다. 현재도 워싱턴의 카네기 연구소에서 연구를 계속하고 있다.

【주3】 광대한 우주에 은하가 어떻게 퍼져있는지를 나타내는 분포도, 부채꼴로 되어있어서, 축부분이 지구로 되어있는 것이 일반적이다. 현재는 25억광년까지의 약 100만개의 은하에 대해서 조사한 지도가 있다.

광대한 우주를 차지하는 물질에는, 「눈에 보이지 않는, 질량을 가진 무언가」가 있다. 그것이 암흑 물질, 혹은 다크 매터라고 불리는 것이다. 그 존재는, 사실 1930년대경부터 예상되었었다. 은하가 모여서 만들어진 은하단은, 별 등의 물질 무게만으로는 명백히 너무 가벼웠기 때문에, 「눈에 보이지 않는 무언가가 있는 것은 아닌가?」라고 생각한 학자도 있었다. 그리고, 1934년에 프리츠 츠비키 【주1】는 광학적으로 관측 가능한 질량보다 더, 그 400배라고 추정되는 질량이 존재하는 것을 발견했다. 이것이 있기 때문에 은하는 서로를 끌어당기고, 중력을 발생시킨다고 추측했다. 그러나, 당시의 관측기술로는 암흑 물질은 아직 실증할 수 없었다.

그 후로 기술이 발전하자, 1970년대에 미국의 천문학자 베라 루빈 【주2】에 의해 은하의 회전속도가 바깥쪽도 안쪽도 변하지 않는다는 점에서, 암흑 물질의 존재가 간접적으로 발견되었다. 물질이 듬성듬성 존재를 하면, 이런 현상은 일어나지 않기 때문이다. 게다가 1970년대 후반부터 은하의 분포를 나타내는 「우주지도」 【주3】의 제작이 진행되었으나, 그 관측에 있어서도 암흑 물질이 존재하지 않으면 설명이 되지 않는다는 것을 알게 되었다.

오~ 저기 암흑 물질이 있에!!

물론, 암흑 물질에 대한 반론도 있지만, 지금은 암흑 물질의 존재가 거의 유력시되고 있으며, 2003년부터 실행된 최신의 WMAP위성관측에 의하면, 암흑 물질은 우주전체 밀도의 22%를 차지하고 있다고 추측되고 있다. 남은 78% 중에, 원소로부터 오는 물질은 겨우 4% 정도, 나머지인 약 74%는 정체 불명의

바로 써먹을 수 있는 중2병 스타일 회화 예	A : 응? 너 깐깐한 캐릭터는 싫다고 하지 않았어? B : 아니, 이 애만은 좋아해. 나도 왜 그런지는…… A : 암흑 물질이 그렇게 만든 것 아냐?

잘 모르겠고, 보이지도 않지만, 중력을 발생시키는 암흑 물질. 중력을 매력과 같은 여러 가지 힘으로 바꿔보도록 하자. 그리고, 원래 좋아하는 스타일이 아닌데도, 어째서인지 끌리는 캐릭터나 아이템이 있다면, 거기에는 암흑 물질이 존재할지도……

118

에너지, 암흑 에너지(혹은 다크 에너지) 라고 한다. 또한, 2007년에는, 일본 미국 유럽의 국제연구팀이, 「암흑 물질이 존재하는 것으로 빛이 휘어지기 때문에, 그 배경에 있는 은하의 형태가 왜곡돼 보인다(중력 렌즈 효과). 이 왜곡된 정도를 조사하면, 암흑 물질의 **3차원적 공간분포를 측정할 수 있다**」고 발표. 같은 해, 이 방법을 사용해서, 허블 우주망원경으로 암흑 물질의 거대 링 구조를 확인했다고 NASA는 발표했다.

┅┅┅┅ 암흑 물질의 정체를 밝혀라! ┅┅┅┅

대충 역사를 둘러봤지만, 간단하게 말하자면, 암흑 물질의 정체에 관해서는 거의 아는 것이 없다는 것이 현재 상태다. 그 정체를 파악하기 위해, 지금도 천문물리학이나 소립자학 등 여러 방면에서 다양한 예상이 나오고 있다. 예를 들어 천문물리학에서는, 블랙홀(P.78), 백색왜성·중성자성, MACHO【주4】등이 후보로 거론되었다. 이것들은 전부 **바리온**(아원자입자)이다. 한편 소립자학에서는, 뉴트리노【주5】, **뉴트랄리노**, 액시온, 미러 매터와 같은 초대성입자가 후보로 거론되고 있다. 그중에서도 가장 유력한 후보라고 하는 것이 뉴트랄리노인데, 이것은 초대칭성이론【주6】이 정확하다면 존재할 것이라고 이야기되는 것으로, 사실은 아직 미발견 물질이다(후보로 올라와있는 초대성입자 중에서, 실제로 발견된 것은 뉴트리노 밖에 없다).

여러 가지 추측이 있는 만큼, 암흑 물질을 해명하는 접근 방식도 매우 다양하다. 입자가속기로 암흑 물질을 인공적으로 만들려고 한다거나, 지하에 거대 검출기(XMASS【주7】)를 만들어서 암흑 물질을 잡으려고 한다거나, 최신의 고성능 망원경(스바루 망원경【주8】)으로 암흑 물질의 거대 입체지도를 만들려고 한다거나. 또한, 컴퓨터 시뮬레이션으로 우주를 재현하는 연구에서는, 암흑 물질이나 암흑 에너지도 입력해서 계산되고 있다(정체 불명이기 때문에, 중력에 대해서 어떻게 인력을 가하는가를 역산한다).

이렇게 암흑 물질의 연구는 여러 방면에서 이루어지고 있다. 그만큼, 무시할 수 없는 매혹적인 존재라고 할 수 있을 것이다.

암흑 에너지란?

우주의 70% 가까이를 차지하는 암흑 에너지 역시 아직 정체 불명인 존재다. 지금까지 알고 있는 것은, 진공에 관련하는 에너지로서, 물질이 없는 영역에 마이너스 압력을 가하고 있다는 것뿐이다. 유명한 아인슈타인이 조용하고 확장하지 않는 우주를 생각했을 때, 반중력 = 우주정수를 도입했고, 그것을 자신의 생애 최대의 실수라면서 부정했다. 하지만, 사실은 이 우주 정수가 의미한 것이야말로, 암흑 에너지라고 한다.

【주4】전자파를 방출하고 있지만, 너무 어둡기 때문에, 지금의 관측능력으로는 검출할 수 없다고 알려진 암흑 물질 후보 중 하나.

【주5】소립자 중에, 중성 렙톤을 가리킨다. 전자나 뮤 입자, 타우 입자라 불리는 소립자로서, 전하를 가지지 않는 단계의 것이다. 그 존재가 가정되었었지만, 실험을 통해 존재가 증명되었다.

【주6】이론 상의 보손 입자나 패르미 입자에 대응하는 초대칭성입자가 존재한다고 생각하는 가설. 최신우주론으로서 유명한 초끈이론도 이 가설의 일종이다. 단, 초대칭입자는 현재 실험적으로 발견되어있지 않다.

【주7】1톤의 액체 제논을 이용해서 암흑 물질을 직접 탐색하는, 지하 시설. 기후현 히다시 가미오카쵸에 있다.

【주8】하와이 섬의 마우나케아 산 정상에 있는, 일본의 국립천문대의 대형광학적외선 망원경.

야훼

유대 · 이스라엘에 있어서의 유일신. 유대교, 그리스도교, 이슬람교와 같은
일신교의 원류가 된 존재에 대해서 이야기해보도록 하자.

········ 유대 · 그리스도 · 이슬람의 기원 ········

【주1】 아담의 가장 처음 부인으로, 아담과 헤어진 후 악마의 아이를 낳았다고 한다. 단, 릴리스가 아담의 첫 부인이라는 것은 중세의 문헌에 의한 것이다. 원래는 메소포타미아의 전승에 나와있는 밤의 요괴라는 설도 있다.

【주2】 고대 바빌로니아 사람들이 세우려고 한 탑. 그들은 신을 숭배하기 위해서가 아닌, 자신들의 명성과 허영심에 대한 욕구로, 하늘에 닿는 탑을 만들려고 했다. 이것을 알게 된 신은 분노해서, 인간들의 언어를 혼란시켜, 서로의 말을 이해 할 수 없도록 만들었다. 결국 바벨탑은 건설 도중에 방치되고 만다. 참고로 이 전설로, 마지막까지 달성되지 않은 목표나 계획을 가리켜, 바벨탑이라 하는 경우도 있다.

【주3】 구약성서에 나오는 도시의 이름으로, 신의 분노를 사서, 유황과 불로 멸망당했다.

구약성서에 나오는, 세상 만물의 창조주로서 이스라엘의 유일 절대자, 전지전능한 신. 「YHWH」「YHVH」 등으로 쓰며, 헤브라이어의 이 4개의 자음은 신성 4문자, 그리스어에서는 테트라그라마톤이라 부른다. 또한 유대인들 사이에서는, 직접 야훼의 이름을 입에 담는 것은 무례하다 하여, 신성 4문자를 아도나이라고 바꿔 읽었다. 그리고 YHWH 에 아도나이의 모음기호를 붙이면 여호와가 되기 때문에, 그렇게 읽는 경우도 있다. 참고로 가톨릭교회에서도, 신의 이름을 함부로 말해서는 안 된다 해서, 「주」라고 부르도록 지침을 내렸다.

야훼는, 천지창조를 한 신으로, 6일동안 세계를 만들고, 그 후 하루를 쉬었다고 한다. 이 휴일이 현재의 안식일, 일요일이 휴일이 된 것의 기원이다. 또한 천지를 창조할 때, 야훼는 자신의 모습을 빗대서, 최초의 인간인 아담과 그 아내 릴리스 【주】(P. 43)를 만들었다. 단, 릴리스는 나중에 아담과 헤어지고 악마가 된다. 그렇기 때문에, 야훼는 아담의 갈비뼈에서 이브를 만들었다고 한다.

아담과 이브를 에덴 동산에서 살게 한 신이지만, 그들이 지혜의 열매를 먹

었을 때는, 아담과 이브를 에덴 동산에서 추방했다. 그 후, 아담과 이브의 자손이 지상에 늘어났지만, 그들의 악행을 보고, 대홍수를 일으킨다. 그렇게 노아와 그 가족, 노아의 방주(P. 20)에 타고 있던 동물의 암수 한 쌍을 빼놓고는 전멸시켰다. 그 후에도, 인간이 바벨탑【주2】을 건축했을 때에는, 사람들이 다른 말을 사용하도록 만들어서, 탑의 건설을 막았다. 소돔과 고모라【주3】에서 사람들이 타락했을 때에는, 하늘에서 유황과 불을 내려서 도시를 통째로 멸망시켰다. 이렇

바로 써먹을
수 있는
**중 2병 스타일
회화 예**

A : 어째서 만나기로 한 약속을 깼어?
B : 아니, 진짜 미안해! 갑자기 다른 곳에서 불러서 ······거절할 수가 없었어.
A : ······3일동안 점심 사.
B : 용서가 없네······니가 야훼냐?

야훼의 가장 큰 특징은 신, 유일무이의 신이다. 그대로 신이나 절대적인 존재에 대해서 사용하는 것이 가장 좋다고 할 수 있겠다. 다음으로 구약성서에 나오는 독선적인 부분이다. 배신이나 악을 용서하지 않는 부분을 집어서, 엄한 벌을 내릴 때 예로 사용하는 것도 좋을 것이다.

게 엄한 면뿐만 아니라, 동포를 이끌고 이집트에서 탈출하는 모세 [주4]를 구한 것과 같은 자비 깊은 면도 있다.

그러나 이러한 양극단적인 성질을 가진 구약성서의 야훼를, 전능신에 어울리지 않는다고 생각한 사람들도 있었다. 멜키온파라고 불리는 그들은, 구약성서의 야훼는 불완전한 신이며, 그리스도가 이야기한 신과는 다른 신이라고 말한다. 물론 이 생각은 정통파 교회의 비난을 받아서, 결국 격렬한 박해를 받아 5~6세기에는 소멸했다고 한다.

야훼의 천지창조

야훼의 최초의 능력 행사가 천지창조다. 첫째 날은 암흑에서 빛을 만들어, 낮과 밤이 생겼다. 둘째 날에 신은 하늘을 만들고, 셋째 날에는 대지를 만들어, 바다가 생기고 식물이 생겼다. 넷째 날에 신은 태양과 달과 별을 창조. 다섯째 날에는 물고기와 새를 만들었다. 여섯째 날에는 짐승과 가축, 그리고 인간을 만들었으며, 일곱째 날에는 쉬었다. 이것이 현재의 일요일의 유래다. 참고로 알라는 쉴 필요가 없다고 하여, 일곱째 날의 휴일은 없었다고 한다.

【주4】 고대 이스라엘 민족, 유대교의 지도자. 이집트에서 자유롭고 유복하게 살고 있었던 모세였지만, 동포인 유대인들이 학대당하는 모습을 보고, 유대의 백성을 이끌고, 약속의 땅인 가나안을 향해서 이집트를 탈출했다. 그러나 약속의 땅을 눈앞에 두고 생애를 마감했다.

그리스도교나 이슬람교와의 관계

구약성서에서 유대교의 신이었던 야훼는, 그리스도교, 이슬람교에 있어서 신과 마찬가지였다. 원래 그리스도 역시, 유대교 그리스도교파라고 할 수 있는 존재였다. 그러나, 그리스도교의 경우에는, 삼위일체 [주5]설에 의해, 예언자인 예수와 신·야훼, 정령이 본질적으로는 같은 존재, 하나의 신이라고 했다. 이렇게 유대교의 야훼와는, 미묘하게 다른 측면을 만든 것이다.

이슬람교의 경우에는, 야훼가 아닌 알라라고 부른다. 예언자는 무함마드이지만, 그리스도교와 같이 신과 동일한 존재는 아니다. 알라는 유일 절대 신이라는 생각이, 더욱 명확하다. 단, 원류는 유대교나 그리스도교와 마찬가지로 신 야훼이지만, 유대교, 그리스도교에서는 공식적으로 인정하고 있지 않다. 현재 상태에서 3개 종교의 신이 동일하다는 것을 인정하고 있는 종교는 이슬람교뿐이다. 각 종교의 가르침은, 각각 큰 차이가 있는 것으로, 성지 예루살렘을 둘러싼 전쟁이 있었기 때문에, 각 종교의 대립은 지금도 계속된다.

현재, 신흥종교를 빼놓으면, 유일신교는 유대교, 그리스도교, 이슬람교뿐이라고 할 수 있다. 거기다 3개 종교의 신은, 부르는 이름이나 성질은 다르긴 하지만, 본질적으로는 동일한 존재다. 즉, 야훼는 이 세계에 있어서 가장 많은 사람들이 믿는 신이라 할 수 있을 것이다.

【주5】 그리스도교의 근본원리 중 하나로, 로마 가톨릭교회의 중심적인 교리이기도 하다. 4세기경에 그리스도는 신인가 인간인가를 두고 논쟁이 발생했다. 그로 인해 모든 교회가 격렬한 논쟁을 벌이게 되었다. 수많은 종교회의를 거쳐서 381년의 콘스탄티노플 종교회의에서, 신과 그리스도와 정령은 같은 것이라는 삼위일체의 교의가 확정되었다.

야훼

에니그마

매우 뛰어난 성능을 보여준 독일군의 암호기인 에니그마는,
연합군이 전문 부서를 설치할 정도로, 암호의 은닉성이 뛰어났다.

❖┈┈┈ 매우 뛰어난 은닉성을 가진 암호기 ┈┈┈❖

가
나
다
라
마
바
사
아
자
차
카
타
파
하

【주1】 기계식 암호기는, 암호를 기계적으로 작성하는 장치다. 최초의 기계식 암호기는, 1790년 미국의 토머스 제퍼슨에 의해 발명되었다. 26문자의 알파벳을 불규칙하게 각인된 25장의 로터로 구성되어 있으며, 전달하려는 내용의 문자열을 작성하면, 다른 25조의 문자열이 암호가 되는 방식이었다.

에니그마는, 독일군에서 사용된 기계식 암호기【주1】다. 에니그마로 작성된 암호는, 풀기가 어려운 것으로 유명하다.

본격적인 암호기를 최초로 개발한 것은, 미국인 암호해독가인 에드워드 헤번이다. 그는 타이프 라이터를 베이스로, 기계로 알파벳 변환 작업을 하는, 암호와 그 해독 코드의 시스템을 만들어냈다. 그 이후, 베를린의 엔지니어이자 공장 경영자인 아르투르 슈르비우스가 특허와 권리를 사들이고, 암호화 방식을 더욱 복잡하게 만든 것이 에니그마다.

에니그마는, **알파벳을 불규칙하게 바꿔놓는 구조로** 되어있어서, 같은 내용의 전문을 몇 번이고 작성하더라도, 그때 그때 다른 암호로 변환할 수가 있었다. 당초에, 에니그마는 민간용 비밀유지용 기기로서 판매되었지만, 이것을 군의 통신 장교가 발견하고 독일군에 채용하였다.

군용으로 사용이 된 에니그마는 더욱 개량되어, 88자리라는 방대한 문자 변환수를 실현했다. 제2차 세계대전 중에도, 수시로 개량되었다.

에니그마의 크기는, 가로 34cm, 세로 28cm, 높이 15cm로 작았으며, 무게 역시 12kg 정도로 가볍고, 배터리로 움직였기 때문에, 전투 차량 안으로 가지고 들어가서 사용할 수도 있다.

독일군은, 전차를 주축으로 한 기계화 부대와 전술공군에 의한 전격전을 구상하고 있었기 때문에, 에니그마는 이 전술에 잘 맞는 암호기였다. 독일군의 암호를 풀기 위해, 연합군은 전용 부서지 설립해서, 많은 수학자들을 투입시킬 정도였다.

바로 써먹을 수 있는
**중2병 스타일
회화 예**

A : 이 책갈피, 웬 구멍이 이렇게 많이 나있어?
B : 이건 에니그마 2호기인데, 메모에 가져다 대면, 읽을 수 있게 되는 거지.
A : 자 그럼 한번 볼까. 근데 「점심은 옥상에서」라니, 이런 거 암호로 안 보내도 되는 거 아냐?

에니그마는, 암호를 제작하는 것과 동시에 해독하는 도구이기도 하다. 암호는, 서로간의 법칙만 정해놓는다면, 우리와 같은 초짜도 만들 수 있기 때문에, 예로 든 것과 같은 간단한 도구를 만들어서 분위기를 즐기는 것도 좋을 것이다. 이것으로, 즐거운 회화가 가능하지 않을까……생각한다.

에테르

SF세계에 언제나 등장하는 소재이기도 한 「에테르」.
과연 이 미지의 존재는 있는 것인가, 아니면 없는 것인가!?

❖⋯⋯ 옛날부터 학자들을 괴롭혀온 정체불명의 존재 ⋯⋯❖

여기서 말하는 에테르라는 것은 유기화합물을 가리키는 것이 아닌, 19세기경까지 물리학에서 사용된 술어이다. 단어 자체는 고대 그리스 시대부터 있었으며, 아리스토텔레스【주】에 의해 제5원소로서 제창된 「빛나는 공기의 상층」을 나타낸다. 르네 데카르트【주2】 등도 에테르를 가정하고, 이 미세한 매질이 **빛을 전파하는데 필요하다고** 여겨서, 혹성 등도 그 소용돌이 안에 떠서 움직이는 것이라고 생각했었다. 하지만 당시에는, 빛도 에테르도 어떤 것인지는, 아직 아무도 해명해내지 못했다.

그렇기 때문에, 에테르를 두고 여러 학자가 가정을 세우고, 고찰을 하고, 실험을 했다. 예를 들어, 네덜란드의 수학자인 크리스티안 하위헌스【주3】는, 빛은 에테르 안에 전파하는 종파(縱波) 라고 가정했다. 한편 잉글랜드의 학자인 아이작 뉴튼【주4】은, 빛은 미립자로서, 밀도가 균일하지 않은 에테르 모델을 제안했다. 여기에, 빛은 횡파의 파동이라고 생각하는 등, 실로 다양한 모델이 세상에 나오고 사라졌다.

그런데 세월이 흘러, 맥스웰 방정식【주5】에서 전자파의 존재가 예상되고, 게다가 독일의 물리학자인 하인리히 헤르츠【주6】가 1888년에 전자파 방사의 존재를 처음으로 실증. 전자파에 의한 송수신이 가능해져서, **전자파의 속도가 빛의 속도와 일치하다는** 것을 알게 되었다. 즉, 빛은 전자파의 일종이라고 생각할 수 있는 것이다. 그래서, 에테르 운동을 기준으로 한 절대좌표계가 존재하는 에테르 모델이 제창되었다. 하지만, 이것으로 에테르를 설명하려고 하면, 에테르는

JA 여기에도 저기에도 에테르가 있지!

미쳤구나…

JA!

JA!

【주】기원전 384~기원전 322년. 고대 그리스의 철학자. 서양 최대의 철학자로 받들어져, 자연 연구의 업적에서 「만학의 선조」라고 불린다.

【주2】1596~1650년. 프랑스 출신의 철학자. 생각하는 주체로서 자기와 존재를 「나는 생각한다, 고로 나는 존재한다」라고 정식화를 한 것으로 유명하다.

【주3】1629~1695년. 네덜란드의 천문학자. 물리학자. 토성의 둘레가 띠 형태로 되어있다는 것을 발견. 진자시계를 발명. 파동의 전파를 해석한 「하위헌스의 원리」를 제창하는 등의 업적을 남겼다.

【주4】1642~1727년. 잉글랜드의 자연철학자. 수학자. 뉴튼역학을 확립하고, 고전물리학의 선조가 되었다. 1665년에는 만유인력과 2항정리를 발견하고, 미분적분학의 발전에 공헌하는 등. 다분야에 걸쳐서 활약을 했다.

바로 써먹을 수 있는 중2병 스타일 회화 예	A : 공포의 강풍⋯⋯(썰렁~) B : 뭐야, 완전 썰렁한데? A : 뭐⋯ 뭐야 이 분위기는! 에테르의 이상현상인가!?

에테르의 존재는, 엄밀히 말하자면, 없는 것은 아니다. 이 신기한 매질의 존재는 SF에서는 자주 사용되어, 초과학기술의 소재가 되기도 하고, 또한 마술이나 연금술의 소도구로서도 자주 등장을 한다. 우리도 에테르에 여러 가지 낭만을 가득 담아서, 망상의 나래를 펼쳐보자.

에테르

고주파를 전하기 위해 강철보다 딱딱하다는 복잡 기괴한 것이 되어서, 물리 형상을 완전히 설명하기 위한 에테르 이론은 점점 혼미상태에 빠지게 되었다. 이 논쟁은 20세기 초두까지 계속되었다.

어떤 가정이더라도, 일단 눈에 보이지 않는 「에테르」의 존재를 입증하는 실험결과가 있으면 된다. 이러한 에테르 효과를 확인하려는 실험은 수많이 진행되었다. 그중에서도 가장 주목을 받은 것이 「에테르 바람」의 실증이었다.

이것은 에테르에 대해서 절대좌표계를 가정할 경우, 지구도 에테르 안을 진행하는 것이니, 지상에서는 이 에테르의 바람이 불고 있는 것이나 다름 없으므로, 이로 인해 빛의 속도의 변화가 인정된다고 생각했었다.

아리스토텔레스의 5대원소

아리스토텔레스는 원래 불, 물, 땅, 바람의 4대원소설을 계승했지만, 이 세상에 존재하지 않는 것은 없다고 생각했다. 즉, 「진공」을 인정하지 않았고, 여기에 기초로 한 원자론 또한 인정하지 않았다. 그래서, 항성이나 혹성에 그것들을 이끌어내기 위한 특별한 원소를 필요로 해서, 에테르라는 원소를 할당했다. 그리고 천체의 움직임과 같이, 에테르도 계속해서 영원히 회전하는 것이라고 생각했었다.

실험과 특수상대성이론으로, 부정되었다

에테르의 바람을 입증하려는 과학실험은, 말 그대로 세계각지에서 긴 세월에 걸쳐 계속 반복되었다. 그러나, 확실한 결정타가 될 만한 것은 1887년의 마이컬슨과 몰리의 실험【주7】이었다. 이것은, 지구와 에테르의 상대적인 이동을 검출하는 실험으로, 1개의 광선을 2개로 나눠서, 각각을 서로의 직각인 경로로 진행시켜, 멀리 있는 거울에 반사시켜서 되돌아오는 것으로 간섭을 시키는 실험이었다. 지구에 에테르의 바람이 불고 있다면, 2개의 빛의 경로는 변화한다. 하지만, 아무리 정밀도를 높여도 경로의 변화는 보이지 않아서, **에테르의 바람은 인정되지 않았다.** 이로 인해, 에테르의 개념 그 자체가 부정되게 된 것이다.

그리고, 에테르의 실재성을 근본적으로 완전히 부정한 것이, 독일 출신의 물리학자인 알베르트 아인슈타인【주8】의 **특수상대성이론**이다. 아인슈타인은 빛의 속도는 일정하며, 이것을 메우기 위해 시간과 공간의 개념이 바뀐다, 라는 물리학 최대의 혁신을 일으켰다. 이 이론은, 모든 관측자는 상대적인 운동이다 라는 것으로, 에테르라는 관측기준의 테두리가 필요없어진 것이다. 앞에서 마이컬슨과 몰리의 실험과, 이 상대성이론 덕분에 에테르를 부정하는 사고방식이 주류가 되어, 지금의 물리학에서는 에테르는 없는 것이라고 생각하고 있다.

엑스칼리버

신비한 힘을 지닌 성검 엑스칼리버.
아더왕의 애검으로, 여러 외적을 물리쳤다.

··········· 성검으로 이름을 날린 아더왕의 애검 ···········

예로부터, 브리튼에서 **원탁의 기사** 【주1】들을 이끌고 싸웠다는 **아더왕** 【주2】의 애검인 엑스칼리버. 그 높은 인지도로 국경을 뛰어넘어, 서양에 전해져 내려오는 무기 중에서, 가장 유명한 검 중 하나로 들 수 있다.

이 검은 이계 아발론의 주민들이 만들어냈다고 하며, 특별한 가호를 받았다고 한다. 또한, 검뿐만 아니라, 칼집에도 검 주인의 상처를 치료해서 불사신으로 만드는 성스러운 힘이 있었다고 전해 내려온다. 아더왕은 이 검과 함께, 아일랜드인이나, 게르만인 등, 조국 브리튼의 침략을 노리는 수많은 난적을 격파했다. 그 공로로, **전설적인 영웅**으로 일컬어져, 그를 따랐던 원탁의 기사와 함께 『아더왕 전설』로서, 유럽에 전해지는 기사도 이야기를 대표하는 존재가 되었다.

성검 엑스칼리버야말로 아더왕의 전설을 후대에까지 내려오는, 전설적인 이야기로 만들었다고 생각하기 마련이지만, 사실 아더왕이 엑스칼리버를 손에 넣을 때까지의 에피소드도 전설적인 것이었다.

브리튼 왕의 아들로서 세상에 태어난 아더는, 태어나자 얼마 안 있어서, 왕족에서 한번에 서민이 되고 말았다. 하지만, 그가 15살이 되었을 때, 그에게 운명의 전기가 찾아왔다. 어느 날, 그는 브리튼 섬의 교회에서 신기한 검이 꽂혀 있는 큰 바위를 발견한다. 검을 뽑은 자는 브리튼의 왕이 될 것이라, 라는 말이 전해져 내려와서, 지금까지 많은 기사들이 뽑으려 했지만 실패했다. 하지만, 아더는 그 검을 아주 간단하게 뽑았다. 이때부터, 그는 왕족으로 복귀하여, 왕위 계승자가 되었다. 그리고, 조국 브리튼을 지키는 구국의 용사로서 원탁의 기사

원탁의 기사 등장!!

검 하나 만은 훌륭하네

【주1】아더왕 전설에 등장하는, 특별한 원탁에 앉는 것을 허락 받은 12명의 기사. 기본적으로, 현역의 기사가 원탁의 기사에서 제외되는 일은 없으나, 1명이 빠진 경우에는, 그 기사보다 강한 새로운 기사가 원탁의 기사로 보충이 된다.

【주2】브리튼의 왕인 우서 팬드래건 왕의 아들. 태어나자마자 마술사 멀린에게 맡겨졌기 때문에, 왕족에서 서민이 된다. 하지만, 나중에 종복인 원탁의 기사와 맹약을 맺고, 엑스칼리버와 함께 전설에 이름을 남기는 인물로까지 성장한다.

바로 써먹을 수 있는 **중2병 스타일 회화 예**	A : 저기 말야, 엑스칼리버 입수했어? B : 칼리번 말이지? 어제 입수했어. A : 엑스칼리버라니까! B : 그러니까~, 입수 했다고. 카리브르누스잖아.

많은 명칭을 가지고 있는 엑스칼리버. 엑스칼리볼이나 카리브르누스와 같은 명칭도 여러 서적에 자주 게재된다. 일부러 지명도가 높은 엑스칼리버가 아닌, 다른 명칭을 써서 대답하는 것으로, 지식을 어필하는 것이 가능하다. 단, 너무 많이 하면 싸움이 일어날 수 있기 때문에 주의를 해야 한다.

【주3】 중세 전설에 등장하는 가장 고명한 마술사. 예지능력이 뛰어나며, 아더왕의 조언자로서 등장한다.

【주4】 라틴어로 적혀있는, 브리튼에 관한 위사서(僞史書). 가이우스 율리우스 카이사르가 이끄는 공화정 로마군의 브리타니아 침공이 묘사되어 있다.

와 맹약을 맺는다.

하지만, 어느 전투에서 그 검은 무참하게 부러지고 만다. 궁지에 몰린 아더였지만, 마술사 멀린【주3】에게 도움을 받는다. 며칠 후, 멀린이 이끄는 대로 어느 호반에 방문하여, 거기서 만난 호수의 아가씨에게 아더는 엑스칼리버를 받았다는 화려한 에피소드가 있다.

RPG에 자주 등장하는 성검

엑스칼리버라고 한다면, 서양의 무기 중에서도 열 손가락 안에 꼽힐 정도로 유명한 무기다. 특히 판타지에서 나오는 무기이기 때문에, 모험형RPG에는 반드시라고 해도 좋을 정도로 등장한다. 그리고, 강적을 공략하는데 절대 빠지지 않는 걸작품으로, 많은 플레이어에게 사랑을 받고 있다. 그러나, 엑스칼리버의 형태는 한가지로 결정되어 있지 않고, 같은 모양의 성검은 존재하지도 않는다. 단, 엑스칼리버의 이름을 단 모든 무기가, 비교적 심플한 검을 베이스로 디자인되어 있는 것 같다.

2개의 성검

앞에서 이야기했지만, 아더는 호수의 아가씨에게 엑스칼리버를 받았다. 그렇다면, 큰 바위에 꽂혀있던 검은 과연 어떤 대용품이었단 말인가?

그 대답은 13세기에 작성된 산문문학인 『멀린』에 묘사되어 있다. 아더가 바위에서 뽑아낸 검, 그것은 **엑스칼리볼**이라고 불리며, 엑스칼리버의 다른 명칭이라는 것이다. 즉, 성검 엑스칼리버는 세계에 2자루 존재했다는 이야기다.

또한 12세기에 써진 『브리타니아 열왕사』【주4】에서는, 아더왕이 가진 검을 **카리브르누스(칼리번)**라고 기재하고 있어서, 바위에서 뽑아낸 검의 명칭이라는 설도 많다. 이 설에서는, 아더왕이 호수의 아가씨에게 입수한 검은, 부러진 카리브르누스를 다시 만든 것이라고 한다. 이름은 앞에서 이야기한 엑스칼리버이지만, 의미는 카리브르누스를 다시 연마해서 만든 것이라는 의미가 있다고 한다.

희대의 영웅인 아더왕을 다룬 이야기는 이 세상에서 많이 발견할 수 있는데, 어떤 이야기이던 작성된 시대는 물론이고, 언어도 다르기 때문에, 어느 것이 정확한 것인지는 확실하지 않은 상황이다.

또한, 아더왕이 호수의 아가씨에게 성검 엑스칼리버를 받은 에피소드는 초기에 등장한 아더왕 이야기에는 존재하지 않는다. 이것을 보면, 바위에서 뽑아낸 검도 호수의 아가씨에게 받은 검도 양쪽 다 「엑스칼리버」와 같은 검, 혹은 원형일지도 모르겠다.

참고로, 엑스칼리버는 아더왕 사후, 그의 충실한 종자였던 베디비어 경의 손에 의해, 호수의 아가씨에게 돌려줬다고 한다. 하지만, 이 역시 많은 서적에서 내용이 다르기 때문에, 진위는 확실하지가 않다.

연금술

돌을 금으로 만들 수 있다는 마법과 같은 연금술.
중세 유럽에서 유행해서, 일확천금을 꿈꾸는 많은 연금술사들을 만들어냈다.

···· 현대과학과도 연결되는 16세기의 연금기술 ····

연금술이란, 일반적으로 중세 유럽에서, 유행한 돌이나 비금속(철이나 동 등)에서 금을 만들어낸다고 하는, 일종의 **마법과도 같은 기술**이다. 당시의 연금술사들은, 돌을 금으로 바꾸는 기술을 찾기 위해, 밤낮으로 실험이나 탐구를 계속하면서, 절차탁마를 했던 것이다.

또한, 연금술은 반드시 금을 만들어내는 것만을 목적으로 하고 있던 것은 아니다. 판타지 세계에서 이 단어를 접해본 적이 있는 사람도 많을 테지만, **현자의 돌**이라 불리는 것을 정제하려고 했던 연금술사도 많았다. 이 현자의 돌이란, 앞에서 이야기한 돌을 금으로 바꾸는 것뿐만 아니라, 모든 물질을 연금술로 만들어낼 수 있는 촉매라고 여겨져서, 사람에 대해서 이 현자의 돌을 사용하면, 불로불사가 된다고 여겨졌다. 정확한 숫자까지는 파악되어있지 않지만, 당시 연금술의 주류는, 어느 쪽이냐고 한다면, 현자의 돌을 정제하는, 오컬티즘에 가까운 연구자들이 많았다고 한다.

이와 같이 연금술은 크게 두 가지로 나누면, 금을 정제하는 연금술이라는 문자 그대로의 연금술과, 현자의 돌을 정제하는 판타스틱한 연금술, 이렇게 2가지 사상이 있다.

하지만, 어느 쪽이건 연금술사들의 연구의 성과는, 현대의 과학으로 확실하게 이어지고 있다. 유명한 예를 들어보자면, 물리학의 권위인 **아이작 뉴턴** [주] 조차도 연금술에 관련되어 있을 정도로, 오히려 현대과학은 연금술을 토대로 한 것이라는 측면도 강하다.

구체적인 예를 들어보면, 초등학교의 과학시간에 배우는 물을 증류하는 기술

【주】 사과가 나무에서 떨어지는 것을 보고 만유인력을 발견한 유럽의 과학자. 근대물리학에 다대한 영향을 주었다.

모표는는 불로불사…

바로 써먹을 수 있는 **중2병 스타일 회화 예**	A : 연금술을 보여주지, 10원짜리 동전 내놔. B : 자, 여기(뒤적뒤적, 짠!) A : 오옷~, 손에 있었던 10원이, 눈 깜짝할 사이에 100원으로! B : 대단하긴 한데, 그거 그냥 마술이잖아……

연금술은 판타지 세계에 있어서 자주 등장하기 때문에, 일반인에게도 지명도가 높다. 물질을 다른 물질로 정제하는 기술로 알고 있는 경우가 많기 때문에, 올바르게 금을 정제하는 기술이라는 것을 알려주거나, 현자의 돌을 엮어서 오컬티즘한 기술 이야기를 하는 것이 좋을 것이다.

연금술

이나, 염소, 황산 등의 화학적인 액체의 발명. 더 나아가 화약의 발명 역시 연금술의 성과라고 한다. 원래 그것을 만드는 것을 목적으로 했던 것은 아니지만, 실험의 결과, 그것들이 발견·정제된 것은 사실이다. 화학의 발전에 의해 아이러니하게 연금술은 자취를 감추게 되었지만, 지금도 그 이름이 끈질기게 남아있는 기술 중 하나이며, 그 역사적인 공헌도는 이루 다 말할 수 없을 것이다.

무엇이든 가능한 현자의 돌

연금술의 세계에 있어서 현자의 돌이라는 것은, 만물을 정제할 수 있는 만능의 촉매이며, 사람을 불로불사로 만들 수 있다고 여겨졌다. 이러한 현자의 돌이지만, 다른 장르인 흑마술의 세계에서는, 손에 넣으면 세계의 예지 전부를 알 수 있게 된다는 전지전능한 물질로 여겨졌다. 양자의 사이에 다소 차이가 있기는 하지만, 인지를 뛰어넘은 만능의 아이템에는, 현자의 돌이라는 이름이 사용되는 경우가 많다.

❖⋯⋯ 연금술의 기원은, 고대 이집트의 기술 ⋯⋯❖

【주2】 고대 이집트와 고대 그리스의 연금기술의 정수를 모은 서적. 많은 보석을 만드는 법이나, 납의 정련법 등이 기재되었다.

이것은 금을 만들어내는 수단이라고 하기 보다는, 오히려 현대 과학에 가까운, 물질에서 금을 뽑아내는 방법이었다. 이것은 당시의 장인들의 손에 의해 기술이 연마되어, 벽화 등으로 후세에 전달되었다.

이 이집트의 기술은, 결국 고대 그리스로 전해져서, 물리학이나 자연과학에 해당하는 연구자들의 손에 의해 발달되어갔다. 이 시대의 연금술은 주로, 금을 뽑아내는 수단을 응용해서, 보석을 정제하는 기술이 중심이었다고 한다. 그 중 거로, 3세기경에 저술되었다고 하는 『라이덴 파피루스』【주2】라고 불리는 연금술의 책에는, 101개에 달하는 보석의 제작법이 실려있다.

그러나 당시의 종교관념에 의해서, 연금술은 **흑마술**로서 금지되고 만다. 당시의 사람들에게는, 실험은 이상한 마술의 의식과 같이 보였을 것이다.

그리고 고대 그리스부터 시대는 흘러서, 중세 이슬람에 연금술의 수법이 전달되었다. 그리고, 이슬람에서 유럽으로 연금술 책이 넘어간 것으로 인해, 연금술 전성기라고 할 수 있는 시대가 막을 연 것이다.

이때부터 금의 정제 이외에, 현자의 돌이나 사람을 되살리는 묘약 **엘릭서**를 연금술로 만들 수 있다는 이야기가 나오기 시작한다. 고대 그리스 시대에 흑마술로서 탄압받은 이미지가 남아있어서인지, 이 후의 연구는 오컬티즘한 방향으로 전개되었다고 생각할 수 있다.

또한, 동양에 있어서도 연금술은 형태를 바꿔서 유행했다. 단, 동양에서는 불로불사가 되는 것을 목적으로 유행한 측면도 강해서, 어느 쪽이냐고 한다면 연금술의 정사에서 벗어난 것이라고 할 수 있다. 단, 어떠한 형태라 하더라도, 연금술이 전 세계 사람들의 마음을 끌어당기는 기술이었다는 것은, 틀림없을 것이다.

영구기관

예전에는 실현불가능하다고 여겨졌던 영구기관.
현재는 민간의 일본인 연구자의 손에 의해, 실현을 향해 나아가고 있다.

❖……… 영구기관은 미국에서 제작되고 있었다 !? ………❖

영구기관이란, 외부에서 에너지의 입력이 없더라도 계속 일을 할 수 있는 구조를 가리킨다. 현대의 물리학에서는 부정되고 있어서, 「영구기관을 연구하고 있다」라고 이야기를 하면, 비웃으며 이야기가 끝나던가, 머리가 이상한 게 아니냐는 이야기가 나올 정도의 실현불가능한 물건이지만, 많은 과학자들이 **활차**나 **톱니바퀴, 수차**를 이용해서, 진지하게 연구하던 시대도 있었다.

하지만, 연구가 진행된 결과, 에너지 보존의 법칙【주1】이 탄생했다. 고등학교 물리수업 때 배우니, 기억하고 있는 독자도 많을 것이다. 이 법칙은, 「모든 자연현상에 있어서 에너지 변환에는, 관계하는 모든 에너지의 합이 일정하다」라는 것이다. 즉「에너지는 자기 멋대로 솟아나거나 하지 않기 때문에, **영구기관은 만들 수 없다**」라는 것을 의미한다.

그 후, 에너지 보존의 법칙은, 물리학에서 상식이 되었다. 그러나, 1973년경에 미국의 캘리포니아주 로스앤젤레스에서, 영구기관과 같은 운동을 하는 모터가 제작되었다. EMA 모터라고 이름 지어진 이 모터는, 에드윈 그레이라는 인물에 의해서 개발되었다. 니콜라 테슬라라는 과학자의 연구를 토대로 만들어져서, 동체에 커다란 코일이 감아져 있는 외관에다가, 움직이기 시작하면 고전압이 발생해서 불꽃방전을 하면서 회전. 게다가 운동 후에는 열을 띠기는커녕 냉각이 되는 등의, 기존의 상식에서 벗어난 물건이지만, 입력이 1350와트임에 대해서 출력이 1550와트라는, 즉 **효율이 100%를 넘었었다**. 이와 같이 현대의 영구기관으로 완성된 EMA 모터는, 그레이가 세운 유한회사에서 작성되었지

【주1】에너지 보존의 법칙은, 물리학에서 기본으로 여기는 법칙 중 하나로, 열역학의 제1법칙이라고도 한다. 한 마디로 에너지라고 하더라도,「전기나 열, 빛과 같은 몇 가지의 종류가 있다. 이것은 상호 변환할 수 있지만, 에너지의 종합 자체는 변함이 없다」라는 것이 에너지 보존의 법칙이다.

바로 써먹을 수 있는 **중 2병 스타일 회화 예**	A : 모에(萌え) 캐릭터를 자기가 그릴 수 있다면, 그걸 보고 또 모에(萌え) 상태가 되니까 좋지. B : 그으래? A : 그리고 말이야, 그걸 보고 나서 또 모에 캐릭터를 그린다면. 음! 이것이야 말로 현대의 영구기관이 아닐까!

영구기관의 특징은, 외부에서 에너지를 받아들이지 않고, 계속 일을 할 수 있는 것이다. 단, 이런 물건은 지금까지 없었기 때문에, 일반적인 회화에서 사용한다면, 같은 일을 계~속 반복하는 경우에 사용하면 좋다. 묵묵히 같은 행동을 반복한다면, 더욱 기계적이기 때문에, 영구기관이라는 말이 더욱 잘 어울릴 것이다.

129

만, 로스앤젤레스 지방검사국에서의 압력에 의해 연구는 중단, 그레이도 몇 년 뒤에 세상을 떠나게 되었다. 그리고, 이 사건을 추적했던 지방 신문이 테트라로, 검사국의 배후에 자동차자본과 석유자본의 존재가 있다는 것을 밝혀낸 후에, 폐간되고 말았다.

·········· 놀랍게도 일본에서 영구기관이 개발중! ··········

이렇게, EMA모터는 어둠 속에 묻히고 말았지만, 사실은 이 당시, 몇 명의 일본인 과학자가 EMA모터를 견학했었다. 그리고, 그들의 지인인 민간인 과학자 이데 오사무 씨가 독자적으로 연구를 거듭한 결과, 1988년의 시점에서 EMA모터와 마찬가지로, 에너지가 생성되는 모터의 제작에 성공했다. 2000년부터는 인버터 연구에 착수해서, 2010년 1월에는 효율이 3배에 가까운 인버터 개발에도 성공했다. 현재는, 입력 1에 대해서 4배에 가까운 출력을 기록하고 있으며, 이후 이 에너지를 입력으로 돌리는 방법만 발견한다면, **영구기관을 개발할 수 있다**고 한다.

참고로 이데씨가 독자적으로 연구해서 도달한 이론은, 전부 미국에서 발표되고 있다. 2011년 3월에는, 미국국방부를 시작으로, 미국 에너지부나 NASA(미항공우주국), 미공군연구소와 같은, 미국의 중추기관이 주최한 「우주추진과 에너지 과학의 국제 포럼」에 출석해서, 최신의 연구성과를 발표했다.

굳이 발표를 미국에서 하는 이유는, 일본의 학계에서는 에너지 보존 법칙에 위반되는 논문은, 그 시점에서 더 이상 받아들여지지 않기 때문이라고 한다. 그것은 **일본의 학회는 권위주의** [주2]적으로, 기존의 법칙에서 벗어난 창조적인 이론은 들어갈 여지가 없다. 즉 매우 보수적이기 때문이다.

원래, 에너지 보존의 법칙은 열역학의 분야에서 생겨난 것이다. 독자적으로 발전한 전기자기학은, 다른 가능성이 있다고 해도 이상하지 않을 것이다. 최근에도 뉴트리노 소립자가 빛의 속도보다 더 빨리 난다는 것이 실험으로 증명되어, 빛보다 더 빠른 것은 없다는 상대성이론에도 허점이 드러나기 시작했다. 이제 슬슬, **기존의 상식을 다시 한번 생각해봐야** 할 시기가 온 것은 아닐까라고 생각된다.

【주2】 스스로의 의지로, 자발적으로 동의를 하거나 따라갈 정도의 능력이나 실적을 권위라고 하면, 이런 권위를 따르는 것이 권위주의다. 이 경우에 권위주의라는 것은, 선인들이 이야기한 것을 스스로 따라가고, 때로는 맹목적으로 동의·복종하는 것을 의미한다.

가 나 다 라 마 바 사 아 자 차 카 타 파 하

영구기관

오딘

북유럽 신화의 주신 오딘은, 예언의 힘으로 최종 전쟁인 라그나로크를 예견한다.
하지만, 신들의 운명을 바꿀 수는 없었다.

❖┈┈┈ 북유럽 신화에 등장하는 외눈의 최고신 ┈┈┈❖

오딘은 북유럽 신화 [주1]의 **최고신**으로, 마술과 지식 이외에도, 전쟁이나 죽음을 관장한다. 신화에 등장하는 신들 중에서는 가장 나이가 많으며, 부인인 프리그와의 사이에 탄생한 발드르나 거인족과의 사이에서 태어난 토르를 시작으로, 많은 신들의 아버지이기도 하다.

오딘은, **회색의 수염을 기른 외눈의 노인**으로, 챙이 넓은 모자와 푸른 망토를 몸에 두르고 있다. 신들의 세계인 아스가르드의, 발라스칼프라 불리는 저택에 살고 있으며, 왕좌 흘리드스칼프에서 세상을 전부 다 둘러볼 수 있다고 한다.

오딘이 외눈인 이유는, 세계수인 위그드라실 [주2]의 나무둥치에 있는 지식의 샘 미미르의 물을 마시고 마술의 힘을 얻었을 때, 샘의 물을 마신 대가로, 샘을 지키는 거인 미미르에게 **자신의 한쪽 눈을 바쳤기 때문이다**. 또한 오딘은 룬 문자 [주3]를 해명할 수 있게 됨으로써 지식의 신이 되었지만, 이때도 궁니르에 찔린 채로 위그드라실에 목을 매어, 아흐레 동안 계속해서, 신인 자신에게 자신을 바친다는 고행을 했다. 이러한 일화에서, 옛날 사람들이 얼마나 지식을 얻기 어려웠으며, 그 지식을 얼마나 귀중한 것으로 여겼는지를 간접적으로 알 수 있다.

오딘에 관련된 이야기로는, 마법의 창인 **궁니르**가 유명하다. 궁니르는, 세계수 위그드라실에서 잘라낸 자루에 룬 문자를 파 넣은 창 끝을 단 궁극의 무기로서, 투척용 창으로 던지면 반드시 상대방을 꿰뚫고 다시 돌아온다고 한다. 또한 「활주하는 자」라는 의미가 담긴 이름

다리가 꼬여서 못 걸겠어~

【주1】 게르만 민족에 전해져 내려오는 신화. 노르웨이나 덴마크 등. 그 리스도교의 전파가 늦었던 북유럽에 원전이 많이 남아있기 때문에 북유럽 신화라고 부른다.

【주2】 북유럽 신화의 무대는 천상과 지상, 지하의 3군데로 나눠져 있어서, 이 3층을 관통하는 거대한 나무가 세계수 위그드라실이다. 천상은 아스 신족의 세계인 아스가르드, 반 신족의 세계인 바니헤임, 빛의 요정이 사는 알프헤임. 지상은 인간계인 미드가르드를 시작으로, 거인의 세계인 요툰헤임, 불의 거인의 세계인 무스펠헤임, 드워프의 세계인 스바르트알프헤임으로 나눠진다. 지하에는 서리의 세계인 니플헤임과 사자의 세계인 헬이 있어서. 전부 9개의 세계가 있다.

【주3】 게르만 민족이 사용한 문자. 게임이나 소설 등에서는 신비한 이미지로 사용되는 경우가 많지만, 이 당시에 매우 일상적으로 사용되었다.

| 바로 써먹을 수 있는 중2병 스타일 회화 예 | A : 전에 이야기한 그거, 찾았어?
B : 나의 심복인 후긴과 무닌이 있는 한, 찾지 못하는 동영상은 없느니라.
A : 응? 아, 노트북이랑 스마트폰 말이지? 너 진짜 인터넷 좋아하는 구나. | 회화에서 인용하는 경우, 오딘 그 자체는 약간 이용하기가 어렵다. 단, 마법의 창이나 2마리의 까마귀 등, 옵션이 몇 개인가 있기 때문에, 이쪽을 무언가에 비유하는 것이 좋을 것이다. 지식을 관장하는 신인 만큼, 무언가를 알아보는 것에 대한 화제에서 사용해보자. |

오딘

의, 8개의 다리를 가진 말, **슬레이프니르** 역시 잘 알려진 존재다. 육지뿐만 아니라, 하늘이나 바다, 그리고 저승까지도 건너갈 수가 있다고 한다. 물론, 그 이름에 나와있는 대로, 다리 힘도 뛰어나서 신화에 나오는 말 중에서는 가장 빠른 말이기도 하다.

동물이라 하면, 오딘은 2마리의 까마귀도 부리고 있다. 각각의 이름은 후긴(사고)과 무닌(기억)인 것을 보면, 지식을 관장하는 오딘답다고 할 수 있겠다.

❖······ 라그나로크를 예견했지만 운명은 바꾸지 못했다 ······❖

「널리 여행을 해서, 여러 경험을 한 자만이, 지식이라는 이름의 부를 얻을 수 있다」. 이것은 오딘의 말이지만, 오딘은 실제로, 자주 거인 족의 세계인 요툰헤임이나 인간의 세계인 미드가르드를 여행했다. 지식에 대한 오딘의 끝없는 탐구심을 잘 나타낸 것이지만, 어째서 오딘은 그토록 지식에 대해서 집착했던 것일까?

당초, 오딘이 마술이나 지식을 얻은 것은, **호기심**이었다고 한다. 이것이 점점 더해져서, 오딘은 나중에 **예언의 힘**까지 손에 넣게 되지만, 거기서 「최종전쟁 라그나로크(P.28)에 의해 신들이 멸망한다」【주4】라는 것을 알게 된 것이다. 그후, 오딘은 더욱 지식을 탐구하게 되어, 후긴과 무닌에게 세계의 정보를 모아오게 함과 동시에, 자신은 왕좌에서 세계를 감시하게 된 것이다.

그리고, 오딘은 **발키리에(P.68)**들을 인간계로 파견해서, 용감하게 싸우다 죽은 전사의 혼을 모아오도록 지시했다. 오딘이 전쟁과 죽음을 관장하는 신이 된 유래이지만, 이것은 라그나로크를 대비해서 전사의 혼을 모았기 때문이다.

자, 이렇게 라그나로크를 대비하는데 여념이 없었던 오딘이었지만, 그의 이러한 노력은 결국 보상받지 못했다. 전쟁으로 황폐해진 지상에 천재지변이 일어나자, 신들에게 적대적이었던 거인족이 드디어 침공을 개시했다. 궁니르를 손에 들고, 애마인 슬레이프니르에 올라탄 오딘은 스스로 선두에 서서 거인들과 싸웠지만, 거대한 늑대인 펜리르에 의해, 슬레이프니르와 같이 삼켜지고 말았던 것이다.

모든 것을 꿰뚫어 보는 영지를 가진 오딘이라 하더라도, **정해진 운명**을 뒤집을 수는 없었던 것이다.

【주4】 신들과, 신들에 대적하는 자들 사이에 벌어진 최종 전쟁 여름이 찾아오지 않고, 1년동안 계속 겨울이 지속되는 해가 3년동안 이어진 후, 오딘이 이끄는 신의 군대와, 대립하는 로키(P.37)와 서리 거인족 등의 군대가 격돌. 처절한 전쟁을 벌인 끝에, 양쪽 다 멸망하고 만다. 예언의 힘을 얻은 오딘은, 자신이 거대한 늑대인 펜리르에게 먹힌다는 것을 포함한 신들의 최후를 예견했지만 운명을 바꾸지 못하고 대부분의 신이 죽고 말았다. 세계는 불의 거인인 수르트에 의해 한번 완전히 불에 타게 되지만, 이후에 새로운 육지가 부상한다. 그리고 살아남은 몇 명의 신과 인간에 의해, 새로운 세계가 시작된다.

오딘

오버로드

SF소설의 인기 배우인, 이성인(異星人). 그중에서도 타입으로는 꽤나 특수한 것이, 바로 이 오버로드다. 과연 그들은 우호적인가? 아니면 적대적인가?

❖┄┄신인가 악마인가!? 인류의 진화에 관여한 이성인들┄┄❖

오버로드란 SF의 세계에서 자주 사용되는 이성인의 타입으로, 원래는 아서 C 클라크 [주1] 걸작 장편소설인 『유년기의 끝』 [주2]에 등장하는 이성인의 종족명이다. 매우 진보한 기술을 가지고 있는 그들은, 머나먼 지구까지 찾아와서, 지구인을 바른 길로 인도함으로써 새로운 단계로 진입시키려고 개입을 시도하는 것이다.

『유년기의 끝』에서 나오는 그들에 대해 설명하도록 하겠다. 20세기말, 돌연, 이성인 오버로드의 우주선단이 세계각지에 날아왔다. 그러나 그들은 인류에게 위해를 가하지도 않고, 교류를 하지도 않으며, 진보한 기술을 이용해서, 단순히 진화의 도움을 주기 위해 계속 존재했다. 그동안, 인류의 생활수준은 계속 향상되어, 지구에는 평화로운 세계가 만들어진다. 그리고 선단이 출현한지 50년 후, 드디어 그들은 모습을 드러낸다. 가죽과 비슷하게 생긴 강인한 날개에 짧은 뿔, 반대로 가시가 돋아난 꼬리. 흔히 말하는 **악마의 이미지** 그 자체인 그들의 모습은, 인류가 미래의 기억으로서 무의식적으로 가지고 있었던 것이었다. 그리고, 오버로드는 **오버마인드**라는 고차원의 사념체에게 지시를 받은 사자이며, 그들 자신은 진화의 막다른 골목에 다다랐다는 사실도 판명된다.

이야기는 그 후, 평화롭고 거대한 번영을 누리는 시대를 거쳐, 새롭게 진화한 인류가 탄생하자, 구 인류는 멸망한다. 이렇게 인류가 새로운 단계로 올라간 것을 확인하고 역할을 마친 오버로드는, 모성으로 귀환한다. 그러나, 이야기에서 맞이한 지구 최후의 모습은……

이 이야기의 결말은 지금부터 읽어보려는 사람들을 위해 생략하지만, 이 오버로드라는 인류의 역사를 뒤에서 조종하는 이성인은, 당초 꽤나 임팩트가 있었다. 인류는 과연 스스로 진화를 하는 것인가? 아니면 누군가에게 진화를 당하는 것인가? 그리고 그들은 과연 신인가 악마인가? 이런 것을 여러 가지로 상상해보는 것은 매우 흥미로운 일이어서, 이후 오버로드 타입은 SF에서 소재로 자주 사용되게 된 것이다.

【주1】 1917~2008년. 영국 출신의 SF 작가. 로버트 A 하인라인, 아이작 아시모프와 더불어 SF 계의 거장으로 알려져 있으며 『유년기의 끝』 『2001 스페이스 오디세이』 『은하제국의 붕괴』 『화성의 모래』 등이 유명하다.

【주2】 1953년에 발표된 아서 C 클라크의 장편소설. 클라크의 대표작이기도 하며, 팬들 사이에서도 그의 최고 걸작이라고 평가된다.

바로 써먹을 수 있는 중2병 스타일 회화 예	A : 드디어, 인터넷 대전에서 이겼다! 나의 진화, 자, 이제 다음 단계로! B : 이런, 오버로드의 개입이란 말인가. 정보통합사념체 같은 자식, 쓸데없는 짓을……

순수한 SF 에 국한되지 않고, 라이트 노벨 등에서도 오버로드는 등장한다. 『스즈미야 하루히의 우울』시리즈에 등장하는 나가토 유키 등은, 오버로드의 일종이라고 생각해도 좋다. 나가토와 같은 존재를 떠올리면, 오버로드의 사용법도 어렵지 않을 것이다?

오버로드

오파츠

세계각지에서 발견되고 있는 수수께끼의 유물인 오파츠.
지금까지 인류가 알지 못하는 미지의 기술이나 역사적 사실의 단서가 숨겨져 있다.

가
나
다
라
마
바
사
아
자
차
카
타
파
하

❧……… 현재 역사에 맞지 않는 유물 ………❧

【주1】헤지 수정해골 이외의 수정해골로는, 마야 문명의 유적에서 발견되었다는 대영박물관 소장의 브리티시 수정해골이나, 아즈테카 문명의 유적에서 발견되었다는 프랑스 인류박물관 소장의 파리 수정해골 등이 유명하다. 또한 과테말라에서 발견된 마얀 수정해골과 멕시코에서 발견된 아메디스트 수정해골은, 역시 휴렛팩커드사의 조사에서 헤지 수정해골과 마찬가지로, 미지의 기술로 성형되었다는 것이 판명되었다.

과학이 비약적으로 진보한 19세기에서 20세기에 걸쳐, 세계각지에 존재하는 수많은 고대유적이나 태고의 지층이 조사되었다. 이러한 장소에서는 여러 가지 유물이 발견되었는데, 그중에서는 현재 알려져 있는 인류의 역사와 맞지 않는 것도 있어서, 학자들을 고민하게 만들었다. 이러한 유물은「장소에 맞지 않는 가공품」이란 의미의 Out of Place Artifacts 라고 불려서, 그 이니셜을 따서 만들어진 약칭이 **오파츠**이다.

오파츠는 그 숫자가 무수히 많지만, 일본에서도 잘 알려진 것에는, **수정 해골**이 있다. 수정 해골이란, 그 이름 그대로, 인간의 두개골을 본 따 만든 수정이다. 수정 해골은 20여개【주1】정도 발견되었지만, 그중에서도 유명한 것이「헤지 수정해골」이다.

헤지 수정해골은, 영국인 탐험가인 F·A·마이클 헤지가, 1927년에 고대 마야의 유적에서 발견했다. 헤지 수정해골의 크기는, 높이와 폭이 12.5cm, 길이는 17.5cm정도로, 무게는 약 5kg이다. 재질은 매우 투명성이 높은 수정으로, **인간 여성의 두개골**을 본 따서 만든 것이라 추측되며, 관자놀이와 광대뼈 부분을 제외하면, 해부학적으로 보더라도 **매우 정교하게 만들어졌다.**

이것만으로도 대단한 물건이지만, 여기에 더욱 놀라운 것은 자연축을 거스르는 형태로 잘라져서, 성형되었다는 점이다. 원래 수정은 결정의 자연축에 따라서 가공하는 것이 보통이며, 그렇게 가공하지 않으면 레이저와 같은 첨단 기기를 사용한다 하더라도, 전체가 부숴지기 때문이다.

바로 써먹을 수 있는 **중 2병 스타일 회화 예**

A : 오파츠 발견!
B : 응? 무슨일이야?
A : 집의 지층에서, 이런 명작 게임이 나왔다고.
B : ……야 그거, 전에 내가 너한테 빌려준 거잖아!

오파츠와 같은 물건은, 일상생활에서 그렇게 자주 발견할 수 있는 것은 아니다. 그래서, 일상 회화에서 사용할 때는, 생각지도 못한 발견물을 가리킬 때 사용하도록 하자. 단, 자신의 방에서 발견한 물건은, 대부분 누군가에게 빌린 것이기 때문에, 이 야기하는 상대를 잘 가리도록 하자.

오파츠

참고로, 이 해골은 1970년대에 휴렛팩커드사에 의해 검사가 이루어졌지만, 이때 휴렛팩커드의 엔지니어는 「이런 것이 존재할 리가 없다」라고 이야기 했다.

또한, 미국 원주민의 전승에 따르면, 태고의 지혜가 깃든 해골은 13개 존재하며, 그 모든 해골을 모았을 때, 인류의 과거에서 미래까지, 숨겨진 역사를 포함한 모든 것이 밝혀진다고 한다.

인류사 최대의 수수께끼？

그런데, 우리들의 역사 인식은 정말로 올바른 것일까? 인류 최고(最古)의 문명은, 메소포타미아 남부에서 일어난 수메르 문명이라는 것이 현재의 상식이다. 하지만, 문자가 해독되어있음에도 불구하고, 문명을 일으킨 사람들이 어디서 왔는가는, 전혀 밝혀지지 않았다. 과학 만능의 시대라고 일컬어지는 요즘이지만, 사실 우리 인류는, 자신의 문명이 어디서 왔는지조차 제대로 알지 못하는 것이다.

가
나
다
라
마
바
사
아
자
차
카
타
파
하

·········· 현재의 역사 인식을 뒤집는 유물 ··········

오파츠 중에서는, 시대 고증을 크게 뒤집을 수 있는 것도 많다. 예를 들어 역사상, 인류는 공룡이 멸망한 다음에 탄생했다고 알려져 있지만, 미국의 텍사스주 글렌로스에 있는 팔럭시 강 주변에는, 백악기의 지층에서 소형공룡과 인간의 발자국이 발견되었다. 거기다 그 발자국은 일반적으로 30cm이상이고, 가장 큰 것은 60cm에 이른다. 인간의 손 모양 화석도 발견되었으며, 이것을 모으고 있는 크리에이션 에비던스 박물관의 관장 칼 보 박사에 의하면, **공룡과 인간이 공존했다**는 것을 나타내는 상황근거는 **매우 많다**라고 한다.

또한, 정말 믿기 어려운 이야기이지만, 고대에 일어난 핵전쟁의 흔적이라고 이야기되는 유물도 있다. 그것은 그리스 어의 「텍토스」(녹은 돌)에서 이름 지어진 텍타이트의 존재다. 텍타이트는 원래부터 지구에 존재한 것이 아닌, 암석이 2500℃ 이상의 고열에 노출된 뒤에 급격하게 냉각되어 만들어진다. 전문가도, 텍타이트가 지층을 형성할 정도로 만들어지는 것은, 지상에서 **핵폭발**이 일어난 경우 정도라고 인정하고 있는데, 이 텍타이트 지층이 세계각지에서 발견되고 있는 것이다.

그리고, 유명한 인더스 문명의 유적인 모헨조다로에서는, 순간적인 고열을 받아서 녹은 토기나 유리화 된 돌 등이 발견된 것 이외에도, 겹쳐진 듯한 모양으로 발견된 유골이나, 일반적인 것보다 50배가 높은 고밀도의 방사능이 검출되고 있다. 『구약성서』에 있는 소돔과 고모라[주2]가 멸망하는 모습이나, 인도에 전해지는 『마하바라타』[주3]에서 나오는 전쟁의 기술 등, 남아있는 문헌에도 핵폭발이나 핵전쟁이라고 밖에 생각할 수 없는 묘사를 찾아볼 수 있다. 이러한 **사실**은, 과연 무엇을 시사하는 것일까……

【주2】『구약성서』에 등장하는 도시 타락해서 신의 분노를 산 이 도시들은, 하늘에서 내린 불기둥에 의해, 눈이 멀 정도의 섬광과 큰 소리와 함께, 일순간에 멸망했다고 한다.

【주3】인도의 일대서사시로서,『바리타 족의 전쟁』을 이야기하면서 설화나 교훈이 기록되어 있다. 여기에 등장하는 「아그네아의 무기」가 문제로,「섬광을 내뿜고 폭발을 하면, 일면이 짙은 어둠에 휩싸이고, 무서운 바람이 불며, 구름이 우뚝 솟는다」라던가,「주민이 재로 변하고, 시체는 구분을 할 수 없을 정도로 타고, 머리카락과 손톱이 빠졌다」와 같이, 핵공격의 모습이나, 그 후의 방사능오염을 기록한 것으로 밖에 생각할 수 없는 묘사가 기록되어있다.

오파츠

135

윤회전생

사람은 죽으면 다시 태어나며, 죽음으로써 그 사념은 다른 세계로 이동해서
몇 번이고 윤회전생에 의한 삶과 죽음을 반복한다.

❧⋯⋯ 6개의 세계를 돌며, 생명이 있는 것은 다시 태어난다 ⋯⋯❧

【주】 천계, 인간계, 수라계, 축생계, 아귀계, 지옥계 등 6개다.

원래 「윤회」와 「전생」은, 각각 독립된 의미를 가진 말이지만, 포함하고 있는 의미가 비슷하기 때문에, 사자성어의 형식으로 이용되는 경우가 많다. 그 의미는 「생명이 있는 것은 죽으면 끝나는 것이 아닌, 다른 존재로 다시 태어난다」라는 것이다. 이러한 사고방식은 전 세계 곳곳에서 확인된다.

인간은 현세를 고통으로 가득 찬 세계라고 생각해서, 6개의 세계로 분할해서 **육도** 【주】라고 부르게 되었다. 윤회전생이란, 6개의 세계에서 계속 다시 태어나는 것을 가리키며, 일부 종교에서는 육도에서 벗어나는, 즉 윤회전생의 연쇄에서 빠져 나오게 되면 극락정토로 간다고 한다.

참고로, 혼에는 생전의 기억을 기록하는 힘이 있어서, 다시 태어난 인간은 전세의 기억을 그대로 가지고 있다고 한다. 확실한 증언은 매우 적어서, 오컬트의 영역을 벗어나지는 않지만, 그중에서는 본인이 알지 못하는 정보나, 신빙성이 높은 증언을 진술하는 사람도 있기 때문에, 완전히 부정할 수 없는 것도 사실이다.

윤회전생의 개념이 거짓인지 진실인지 증명은 할 수 없지만, 일설에서는 종교단체가 신자확보를 위해 만들어낸 것이라고 한다. 그렇다 하더라도, 종교란 것은 지도자가 존재하지만, 그 또한 언젠가는 죽고 만다. 힘이 있는 지도자가 사라지면, 신자는 감소한다. 그래서, 윤회전생이라는 개념을 만들고, 지도자가 「영구」하다고 주장해서, 신자의 감소를 막으려고 했다는 것이다. 이 설에는 명확한 증거는 없지만, 이치에 맞아 떨어지는 부분은 있기 때문에, 단순한 거짓이라고 치부하기는 어렵다.

실제로 윤회전생을 체험

윤회전생이란 즉, 죽는 것이다. 그리고 그것에 의해, 다음 세계에서 새로운 생명으로 다시 태어나는 것이다. 실제로 윤회전생을 하는 것은 무리이기 때문에, 간편하게 그것을 체험할 수 있는 장소를 소개하고자 한다. 장소는 미얀마에 있으며, 그 이름은 「윤회전생다리」다. 철도다리가 원형으로 되어 있어서, 일단 열차가 위쪽의 다리를 따라서 한 바퀴 돈다. 그러면 다리 밑으로 나오기 때문에, 사람은 같은 세계로 귀환한다는 윤회전생 기분을 손쉽게 맛볼 수 있는 것이다.

바로 써먹을 수 있는 중2병 스타일 회화 예

A : 우와, 사고 싶은 만화가 다 팔렸네.

B : 어쩔 수 없지.

A : 우와, 진짜? 나, 잠깐 윤회전생해서 다음 세계에서 만화책 살게.

B : 다음에도 인간으로 태어날 수 있을지 없을지 모르면서~

윤회전생에 의해 방문하는 6개의 세계. 이것들은 결코 순서대로 가는 것이 아니다. 그러나 영혼에는 생전의 기억을 기록하는 힘이 감춰져 있기 때문에, 이전 세계에서 해보고 싶었던 일을, 다른 세계에서 하고 싶다고 기도할 때 사용하도록 하자. 단, 많은 사람들 앞에서 사용하면 이상한 눈으로 바라보기 때문에 주의하도록 하자.

윤회전생

음양도

중국에 기원을 두고, 주술로서 일본에서 독자적으로 발전을 한 음양도.
정치와 묶여서, 고대일본을 지탱한 마술체계다.

❧……… 재액이나 길흉을 점치고 그것을 불제하는 기술 ………❧

음양도란 **음양오행설**을 기초로 사물을 관찰하고 재액이나 길흉을 **점치고**, 그것을 불제하는 기술을 가리킨다. 기초가 되는 사상은 고대중국에서 발생하여, 5세기에서 6세기에 일본에 들어왔다. 그 후로 일본에서도 **음양사**가 역사에 등장하기 시작했다. 결국 조정은 음양도에 의한 주술이나 점술, 달력을 편찬하는 부서인 **음양료** 〔주〕를 조직. 이 조직으로 인해 음양사를 국가에서 관리하게 됨으로써, 일본 음양도의 기반이 되었다.

음양도 그 자체의 시작은, 중국에서 생겨난 음양설과 오행설이 기초가 된다. 음양설은 삼라만상은 음과 양의 상반된 2가지의 기에 의해 성립된다는 것이다. 오행설이란, 자연계의 모든 것은 「목, 수, 토, 금, 화」의 5가지 성질로 되어있어서, 이 5개가 서로에게 영향을 주어, 만물은 변화, 순환한다는 사고방식이다. 결국 이 2가지의 사고방식이 결합되어, 음양오행사상이 된다. 그리고 이것이 천문, 기상의 지식과 합쳐지거나, 주술이나 점술, 역수(曆數)가 되었다. 음양도라는 말을 들으면, 부적을 사용해서 신기한 기술을 사용하는 일본판 마술사라는 이미지가 떠오르기 마련이지만, 사실은 그 뿐만이 아니다. 자연현상을 음양오행설이라는 독자적인 이론이나 이치로 해석하고, 이것을 바탕으로 무언가 도움이 될만한 것을 하려고 하기 때문에, 오히려 현재의 자연과학 연구자나 학자에 가까운 존재였던 것이다.

국가기관에 소속하게 된 음양도는, 신도나 불교 등의 요소를 흡수해가면서, 더욱 발전해갔다. 단, 헤이안시대 이후가 되면, 여기에 주술적인 기술이 더해져서 발전을 했다. 특히 이 시대에는 악

【주】일본이 율령제의 시대에 존재했던 기관 중 하나로, 중무성에 소속되어 있었다. 음양도, 역도(역법), 천문도, 누각(물시계) 등 4개의 일을 담당했다.

바로 써먹을 수 있는 중2병 스타일 회화 예

A : 어제 미팅에서 같이 집으로 갔던 여자애가 날 싫어하나 봐 ……음양도까지 사용했는데 말이지

B : 뭐? 음양도? 뭐 했는데?

A : 아니, 우호를 다지기 위한 주문을 외우면서 같이 집에 갔거든.

B : 우와 기분 나쁘겠네……

음양도와 관련된 말은 잘 떠오르지 않기 때문에, 좀처럼 이야기 꺼내기가 쉽지 않을 것이다. 하지만, 주문이나 소원을 비는 것에는, 현대에도 아직 음양도적인 요소가 남아있다. 주위에서 기이한 눈으로 바라보지 않을 정도로만 핀포인트로 사용하고, 음양도에 관한 잡학을 이야기하면, 화제를 만들어 낼 수 있을 것이다.

음양도

가
나
다
라
마
바
사
아
자
차
카
타
파
하

【주2】 음양사의 가계(家系)로서, 음양료에서 절대적인 권력을 쥐고 있었던 일족. 원래는 천문도, 역도, 음양도는 별도의 전문분야로 분업을 하고 있었다. 하지만, 가모노 타다유키가 이 3개를 전부 장악해서, 가모씨의 지배체제를 만들었다.

【주3】 음양사의 가계로서, 가모씨와 어깨를 나란히 하는 일족. 가모노 타다유키의 제자였던 아베노세이메이의 활약에 힘입어, 음양료에서 권력을 획득했다. 무로마치 시대에 집안 이름인 츠치미카도(土御門)라는 이름을 사용했다.

【주4】 음양도에서 옥녀는, 천계의 관리 중 하나로서, 신선을 모시는 여신의 일종이다.

【주5】 중국 도교에 그 기원을 두는 주법. 주문을 외우며, 특수한 보법으로 걸으면서, 사악한 기운을 내쫓는다. 보법의 기본은 북두칠성을 본 따서 지그재그로 걷는다. 그 이외에도 한쪽 다리를 끌거나, 도형을 그리는 보법도 있다.

령이나 요괴, 저주와 같은 미신이 만연했었다. 천재지변이 일어나거나, 역병이 창궐하면, 그것은 악령이나 저주가 원인이라고 생각해서, 그것에 대항하기 위해 음양도의 힘을 빌리려고 했다.

그리고 헤이안시대 중기가 되자, 음양료에서는 가모 【주2】, 아베 【주3】의 두 가문이 권력을 잡았다. 그들은 궁중에서도 높은 지위를 구축해서, 권세를 휘두르게 되었다. 전국 시대나 도요토미 정권 하에서의 탄압 등으로, 일시적으로 권력을 잃지만, 에도 시대에는 다시 힘을 되찾

아서, 음양도는 크게 활약을 했다. 그러나 메이지 시대에 음양료가 폐지되어, 공적 행사에서도 음양도가 쓰이지 않게 되자, 점차 그 영향력은 약해져 갔다. 현재, 음양도는 쇠퇴하여, 그 술법이나 지식 등의 대부분이 없어져버리고 말았다. 그래도 아주 약간이긴 하지만 음양도의 지식이나 기술은 생활 속에 여전히 뿌리내리며, 침투하고 있다. 달력의 길흉, 주문의 작법 등이 그 일례이다.

음양도에는 어떠한 술법이 있는가

음양도에서 행하는 주술에는 여러 가지가 있지만, 기본적으로는, **하라이**(祓い), **헨파이**(反閉), **미가타메**(身固め), 그리고 **시키가미**(式神) 다. 하라이은 종이나 목제로 만든 인형이나 기모노(옷)에 부정한 기운을 옮기고, 그것을 강에 흘려 보내는 것으로 병이나 저주와 같은 것을 없애는 주법이다. 헨파이는 길을 가는 도중에 몸을 지키는 주법으로, 출발할 때 옥녀 【주4】에게 목적지를 말하고, 주문을 외우면서 우호(禹歩) 【주5】를 한다. 미가타메는 헨파이를 간략화시킨 주술. 칼을 들고, 주문을 외우고 주술부적을 자르는 것으로 칼에 힘을 부여해서, 사악한 기운을 위협하고 몸을 지킨다는 것이다. 그리고 음양도의 대명사라고도 할 수 있는 것이, 음양사의 주문력으로 인해, 귀신이나 정령을 사역하는 시키가미다. 음양사는 시키가미에게 자신의 명령을 실행시키거나, 주문에 이용했었다. 아주 편리하고 강력한 술법으로, 유명한 **아베노세이메이** 역시 탁월하게 시키가미를 사용했다고 한다. 음양사가 다루는 시키가미로 유명한 것이 12천장이나 12월장이라 불리는 존재로, 이것들은 음양사의 도구인 육임식판에 깃든 정령이라고 한다. 이외에도 쿠다기츠네(管狐), 이누가미(犬神)와 같은 동물령을 사용하는 경우도 있었다.

물론 이외에도 다수의 주법이나 술법이 음양도에는 있다. 앞에서 이야기한 대로, 신도, 도교, 불교 등의 여러 가지 요소를 전부 다 흡수한 덕에, 그 종류가 매우 다양한 술법을 사용할 수 있게 된 것이다.

인과율

형이상학적인 인과율을 믿어온 인류는, 과학을 발전시키면서도,
과학에 의해 배신을 당한다. 이 개념은 어떻게 변천해온 것일까?

❧······ 세상의 물리법칙을 완전히 파악하는 악마가 존재한단 말인가 ? ······❧

「인과」라는 것은, 어떤 일이 다른 일을 일으키거나 만들어내는 관계를 가지는 것으로, 「인과율」이란 **모든 일에는 원인이 있다**라는 법칙을 가리키는 말이다. 인간은 인과율을 전제로 생각을 하는 경향이 있기 때문인지, 원인과 결과에 관련되는 개념은, 예전부터 철학이나 종교, 과학 등의 분야에서 고찰이 이루어지면서, 동서양을 막론하고 널리 다루어졌다.

서양철학의 경우, 아리스토텔레스 [주1]는 사물이 존재하는 원인을 4타입으로 분류(사원인론)했으며, 데이비드 흄 [주2]은 인과를 「공간적으로 인접하고 시간적으로 연결되어, 2개의 일이 같이 일어난 경우, 이 2개를 가지고 인간이 상상하는 필연적인 결합관계다」라고 했다. 한편 고전적인 물리학에서도, 「현상을 완전히 지정한다면, 이후의 상태는 **모두 한가지로 정해진다**」라고 주장했으며, 근세가 되어서 기계론적인 세계관이 강해지자, 인과율은 더욱 거세게 주장되었다. 그 유명한 특수상대성이론 역시, 「정보가 빛의 속도를 넘어서 전달되는 일은 없다」라고 원인이 있어서 결과가 있다라는, 인과율을 전제로 시간의 흐름을 전제한 것이라 생각할 수도 있다.

아!

내가 넘어진 건 돌이 많았기 때문이야…

결코 운동을 못하는… 응엉 응엉…

털썩

인과율이 사물을 정하는 것이라는 사고방식을, 알기 쉽고 센세이셔널하게 이미지로 만든 것으로 유명한 것이, 「라플라스의 악마」다. 이것은 프랑스의 수학자인 피에르 시몽 라플라스 [주3]가 제창한 초월적인 존재로, 그는 자신의 저서에서 이렇게 주장을 하고 있다. 「만약 어느 순간에 있어서 모든 물질의 역학적 상태와 힘을 알 수 있게 되고, 게다가 그 데이터를 해석할 수 있는 능력의 지성이 존재한다면, 그 지성에 있어서 불

【주1】기원전 384~기원전 322년. 고대 그리스의 철학자. 서양 최대의 철학자로서, 자연연구의 업적이나「만학의 선조」라고도 불린다.
【주2】1711~1776년. 스코틀랜드 출신의 철학자, 영국경험론 철학의 완성자로서「인간본성론」등의 저서가 있다.
【주3】1749~1827년. 프랑스의 수학자. 북극점에서 자오선장까지의 정밀한 측량을 해서, 길이의 단위인「미터」정의의 기초를 닦았다. 관계해석학에 있어서 라플라스 변환의 발견 등의 업적을 쌓았다.

바로 써먹을 수 있는 중2병 스타일 회화 예	A : 여자 친구가 안 생기는 것은, 그런 운명인 것일까? B : 인과율이 그렇다고 한다면. A : 에이! 라플라스의 악마자식. 악마가 안보는 틈에 세계를 조율해주겠어!

과학적인 인과율이라면 보통 결정론으로 사용해야 하지만, 요즘의 유행을 고려해 봤을 때는, 「정해진 운명론」으로 사용하는 것이 좋을 것이다. 인과율을 조율해서, 운명을 크게 바꿔놓는 것도 가능하지만, 이 경우, 세계 전체에 무시할 수도 없는 규모의 이변이 일어날 것이다…아마도…

가
나
다
라
마
바
사
아
자
차
카
타
파
하

【주4】덴마크의 수도인 코펜하겐에 있는 보어 연구소에서 발신된 것으로 유래하는, 양자역학의 해석 중 하나다. 몇 개의 다른 상태가, 어떤 것이라고도 할 수 없는 상태라고 해석하고, 관측자가 실행하는 관측에 의해 파동함수가 수축하여, 물체가 관측되는 상태가 1 가지로 결정된다, 라고 해석한다. 관측자가 채워야 할 기질이나, 파동함수의 수축속도가 빛의 속도를 뛰어넘는 등, 몇 가지 문제가 있다. 또한, 파동함수가 수축하는 원인은 추구하지 않는다.

확실한 것은 아무것도 없어지고, 그의 눈에는 미래도 과거도 모두 다 보일 것이다.」이 지성이 악마로서, 만약 그런 존재가 있다고 가정하고, 고전물리학을 이용하면, 미래는 완전히 예측가능할 것이다, 라는 내용이다.

하지만 이후에 양자역학이 등장하자, 정확한 양자의 위치와 운동량을 아는 것은 원리적으로 불가능하게 되어, 제 아무리 라플라스의 악마라 하더라도 미래를 예측하는 것은 불가능하게 되었다. 또한, 이후에 기술의 진보에 의해 라플

세계 5분전 가설이란?

이것은, 세계는 실제로는 5분전에 시작한 것일지도 모른다는 가설로서, 지식이란 무엇인가를 생각하는 철학이다. 이 세계에서, 5분보다 더 이전의 기억은 거짓기억이 심어져 있는 상태로, 세계는 5분전에 시작된 것일지도 모른다는 이야기가 된다. 즉, 2개의 사상이 일어난 현상의 관계성을, 논리적 필연만으로 이끌어내는 것은 불가능하다. 인과율은, 무의식 속에서 전제라고 생각되는 「가정」의 문제가 되어버리는 것이다.

라스의 악마적인 컴퓨터가 실제로 만들어진다 하더라도, 계산속도가 현실의 속도보다 빨라지는 것은 아니기 때문에, 이런 존재는 실현 불가능하다는 의견도 존재한다.

이러한 배경에서, 20세기 이후, **인과율이라는 개념은 후퇴**하게 되어, 코펜하겐 해석【주4】과 같이 원인의 추궁을 하지 않는 입장도 나오게 되었다.

🎗········ 인과율의 쇠퇴와, 의외의 복권 ········🎗

【주5】시간여행에 의해 과거의 사실과 현상에 변화가 생겨서, 인과관계가 불일치를 일으킨다는 모순.

원래, 과학이라는 분야는 흄이 이야기 하는 믿음과 같은 요소를 배제하고, 규칙성을 찾아내는 것이라고 생각되어 왔지만, 그것을 새로운 과학의 세계가 부정을 해버린 꼴이 된 것이다. 생각해보면, 애초에 모든 사상이 올바르게 논증되어, 과학적으로 완전하게 규명하려는 일은 사실상 불가능하고, 현실로서 과학은 완벽한 미래예측을 하고 있지 않다. 고전물리학 등도 실제로는 엄밀한 증명을 피하고 있으며, 그것은 「인간적인 스케일의 범위에서」라고, 조건을 달아 한정시키고 있는 것이다. 그리고 인과율 그 자체가 있는 것을 증명하는 과학적 근거도 없는 이상, 결국에 인과율이란, 그와 비슷한 것으로서 성립되는 것에 지나지 않는다고도 할 수 있다.

단, 허구나 SF의 세계에 있어서는, 인과율은 타임 패러독스【주5】를 설명할 수 있기 때문에, 유효하게 이용되고 있다. 또한, 요즘에는 아카식레코드(P.110) 등이 세간에 알려지게 되면서, 정해진 운명과 같은 의미로 인과율이라는 말도 자주 사용이 되게 되었다. 라플라스의 악마나 인과율은, 이러한 분야에서는 아직까지 현역인 것이다.

51 구역

네바다 주의 사막에 있는 51구역.
그곳에는 지하에 비밀기지가 있으며, UFO연구를 한다고 한다.

✦⋯⋯ 51구역에는 미국의 비밀기지가 있다 !? ⋯⋯✦

51구역이란, 미국의 네바다 주 남부에 있는 **미공군의 관리구**를 가리킨다. 공군의 기지는 있지만, 실전부대는 배치되어있지 않고, 신기체의 테스트나 비행훈련 등에 사용되고 있다고 한다.

하지만, 이 지역 부근에서는 UFO【주】가 종종 발견이 되어, 지역 주민들에게는 UFO 출현지역으로 잘 알려진 곳이다. 그리고, UFO의 존재를 믿는 사람들은, 이 지역의 지하에 비밀기지가 건설되어 있어서, 추락한 UFO 나 우주인【주2】의 시체가 보관되어있을 뿐만 아니라, 정부의 특수기관에 의해 비밀리에 지구판 UFO의 제조까지 이루어지고 있다고 주장한다. 단, 이 기지에서는 1988년에 공표된 스텔스기인 F-117의 테스트비행도 이루어졌었다. F-117은, 기존의 전투기와는 꽤나 다른 형태이기 때문에, 그 특이한 형태 때문에 UFO라고 인식이 되었을 가능성도 있다.

51구역에 대한 이러한 정보가, 사실인지 아닌지는 알 수가 없다. 하지만, 미국에서 UFO연구의 제1인자로 알려진 레오나드 스트링필드 씨의 발표에 의하면, 미국에서는 1947년에 UFO 가 추락·회수된 **로즈웰 사건**【주3】을 시작으로, UFO추락 사건이 종종 발생했다고 한다. 그중에서는, **우주인의 시체**가 회수된 경우도 있어서, 일부 공군기지에 우주인의 시체나 UFO가 보관되어 있다고 주장한다.

실제로 1978년 12월 14일에는 UFO 연구단체로부터 고소당한 CIA(미 중앙정보국)가 패소. 재판부로부터, 3개월 이내에 보유하고 있는 UFO의 정보를 전부 공개하라는 명령을 받은 CIA는,

【주】 UFO란 미확인 비행물체를 가리키는 말이다. 정체 불명의 비행물체 전반을 지칭하기 때문에, 기상관측용 벌룬이나 구름에 반사된 라이트 등을 목격한 경우에도, 확인이 되지 않으면 UFO가 되지만, 여기서는, 지적 생명체가 탄 우주선의 호칭으로서 취급한다.

【주2】 지구 바깥에서 온 지적 생명체, 에일리언을 지칭한다. 다른 혹성에서 왔다고 생각되지만, 다른 차원에서 왔다는 설도 있다.

【주3】 미국의 뉴멕시코 주 로즈웰 부근에서, UFO 가 추락·회수되었다고 하는 사건. 실제로는, 극비리에 추진되었던 계획에 관련된 관측용 열기구가 떨어진 것이라고 한다.

바로 써먹을 수 있는 중2병 스타일 회화 예

A : 그거 알고 있어? 미국의 신형전투기가 실전 배치된데.
B : 뭐, 뭐라고! 51 구역에서 비밀리에 제조된 미국제 UFO 가 드디어 세상으로……
A : 아니라니까!

51 구역은 미군의 신병기 실험장이라 불리기 때문에, 밀리터리 계의 화제에서 사용하는 것이 정석이다. 그렇다 하더라도, 역시 이곳은 UFO에 관한 이야기로 밀어붙이는 것이 좋다. 일단, 비행기나 헬리콥터 등, 날아다니는 것에 관련된 이야기가 나올 때마다, 사용해 보는 것이 좋을지도 모르겠다.

보유하고 있는 정보의 일부를 공개했다.

남아있는 정보에 대해서는, 국가의 안전보장상, 공개하면 중대한 위협이 되는 것과, 공군 등 다른 정보기관에 소속된 문서는 공개되지 않았다. 하지만 이 결과는, 미국 정부 기관이 UFO의 존재를 공식으로 인정한다는 것을 나타내고 있다.

UFO는 블러핑이다!?

51구역에 뭔가 중요한 기밀이 있는 것은 틀림이 없는 것 같다. 그래서 나온 것이, UFO의 소문을 그냥 방치해서 블러핑을 하는 것으로, 실제로 이루어지고 있는 기밀실험에 대한 위장을 하는 것이라는 설이다. 51구역에서 신형기체의 테스트가 이루어지고 있는 것을 생각해보면, 어느정도 설득력은 있다. 단, 특수한 실험이 아니라면, 다른 기지에서 조용히 실험을 하면 된다, 라는 반론이 있는 것도 사실이다. 여러분은 어떻게 생각하는가?

51구역이 중요한 지역인 것은 확실

【주4】 제2차 세계대전 후, 미국이나 소련은 패전국인 독일로부터 많은 군사자료를 입수해서, 신병기 개발에 참고를 했다. 예를 들어 핵병기를 탑재하는 탄도미사일도, 독일의 병기를 기반으로 만든 것이다. 냉전 중에는 미국과 소련 사이에 치열한 군비 확장 경쟁이 벌어지고 있었기 때문에, 당시의 시대 상황을 생각해보면, UFO가 소련의 신병기는 아닌가 라고 의심을 하는 것도 당연한 일이었다.

1952년 7월 26일 밤, 미국의 수도 워싱턴에서 어떤 사건이 발생했다. 정체 불명의 발광체가 편대를 이루고 비행을 하며, 몇 시간에 걸쳐 상공을 휘젓고 다닌 사건이었다. 당시의 트루먼 대통령은 알베르트 아인슈타인 박사에게 전화를 해서 의견을 구했는데, 아인슈타인 박사는 「만약, 그것이 지구 외 지적 생명체의 것이라면, 우리들이 당해낼 수 없다. 먼저 공격을 하는 것은 스스로 화를 자초하는 것이나 마찬가지니, 절대로 공격을 하지 말라」라고 대답했다고 한다.

이 사건은 말 그대로 미국을 뒤흔든 대사건이었지만, 대통령과 아인슈타인 박사의 이야기가 사실이라면, 과학자들 중에서도 고도의 지적 생명체가 비행체를 타고 올 가능성을, 부정하지 않았던 인물도 있었다는 것이 된다.

당시에는 소련과의 냉전이 한창일 때였기 때문에, UFO가 소련의 신병기【주4】가 아닌가라는 의견도 있었다, UFO가 우주인의 탑승물인지는 차치하더라도, 미국 정부에 있어서 국방상의 문제였던 것은 사실이었을 것이다.

이런 배경이 있어서인지, 51구역은 헐리우드 영화에서도 자주 등장하며, 우주인이나 초자연적 현상과 관계가 있는 시설로서 묘사되고 있다. 현재로는, 이 구역의 존재가 일반시민에게도 널리 알려져 있지만, 미국 정부나 군은 51구역의 존재를 인정하지도, 부정하지도 않는다.

단, 이 지역에 관련된 일절의 취재도 받아들이지 않고 있으며, 물론 촬영 등도 엄격히 금지되어 있다. 무단으로 침입하면 발포한다라는 경고문이, 여기 저기에 붙어있어서, 근처를 배회하는 것만으로도, 경비원이 나타날 정도로 엄중한 경비태세가 갖추어져 있다. 실제로 어떤 것이 사실인지 간에, 51구역이 미군에 있어서 중요한 장소인 것만은 사실인 것 같다.

51구역

Encyclopedia of Cyu-s Syndrome

자

장 미 십 자 회

제 우 스

존 티 토

장미십자회

연금술이나 마법으로 사람들을 구원하기 위해 조직된 비밀결사.
17세기 초반부터 유럽에서 번져나갔다.

❖········ 돌연 독일을 석권한 정체불명의 서적과 장미십자회 ········❖

장미십자회의 이름이 세상에 등장한 것은, 1614년 독일 카셀에서 출판된 『세계의 보편적 개혁』이라는 서적에, 부록으로서 붙어있던 『우애단의 명성』이라는 소책자 안에 적혀있던 것이 발단이다. 이 괴문서는 어디의 누가 썼는지가 명확하지 않았고, 적혀있는 이야기도 황당무계해서, 아마도 누군가의 망상을 적어놓은 것으로밖에 보이지 않았다고 한다. 하지만, 그런 이상한 내용에는, 당시의 그리스도교에 대한 참신한 사상이나, 논리적으로 정연한 주장이 섞여있는 등, 단순한 괴문서로 치부하기 어려운 요소를 많이 담고 있었다. 민중은 그 소문과 사상에 끌려서, 불과 몇 페이지밖에 되지 않았던 『우애단의 명성』을 열광적으로 구입했던 것이다.

그 다음해인 1615년, 『우애단의 명성』의 인기에 힘입어서인지는 잘 모르겠으나, 장미십자회에 대해서 써진 2권의 책 『장미십자회의 고백』이 발행되었다. 이번에 나온 책은 어째서인지 독일어가 아닌 라틴어로 적혀있었으며, 내용 역시 『우애단의 명성』에서 다루고 있었던 **교황제의 타파로 인한 세계개혁**을 강조하

는 것으로, 민중의 사상은 점점 더 개혁적인 방향으로 움직였다.

이 사태는 이미 독일 각지에서 일어났으며, 장미십자회의 이름은 눈 깜짝할 사이에 퍼져나갔다.

그리고 다음해인 1616년, 장미십자회의 이름을 세계적으로 알렸다고 해도 과언이 아닌 서적 『화학의 결혼』이 이번에는 프랑스에서 발행되었다. 이 책에 의하면 장미십자회는, 연금술이나 마술과 같은, 오컬티즘 수단으로 세계를 구하기 위한 집단이라고 나와있었다. 피폐한 민

바로 써먹을 수 있는
**중2병 스타일
회화 예**

A : 알겠다. 그럼 다음 연락을 기다리겠다.
B : 도대체 누구랑 통화하는 거야?
A : 잠깐 조직의 인간과…… 아, 내가 조직에 속해있는 것은 비밀이었지.

일상 생활에 있어서 장미십자회의 이름을 사용하는 것보다, 비밀결사, 조직에 입단했다는 이야기를 하는 편이, 압도적으로 이야기가 잘 통할 것이다. 전화로 누군가와 이야기하는 척을 하는 것도 효과적이다. 여기에 더해서, 자신이 비밀 결사에 가입하고 있다는 사실이나, 조직에 대해서는 비밀이라고 강조해두면, 더욱 더 잘 전해질 것이다.

중들은 이러한 신비로운 것에 매달리려 했으며, 또한 유럽에 사는 지식인들 역시 장미십자회의 존재에 마음을 빼앗겼던 것이다.

사태가 여기까지 오니, 사람들은 당연히, 장미십자회 그 자체나 책의 저자를 찾으려고 했다. 하지만, 아무리 찾으려 해도, 조직에 관련된 단서를 전혀 찾을 수가 없었기 때문에, 결국 장미십자회는 수수께끼의 조직이라는 소문만이 계속 남게 된 것이다.

각지에 출몰하는 장미십자회

3권째인 『화학의 결혼』에 게재된 이후로, 공식적으로 모습을 드러내는 일이 없었던 장미십자회. 하지만, 1623년 파리에서, 「장미십자회 장로 회의장」의 서명이 들어간 포스터가, 하룻밤 사이에 파리 거리의 벽에 붙게 된 것이다. 파리의 시민은 이 사건을 보고, 지금 독일에서 소문이 자자한 장미십자회가 나타났다고 기뻐했다고 한다. 하지만, 그 반향을 본 경찰이 대대적인 수사를 했음에도 불구하고, 사건의 범인은 알 수 없어서, 조직의 실체가 점점 더 미궁으로 빠지게 되었던 것이다.

이 이후, 장미십자회는 전설적인 비밀조직이 되었다. 나중에는, 장미십자회에 입단하고 싶어하는 사람들이 넘쳐났으며, 결국에는 장미십자회를 자칭하는 사람이나 단체까지도 나타났다. 이러한 일이 빈번하게 일어났기 때문에, 당시의 사람들은 진짜 장미십자회가 무엇인지 잘 몰라서, 헤매었다고 한다.

결국, 진짜 장미십자회는 1614~1616년이라는 단기간(파리에서의 활동을 포함하면 9년정도) 정도밖에 역사의 표면에 등장하지 않았다. 16세기 후반에는 「마녀사냥」[주1]을 시작으로 하는 탄압사상도 강해졌기 때문에 어쩔 수는 없지만, 이러한 점을 고려한다 하더라도 역사적으로 너무 일찍 퇴장을 한 것이다. 하지만, 반대로 이러한 단기간에 사람들의 화제가 된 것이라는 사실 역시, 이 조직의 전설성을 높였다고 해도 과언이 아닐 것이다. 또한 동시에, 서유럽의 오컬티즘에 있어서는, 뗄래야 뗄 수 없을 정도의 영향을 미친 집단이기도 하다.

현대에 있어서도 장미십자회에서 파생되었다고 주장하는 집단이나, 명백하게 장미십자회의 사상을 이어받은 단체가 몇 군데 존재한다. 결국 장미십자회는 어떤 단체였고, 무엇을 목적으로 하는 지는 명확히 밝혀지지 않았다. 그러나, 이 정도로 전 세계에 이름을 남기고 있는 시점에서, 비밀결사로서의 의의는 충분하다고 볼 수 있다. 정체불명의 조직이기 때문에, 비로소 비밀결사라는 이름이 빛나기 때문이다.

【주1】중세 유럽에서 행해진 사상탄압의 일환. 마녀인 것 같은 인물을 전부 다 잡아들여서, 공개재판을 하고 처형했다.

장미십자회

제우스

아버지인 크로노스로부터 세계의 패권을 뺏은 제우스.
그는 다른 신들을 부리고 올림푸스 신족의 왕이 된다.

💥 ⸺⸺ 반역으로 손에 넣은 천계의 왕좌 ⸺⸺ 💥

【주1】 크로노스가 이끄는 티탄 신족과, 제우스가 이끄는 올림푸스 신족의 싸움. 티타노마키아라고 불린다.

【주2】 우라노스와 가이아의 사이에서 태어난, 대장간 일을 관장하는 거인. 아이기스의 방패(P.109)의 제작자라고 알려져 있다.

【주3】 50개의 머리와 100개의 손을 가진 괴물 키클롭스와 마찬가지로, 우라노스와 가이아의 자식이다. 그 못생긴 생김새로 인해 따돌림을 당해서, 키클롭스와 마찬가지로 타르타로스(지옥)에 유폐된다.

시공의 신 크로노스와 레아의 아들로 태어난 제우스. 그는 올림푸스 12신의 왕으로서, 천계를 통치하는 전지전능한 신이다. 제우스가 관장하는 것은, 비나 눈과 같은 하늘의 기후로, 전투를 할 때는 벼락을 무기로 사용한다. 다른 신들에 비해서 압도적인 힘을 자랑하는 제우스이지만, 그 왕좌는 아버지에게서 뺏은 것이다.

원래, 세계를 통치하고 있던 것은 제우스의 할아버지인 우라노스였다. 그러나, 그는 자신의 아들인 크로노스에게 남근을 잘리고, 왕좌에서 쫓겨나게 된다. 그때, 우라노스는 크로노스에게, 「너 역시 자신의 아들에게 왕좌를 뺏길 것이다」라는 예언을 남겼다. 이 예언을 두려워한 크로노스는, 자신의 자식들이 태어나는 족족 삼켜서, 재앙의 씨앗을 완전히 없애버리려 했다. 하지만, 그의 아내인 레아는, 이러한 행위를 참을 수 없어서, 대지모신 가이아의 조언을 받아 6번째 아이를 돌과 바꿔치기했다. 돌과 바꾸어 빼돌린 그 아이가, 나중에 천계를 통치하게 되는 최고신 제우스이다. 크레타 섬에서 님프들의 보살핌을 받아 성인이 된 제우스는, 가이아에게서 받은 구토약을 크로노스에게 먹이는데 성공한다. 크로노스의 몸 안에서, 형제인 하데스나 포세이돈을 구출해서, 제우스는 그들과 같이 크로노스에게 선전포고를 한다. 이것을 계기로, 티탄 신족과 올림푸스 신족의 전쟁【주1】이 시작된다. 양쪽의 전력이 비슷했기 때문에, 전쟁은 장기화되었으나, 제우스가 키클롭스【주2】나 헤카톤케이레스【주3】의 협력을 받음으로써 전세는 제우스 쪽으로 기울게 된다. 그리하여 결국 제우스는 크로노스를 꺾고, 천

여기 봐요~ 번개예요~

응애

바로 써먹을 수 있는 중2병 스타일 회화 예	A : 이 애니메이션 주인공 말이야, 자기 아버지한테 반기를 들고 결국엔 세계의 왕이 되잖아~ B : 머리도 좋고 말이야. 마치 제우스 같네. A: 뭐, 제우스보다는 엄청 약하겠지만.

아버지 크로노스를 대신해서 세계를 통치한 제우스. 부자 3대에 걸친 패권 싸움에서 살아남은 그는, 그리스 신화에 있어서 절대적인 존재로서 후세에 거론되었다. 여성에 약한 일면도 있지만, 이러한 점이 오히려 매력으로 작용해서, 그의 인기를 높였을지도 모르겠다.

계는 새로운 시대를 맞이했다.

최고신이 된 제우스는, 자신이 하늘을, 포세이돈이 바다를, 하데스가 명계를 지배하는 신체제를 구축했다. 하지만, 예전에 제우스의 편을 들었던 할머니인 가이아는, 티탄 신족에 대한 제우스의 처사【주4】에 이의를 표하고, 전쟁【주5】에 돌입했다. 하지만, 헤라클레스(P.184)나 아테나(P.114)와 같은 유능한 자식들이 있는 제우스에게 있어서, 더 이상 가이아는 적수가 아니었다. 이 전쟁에서 가이아는, 제우스에게 반항하는 것을 단념했다고 한다.

【주4】티타노마키아에서 승리를 거둔 제우스는 티탄 신족을 타르타로스에 유폐시켰다. 이것이 티탄 신족의 어머니 가이아의 분노를 산 것이다.

【주5】가이아가 이끄는 거인 족과, 제우스가 이끄는 올림푸스 신족의 싸움. 기간토마키아라고 불린다.

붙잡힌 최고신

최고신으로서 천계에 군림한 제우스이지만, 그 권력이 반드시 절대적인 것은 아니었다. 신들 중에서는 제우스의 명령을 거역하는 자나, 그의 뜻을 따르지 않는 자도 존재했다. 또한, 제우스 자신도, 한번은 신들에게 붙잡혀서, 구속을 당한 적도 있다고 한다. 그래도 그가 계속 왕좌에 군림을 할 수 있었던 것은, 타고난 무용과 선견이 있었기 때문이 아닐까 한다. 전지전능이라는 문구는 괜히 붙여진 것이 아니다.

최고신은 신화 사상 최대의 호색가였다

【주6】헤라는 틈날 때마다, 제우스의 첩 혹은 그 자식을 괴롭혔다. 참고로, 헤라클레스가 행한 12가지 과업 역시 헤라의 계략에 의한 것이었다.

제우스라고 하면, 호색가에 변태아저씨라는 인상을 받는 사람도 많을 것이다. 반론의 여지가 없는 사항으로, 그 증거로서 그는 수많은 여성들과 관계를 가지고, 많은 자식들을 두었다.

맨 처음 아내는 오케아노스의 딸 메티스로, 그녀와의 사이에서 아테나를 낳았다. 그 후, 데메테르와 얽혀서 페르세포네, 레토와의 사이에서 아폴론과 아르테미스 쌍둥이를 낳는다. 이후에도 여러 여성과 관계를 가지고, 마지막으로는 정실이 되는 헤라와 맺어져서, 아레스, 헤베, 일리티야를 낳았다. 이 시점에서도, 그가 호색가라는 것은 충분히 전달되지만, 이것은 아직 시작에 불과하다. 제우스가 진짜 실력을 발휘하는 것은, 여기서부터다.

디오네와의 사이에서 아프로디테, 마이아와의 사이에서 헤르메스와 같이, 모든 신들을 상대로 자식을 만드는가 싶었더니, 이번에는 대상을 인간으로 변경했다. 루디아 왕의 딸 니오베에게 접근하자마자, 팔레스티나의 왕비 에우로페를 유혹해서 미노스와 라다만토스, 알고리스 왕의 딸 아나에와의 사이에서 페르세우스, 스파르타 왕비 레다를 유괴해서 헬레네, 알크메네와의 사이에서 헤라클레스를 낳았다. 그리고, 자신의 딸인 아르테미스를 섬기는 칼리토스와 관계를 가져서, 나중에 알카디아 왕가의 선조가 되는 아르카스를 낳은 것 이외에도, 헤라 신전의 여사제 이오와도 관계를 가져서 이집트의 왕이 되는 에파푸스를 낳는 등, 그는 호색가로서도 최상위 실력을 갖추고 있었던 것이다.

이상의 이야기로 알 수 있듯이, 제우스는 신들의 왕으로서, 대가족의 가장적 존재이기도 한 것이다. 또한, 그가 여성과 관계를 가질 때마다, 정실인 헤라가 질투를 해서 격노한 것【주6】은 말할 것도 없을 것이다.

제우스

존 티토

밀레니엄 버그 문제가 이야기 되었던 때, 미국의 인터넷에 어떤 한 남자가 돌연히 나타났다.
미래인을 자칭하는 그가 작성한, 믿기지 않는 글의 내용은 과연 무엇인가?

·········· 미국에서 화제가 된 자칭·미래인 ··········

【주】1878년에 설립된, 세계 최대규모의 종합기업(GE 라는 약칭으로 알려진 그 기업), 전기 기기나 인프라스트럭처, 군사산업, 금융 사업 등, 여러 분야의 사업에 손을 대고 있다.

2000년 11월 2일, 미국의 대형 인터넷 게시판에, 자신이 2036년에서 온 시간여행자를 자칭하는 남자가 게시판에 글을 남겼다. 그는 몇 군데 게시판이나 채팅을 통해서, 시간여행의 이론이나 자신이 온 미래에 관한 일, 미래에서 왔다는 증거 등을 써나갔다. 이 정체불명의 남자가 바로 존 티토다.

여기까지의 이야기라면, 인터넷에 흔히 있는 장난질에 불과하지만, 그가 주장하는 세계는 실로 매력적이었으며, 어느 정도 이치에 맞았기 때문에, 사람들을 끌어 모았다. 예를 들어, 그는 제네럴 일렉트로닉 사【주】에서 만든「C204 형 중력왜곡시간전이장치」라 불리는 타임머신을 타고 왔다. 에버렛의 다세계 해석은 옳은 것으로, 아마도 무수히 존재하는 이러한 세계선을 이동하는 것으로 시간여행을 한다고 했다. 자신이 미래에 복귀하는 경우, 그 오차는 작지만, 아주 많이 닮은 다른 세계 중 하나에 지나지 않는다…… 등의 이야기를 했다. 사실인지 거짓인지 알 수 없지만, 그는 이렇게 주장했다.

그리고 가장 궁금한, 미래에 대한 일은, 어디까지나 티토가 있었던 세계선에서는, 이라는 전제가 붙지만, 예를 들어 2015년에 핵전쟁이 일어나고, 2017년에는 30억명의 사망자를 낸 결과 러시아의 승리로 끝나고, 2036년에는 핵전쟁에 의한 오염이 심각해진다. 전쟁에 지친 인류는 각각의 나라가 독립된 상태가 되어, 활발한 외교관계는 없어졌다고 했다.

그의 발언은 황당무계라고 한다면 황당무계하며, 이야기에 정합성이 없는 부분도 몇 군데인가 존재한다. 단, 그 진위에 대해서는 확인할 길이 없으며, 다세계 해석을 하는 이상, 미래예언이 틀렸다 하더라도 모순은 없다. 결국, 그는 사람들을 어리둥절하게 만들어 놓고, 임무를 마쳤다고 해서 약 4개월 후인 2001년 3월 이후 게시판에 글을 남기는 것을 그만뒀다. 그가 대체 어떤 자였는지, 지금도 알 수가 없다. 참고로 미국에서는, 티토의 발언 로그를 정리한 서적이나 공식 정리 사이트까지 만들어졌다.

| 바로 써먹을 수 있는 중 2 병 스타일 회화 예 | A : 오~ 뭐하고 있어?
B : 아! 노미스 클리어하기 직전이었는데, 젠장…당했네. 니가 와서 세계선이 뒤틀린 것 아니야?
A : 내가 무슨 존 티토냐! | 티토에 관해서는, 다세계 해석을 믿고 있는 자칭·우주인 정도의 정보밖에 없기 때문에, 미래인 이야기에 사용하는 것이 일반적이다. 만약 용법이 틀렸을 경우에는, 자신이 과거에서 왔기 때문에,「세계선이 뒤틀렸다」라고 변명을 하면 잘 넘어갈 것이다. |

Encyclopedia of Cyu-2 Syndrome

차

철학적 좀비

초능력

철학적 좀비

생각을 가지고 있지 않지만, 인간과 똑같은 행동을 하는 생물이 있다고 치자.
그들이 있는 세계가 던지는, 철학적인 테마란 무엇인가?

╬┈┈┈┈ 의식을 가지고 있지 않은 인간은, 좀비인가 인간인가? ┈┈┈╬

【주1】 1966년~. 오스트레일리아의 철학자. 철학적 좀비나 현상판단의 역설 등을 제시해서, 마음의 철학분야에 있어서 지도자적인 입장에 있는 철학자 중 한 사람이다.

【주2】 호러나 판타지 작품 등에 등장하는 사체인 채로 되살아난 인간. 부두교(P.76)에서는 시술에 의해 죽은 자를 좀비로 되살려, 사제는 영원히 좀비를 노예로 부릴 수 있다고 한다.

【주3】 이 세계의 모든 만물은 물리적이며, 모든 과학은 물리학으로 환원이 가능하다고 주장하는 철학.

【주4】 사상의 근원은 물질이나 물리현상이며, 마음이나 정신은 뇌수의 운동이라고 보는 사고방식.

「철학적 좀비」란, 오스트레일리아의 철학자 데이비드 챠머스【주1】가 제창한 철학적인 사고실험으로, 이렇게 정의되어 있다. 「뇌의 신경세포의 상태까지 포함한, 모든 관측 가능한 물리적 상태에 관해서, 보통의 인간과 구별을 할 수는 없지만, **의식을 전혀 가지고 있지 않은 인간**」 즉 이 좀비는, 흔히 볼 수 있는 좀비 영화 등에서 나오는 좀비【주2】와는 다르게, 겉으로 보기에는 인간과 같은 행동을 취하지만, 감정도 주관적인 체험도 가지고 있지 않다는, 공상의 존재인 것이다.

철학적인 좀비의 논의에 있어서는, 이런 생물이 없는 것을 전제로 한 「철학적 좀비는 존재 가능한가」라던가, 「어째서 우리들 인간은 철학적 좀비가 아닌가」와 같은, **마음이란 무엇인가**에 대해서 생각하는 것이다. 이 좀비를 사용하는 논법으로서 유명한 예가, 물리주의【주3】를 비판하는 것이다.

그 논증은 다음과 같다. 일단, 우리들의 세계는 의식이라던가 감각과 같은 것이 있다. 그러나, 물리주의나 유물론【주4】적으로는, 의식이나 정신은 결국, 뇌의 활동에 지나지 않는 것이라 치부하기 때문에, 의식이 없어도 인간은 생활을 할 수 있다는 것이다. 그것은 즉, 겉모습이나 물리적으로는 우리들의 세계와 완전히 똑같은데, 의식·감각 등에 관련하는 긍정적인 사실이 성립하지 않는 세계(철학적 좀비 밖에 없는 세계 = 좀비 월드)를 주장하고 있다.

하지만, 실제로 우리 인간은 의식이나 주관적인 체험을 가지고 있으며, 그것은 물리적 사실과는 전혀 다른 세계인 것이다. 그렇다는 것은, 물리주의, 유물론적 관점에서도, 의식이나 정신 역시, 뇌의 움직임에 영향을 준다고 생각해야만 하는 것이 아닌가? 즉, 물리주의나 유물론은 이상하다, 라는 이야기가 된다.

물론 이에 대해 물리주의자들의 반론도 있지만, 일단 거기에 대해서는 따로 설명하지 않겠다. 어느 쪽이건 철학적 좀비는 인간의 「마음」을 어떻게 볼 것인가를 논의하는 단계에서는, 매우 유니크한 표현이라고 할 수 있겠다.

바로 써먹을 수 있는 **중2병 스타일 회화 예**	A : 역시 모에 하면 안경 소녀지 !!! B : 응 , 그렇지 ~. 모에 ~.(책 읽듯) A : 감정이 실려있지 않구만 , 이 철학적 좀비 같은 자식……

예를 들어, 자신이 「좋아한다」라고 말하는 감정은 자신의 일이기 때문에 알고 있지만, 다른 사람들에게도 자신과 똑같은 마음의 작용이 있다고 증명할 수 있는 수단은 없다. 혹시, 단순히 기계적으로 그렇게 반응하고 있는 것뿐만이 아닐까? 이 망상이야말로 철학적 좀비다.

초능력

보통의 인간이 가지지 못하는 초능력은, 과학으로 실증되지 않은 미지의 힘이다.
하지만 예언의 분야에서는 수많은 사람들이 미래를 예언하고 있다.

가
나
다
라
마
바
사
아
자
차
카
타
파
하

······ 진짜와 가짜가 혼재하는 초능력자 ······

초능력은, 보통의 인간은 할 수 없는 것을 하는 특별한 능력으로, 과학으로는 증명할 수 없는 초자연적인 능력 전반을 가리킨다. 만지지 않고 물건을 움직이는 염동력 사이코키네시스라든지, 멀리 떨어진 장소를 보는 클리어보이언스, 마음속에 생각한 것을 다른 사람에게 전하는 텔레파시 등, 발휘하는 능력에 따라 분류되며, 이러한 능력을 갖춘 사람을 초능력자라 부른다.

일본에서 유명한 초능력자라고 한다면, 숟가락 구부리기 [주]로 일세를 풍미한 유리 겔라나, 투시능력으로 사건을 해결한 죠 맥모니글 등이 TV에서도 자주 나왔었다. 하지만, 유리 겔라의 초능력은 단순한 마술이라는 이야기가 있고, 맥모니글 역시 경력사칭의 혐의가 있는 등, 그 진위는 알 수 없다.

한편, 예언자라 불리는 일부의 사람들이, 현실에서 일어난 사건을, 사건이 일어나기 전에 맞추는 것 역시 사실이다. 예를 들어, 다수의 예언을 적중시킨 에드가 케이시의 경우, 1929년에 일어난 세계공황을 7개월 전에 예언한 것을 시작으로, 1939년에는 케네디 대통령의 암살을, 1943년에는 중국이 언젠가 민주적 정책을 취할 것이라고 예언. 1945년에는, 구 소련의 개혁과 소멸을 예언해서 적중시켰다.

초능력이 실재로 있는 지는 확실히 알 수 없지만, 지금도 SF소설이나 애니메이션 등 많은 작품에 등장한다. 역시, 사람의 지식을 뛰어넘는 신비한 힘은, 사람들에게 있어서 동경의 대상인 것이다.

【주】 스푼의 둥그런 부분과 자루를 연결하는 부위를 손가락으로 문지른 후, 둥그런 부분의 끝 부분을 손가락 하나로 눌러서 구부리거나, 스푼을 잡고 흔들면 부러지는 현상. 스푼을 문지를 때에 힘을 주지 않고, 계속 '구부러져라'라고 강하게 생각하면 구부러진다고 한다. 단, 초마술로 유명한 마술사인 Mr. 마릭 역시, 스푼을 구부리는 마술을 선보인다.

재판으로 실증된 초능력

일본의 초능력자라고 한다면, 공기 중에서 신수(神水)를 꺼내서 의료행위를 한 오사나미 토시에(長南年惠)를 들 수 있다. 후에 사기죄로 체포되었지만, 놀랍게도 재판 중에 공기 중에서 신수를 꺼내서 무죄를 입증 받았다. 오사나미는, 구류 중에 식사를 전혀 하지 않았으며, 목욕도 하지 않았지만, 전혀 쇠약해지지도 않고 청결한 상태를 유지했다고 한다. 성장해서도 소녀와 같이 순진무구했다는 이야기도 있는 등, 신기한 인물이다.

바로 써먹을 수 있는
중2병 스타일 회화 예

A : 너, 아직도 그거 하냐?
B : 지금 엄청 집중하고 있으니까 방해하지마. 조금만 더하면 보일 것 같아!
A : 으이구…투시 같은 건 무리라니까. 그런 것만 하고 있으니 여자 친구가 안 생기지.

중학생의 남자 제군들이 가장 가지고 싶은 초능력이라 한다면, 역시 투시능력일 것이다. 항상 보는 그 애의, 이~ 런 곳이라던가 저~ 런 곳이라던가, 전부 다 보일~지도 모른다는, 남자의 로망이 넘치는 능력이기 때문이다. 단, 이러한 발언은 여자 앞에서는 하지 말자!

초능력

중2병 지침서 ~ 뇌내설정 편 ~

 ## 선택 받은 인간이 도달하는 경지

지금까지 중2병처럼 보이기 위한 패션이나 행동, 지식 등을 살펴봤다. 이것만으로도 충분히 중2병 스타일이 완성되지만, 좀 더 중증환자가 되고 싶은 사람도 많을 것이다. 그런 사람은 뇌내설정에 도전해보자.

뇌내설정이란 무엇인가 라고 하면, 중2병 스타일의 작품에 있을만한 설정을 가리키는 말이다. 예를 들어 몸에 두르고 있는 무언가를 벗으면 신비한 힘이 나온다던가, 사실은 다른 세계에서 온 인간이지만 기억이 없다던가, 그러한 요소를 자신에게 설정해서, 일상 생활에 반영시켜 보자는 것이다.

자신이 숭고한 존재라는 위치에 있다면, 평소에 「우민들은, 숭고한 나의 고귀한 이념을 이해할 수 없지」와 같은 발언을 하거나, 높은 건물에 올라가서 아래를 내려다 보며, 「보라, 사람들이 쓰레기처럼 보이지 않는가!」라고 발언을 하는 것은 기본 중의 기본이다. 자신은 미래의 구세주라는 설정으로, 「이런 세계는 틀렸어!」라고 이상향의 세계에 대해 열변을 토하는 것도, 뇌내설정에 적합한 행동이라 할 수 있겠다.

 ## 선인들의 충고

앞에서 다룬 정도의 레벨로는 「아직 만족할 수 없다!」라고 한다면, 좀 더 깊숙이 파고들어 갈 수 밖에 없다.

예를 들어, 머리에 항상 반다나를 두르고 다니면서, 「이걸 벗으면, 내 숨겨진 본성이 나온다」라고 말하는 건 시작에 불과하다. 「사실은 다중인격이야」라고 주위에 떠들고 다니며, 자신에게 불리한 상황은 다른 인격이 했다고 변명하거나, 다른 사람에게는 보이지 않는 것이 나에게만 보인다는 설정으로, 요정과 대화를 나눠본다면, 상당히 중증이라는 것을 어필할 수 있을 것이다.

단, 뇌내설정은 다른 사람이 잘 이해를 하지 못한다. 패션이나 행동도 마찬가지이지만, 과도하게 중2병스러움을 추구하면, 주위로부터 완전히 고립될 수도 있으니, 이러한 것은 꼭 신경을 써야 하겠다.

中二病

Encyclopedia of Cyu-2 Syndrome

카

카오스 이론

수학은 매우 논리있는 학문처럼 보이지만, 사실은 복잡 기괴한 것이다.
혼돈과 같이 보이는 현상을 만들어 내는, 수학적인 카오스의 실체를 알아보자!

✤⋯⋯ 규칙적인데, 불규칙하게 보인다? ⋯⋯✤

【주】 초기값을 아주 약간만 바꾼 것으로, 전혀 다른 결과가 나온다는 성질. 카오스의 특징을. 초기값의 민감성과 스트레인지 어트랙터(비정수 차원의 어트랙터나 카오스 이론으로밖에 설명되지 않는 집합체)를 들 수 있다.

※ 바람이 불면 흙먼지가 많이 난다 → 흙먼지가 눈에 들어가서 장님이 늘어난다 → 장님은 생계수단으로 사미센 전통 악기을 산다 → 사미센을 만들기 위해 고양이 가죽이 많이 필요하다 → 고양이가 많이 죽어나가서 쥐가 늘어난다 → 쥐는 통을 갉아먹는다 → 쥐가 갉아먹은 통을 바꿔야 한다 → 통장수가 돈을 번다

카오스를 우리말로 해석하면 혼돈이지만, 수학적으로 카오스란, 완전한 혼돈이라기보다, **불규칙(랜덤) 하게 보이는** 복잡한 현상을 가리키는 것으로, 카오스 이론은 이러한 불규칙함을 다루는 이론이다. 카오스인지 아닌지 인정하기 위한 필요충분조건이란 것은 없지만, 주요 특징으로는,

(1) 단순한 수식에서는 불규칙하게 「보이는」 현상이 발생.

(2) 단기적인 미래 예측은 가능하지만, 장기적으로는 예측 불가.

(3) 아주 작은 초기값의 차이가, 미래 상태에 크나큰 차이를 일으킨다(초기값의 민감성 **【주1】**)

……등이 있다. 이러한 경향이 보이는 것에 대해, 수학적으로 「카오스」라고 판별된다.

그렇다면 구체적으로는 어떤 것이 카오스인지 알아보자. 예를 들어 「a X p X(1-p)」라는 수식 $(0 < p < 1, 0 < a < 4)$ 으로, p 의 변화를 표로 나타내기로 한다. 일단 a=2, p=0.3 을 입력하면, $2 × 0.3 × (1-0.3)=0.42$ 가 되어, 이 0.42 를 p 에 대입한다. 이것을 계속 계산해 나가면, 처음에는 불규칙적으로 보이지만, 점점 규칙적인 형태로 수렴되어, 점점 p 는 0.5 로 안정이 된다. 그런데, 같은 계산식에 a=3.9 를 입력하면, 앞에서의 형태와는 전혀 다른 불규칙한 그래프를 그리게 되어, 장기적인 미래예측이 불가능하게 된다. 이것을 카오스라고 칭하는 것이다.

특히 카오스에서 가장 중요한 것이 초기 값의 민감성으로, 2와 3.9의 차이 이상으로 미묘한 차이라도, 카오스가 발

바로 써먹을 수 있는 **중 2 병 스타일 회화 예**

A : 어제 집에서 자고 있었는데, 가입 권유를 하는 사람이 방문했어. 심심해서, 그 사람이 하는 이야기를 들었는데, (중략) 최종적으로 어째서인지, 내가 그 사람의 상사한테 여자를 소개받게 되었어.
B : 이 무슨 카오스 같은 일이!

단순히 혼돈 상태보다, 아주 사소한 일이 계기가 되어, 그 후에 전혀 예측을 할 수 없는 격변을 맞이한 경우에「카오스」를 사용하는 것이 좋다. 일본 속담의「바람이 불면 통 장수가 돈을 번다」와 같이, 작은 계기가 전혀 관계 없는 일을 불러일으킨다는 전개에서 사용해도 좋을 것이다.

■ 카오스적 수치 변동

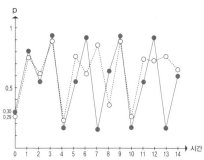

생하는 경우가 자주 존재한다. 예를 들어, 여기에 완벽한 기상예측이 가능한 계산식이 있다고 가정하자. a나 p에 대입하는 숫자, 관측 데이터를 입력하면, 결과를 계산해 낼 수 있다 하더라도, 관측이나 계측을 하는 것이 인간인 이상, 소수점 이하의 아주 완벽한 수치를 파악한 데이터는 존재하지 않기 때문에, **오차가 발생하지 않는 데이터는 있을 수 없다.** 그러나, 그 오차가 카오스 현상을 일으킬 가능성이 있다고 한다면, 1시간 후 등의 단기적인 예측은 어느 정도 가능하더라도, 장기적인 미래 예측에 있어서는, 그 결과에 큰 차이가 발생할 것이다. 오차 때문에, 1주일 후의 날씨가 맑다는 예보가 나올 수도 있고, 비가 온다는 예보도 나올 수 있기 때문에, 애초에 완벽한 날씨 예보는 불가능한 것이다.

아주 약간의 오차가, 큰 차이를 만들어내는 것이 카오스

이 카오스 모델은, 1961년에 미국의 기상학자인 에드워드 로렌츠 [주2]에 의해 실제로 발견되었다. 그는 기상 데이터의 계산을 컴퓨터에 맡겼을 때, 소수점 이하의 입력자리수가 다른 설정 때문에, 오차가 발생해서, 결과가 크게 달라진다는 것을 알게 되었다. 이것을 보고 그는, 「결정론적인 법칙을 따름에도 불구하고, 장기적인 미래예측은 불가능하다」라는 **카오스의 개념**을 발표했다.

그리고 이러한 복잡한 궤도의 개념은 1975년에 미국의 물리학자들에 의해 「카오스」라고 이름 지어져서, 로렌츠가 발표한 카오스 모델은 「**로렌츠 카오스**」, 그것을 표로 만든 도형 「**로렌츠 끌개**」[주3](나비 모양과 매우 흡사한 것이 특징)로서 널리 알려지게 되었다. 이후, 이러한 카오스 현상이 인정되는 물리운동에 대해서 연구도 진행되어, 물리현상 모든 것을 결정론적 관점으로 보는 풍조를 크게 변화시키게 되었다.

나비 효과란?

「로렌츠 끌개」가 나비 모양에 흡사한 것과, 로렌츠가 1972년에 한 강연의 타이틀인 「예측 불가능 – 브라질에서의 나비의 날개 짓이 텍사스에 토네이도를 일으키는가–」에서, 「나비 효과」라는 말이 태어났다. 이것은 「브라질에서 나비가 날개 짓을 한 것이, 텍사스의 기상에 큰 영향을 미칠 가능성이 있다」라는, 카오스 이론을 단적으로 표현한 비유로서 알려져 있다.

가
나
다
라
마
바
사
아
자
차
카
타
파
하

【주2】 1917~2008년. 미국의 기상학자. 컴퓨터 시뮬레이션으로 기상 모델을 관측하는 도중에 카오스 모델을 발견. 또한, 카오스적인 현상을 보여주는, 로렌츠 방정식도 제시했다.

【주3】 로렌츠 어트랙터. 로렌츠 방정식에 의한, 변수의 집합으로, 비선형이 된다. 나비 모양과 흡사하다.

카오스 이론

카인과 아벨

에덴 동산에서 추방된 인류의 첫 아이이며, 최초의 형제다.
그리고 최초의 살인 가해자와 피해자. 그것이 이 두사람이다.

❧······· 인류 최초의 형제간 불화와 살인 사건 ·······❧

【주1】 카인은 추방당할 때, 사람들로부터 해를 입을 것 같아서 두렵다고 신에게 이야기 했다. 그러자 신은, 카인을 죽인 자에 대해서, 7배의 복수를 할 것이라고 전하고, 그 각인을 보냈다. 이것을 「카인의 징표」라고 부른다. 이것은 카인을 지키려는 신의 자비였다. 하지만 이후에, 카인의 징표는 신의 자비, 축복이 아닌, 동생을 죽인 죄의 각인이나, 저주의 일부로서 받아들여지게 되었다. 또한, 이 징표가 어떤 형태였는지는 전해 내려오지 않는다.

『구약성서』의 『창세기』 제4장에 등장하는 형제가 **카인과 아벨**로, 그들은 신의 낙원에서 추방당한 아담과 이브의 최초의 자손이다.

『창세기』에 의하면, 카인은 농작을, 동생 아벨은 양을 방목하였는데, 어느 날 그들은 자신들이 키운 작물과 양을 신인 야훼에게 바쳤다고 한다. 그러나 신은 아벨이 바친 제물만 보고, 카인이 바친 제물을 무시했던 것이다. 이 일에 카인은 분노해서, 아벨을 들판으로 데리고 나와서 죽여버렸다. 신이 카인을 추궁하자, 카인은 「나는 모른다, 내가 동생을 지키는 사람이 아니지 않느냐」라고, 거짓말을 해서 넘기려 했다.

그러나, 대지에 흐른 아벨의 피가 야훼에게 자신의 죽음을 알려서, 카인의 죄상이 드러나게 되었다. 그리하여 카인은 벌로서, 토지를 경작해도 작물을 얻을 수 없다는 저주와 징표【주1】를 받고, 신의 곁에서 **추방**당했다. 이렇게 신의 곁에서 추방당한 그는 에덴의 동쪽에 있는 노데라는 땅에 정착하자, 여기에 자신의 도시를 건설한다. 그의 자손도 방목, 음악가, 대장장이가 되어, 신에게 떨어진 "인간"에 의한 문명의 발상지가 되었다.

이 카인과 아벨의 이야기는 「운명적인 형제」「형제간의 싸움」의 상징이 된다. 그렇기 때문에, 형제를 테마로 다룬 작품에서 사용되는 경우가 많다.

또한, 심리학자 융은, 이와 같은 부모(신)의 애정을 둘러싼 이야기를 바탕으로, 형제간의 콤플렉스를 **카인 콤플렉스**라고 이름 지었다.

바로 써먹을 수 있는 **중2병 스타일 회화 예**

A : 우와 저 형제, 또 싸우네. 왜 저렇게 사이가 안 좋을까…

B : 카인과 아벨 인가…… 인류 최초의 살인은 형이 동생을 죽인 것이야. 형제간에 사이가 안 좋아지면 정말 큰일이라니까.

카인과 아벨을 이야기에서 써 먹으려면, 형제간의 싸움이나, 인류 최초의 비극에 관계된 이야기에 써 먹으면 된다. 회화에서 사용하려면 형제간의 싸움에 대한 설명에 이용하는 것이 가장 확실하게 다가온다. 이외에는 도덕에 위반해서는 안될 일을 예로 들 때 사용하는 것도, 상대방이 쉽게 이해할 수 있다.

환수·요정

켈베로스

명계의 하데스가 부리는 마수 켈베로스.
명계에서 도망치려는 죽은 자는, 전부 켈베로스의 먹이가 된다.

┅┅┅ 여러 개의 목을 가진 명계의 파수견 ┅┅┅

켈베로스는, 여러 개의 머리를 가지고, 꼬리는 거대한 뱀, 목 주위에는 무수한 뱀이 자라나 있는, 커다란 개의 형상을 한 괴물이다. 괴물 티폰과 에키드나의 자식 중 하나로서, 쌍두의 괴견 오르토스는 켈베로스의 동생이다. 일반적으로는, 3개의 머리를 가진 거대하고 검은 개의 모습으로 많이 묘사된다.

기원전 700년경의 그리스 시인인 헤시오도스가 쓴 서사시 『신들의 계보』에 의하면, 켈베로스는 명계의 왕 하데스【주1】의 충직한 파수견으로서, 명계의 입구를 감시하는 역할이 주어졌다고 한다. 죽은 자에 대해서는 호의적이지만, 명계에서 도망치려는 자나, 허가 없이 명계에 들어온 자는 가차없이 잡아먹는다고 한다. 또한, 결코 잠을 자지 않으며【주2】, 각각의 목이 다른 방향을 감시하기 때문에, 발각되지 않고 켈베로스의 앞을 지나는 것은 불가능하다고 한다.

그리스 신화에서는, 켈베로스와 관련된 에피소드가 몇 개 남아있는데, 그중에서 유명한 것이, 영웅 헤라클레스(P.184)가 행한, 12가지 과업의 일화일 것이다. 그는 자신의 죄를 씻기 위해, 12가지의 어려운 과업에 도전을 했는데, 그 마지막 시련이 켈베로스를 생포하는 것이었다. 이 시련의 내용을 알게 된 하데스는,

「맨손으로 잡는다면, 생포하는 것을 허락한다」라고 헤라클레스에게 말했다. 그는 약속대로 맨손으로 켈베로스 생포에 도전, 사투 끝에, 켈베로스의 목을 졸라 기절시켜서, 켈베로스 생포를 성공했다고 한다.

또한 힘이 아닌, 계략으로 켈베로스에게서 빠져 나온 자도 존재한다.

그중에 1명이, 시인이자 하프의 명수

약았겠다~
침 흘리지마~!!

【주1】 최고신 제우스의 동생으로, 명계를 통치하는 신

【주2】 3개의 머리가 교대로 잠을 자기 때문에, 밤낮을 가리지 않고 감시를 했다는 설도 있다.

가
나
다
라
마
바
사
아
자
차
카
타
파
하

바로 써먹을
수 있는
중2병 스타일
회화 예

A : 이상한 몬스터가 방해를 해서 진행을 못하겠어!
B : 그 몬스터는 특정 아이템을 주면 사라진다던데.
A : 켈베로스 같네…… 단 것이라도 줘 볼까?

밤낮을 가리지 않고, 명계의 문을 지킨 파수견 켈베로스. 그러나, 그 역시 배가 고프고, 먹이를 주면 먹지 않고는 못 배긴다. 회화에서 사용할 때는, 본문에서도 소개했듯이, 껄끄러운 상대를 조용히 시키기 위해 뇌물을 주는 일에 인용을 하면 된다.

켈베로스

인 오르페우스다. 그는 사랑하는 아내인 에우리디케를 명계에서 데려오려고 할 때, 하프를 연주해서 켈베로스를 복종시키는데 성공함으로써, 명계에 들어갈 수 있었다. 그 하프 실력에 감탄한 하데스는, 「한 번도 뒤를 돌아보지 않고 명계를 빠져나갈 수 있다면, 아내를 살려 보내주겠다」라고 약속을 하지만, 오르페우스는 출구를 얼마 남기지 않은 곳에서 뒤를 돌아보고 말아서, 아내를 되찾을 수 없었다.

명계의 왕 하데스의 의외의 일면

사나운 마수인 켈베로스를 부리는 명계의 왕 하데스. 잔인하고 무서운 인물이라고 생각하기 마련이지만, 순수하고 진지한 성격을 나타내는 에피소드가 많다. 또한, 여성을 대하는 것 역시 익숙하지 않아서, 제우스의 딸인 페르세포네에 반하게 되지만, 어떻게 접근을 해야 하는지를 몰라, 결국에는 납치를 하는 놀라운 행동을 보인다. 이러한 경위로도, 결국에 두 사람이 맺어지게 된 것을 보면, 그의 성격이 나쁘지는 않았던 모양이다.

먹이에 빠져서 업무 포기!?

명계의 파수견으로 충실하게 일을 하는 켈베로스였지만, 먹을 것을 매우 좋아해서, 먹이에 낚여서 **일을 내팽개친** 적도 있었다. 그것은 제우스와 라미아 【주3】의 딸인 무녀 시빌레와의 일화에서 확인할 수 있다.

시빌레는 트로이 전쟁의 영웅인 아이네이아스를 명계로 안내했을 때, 그녀는 켈베로스에게 겨자와 꿀을 섞은 빵을 줬다. 그러자, 켈베로스는 일을 내팽개치고 빵을 먹기 시작했고, 시빌레와 일행은 무사히 켈베로스를 지나갔다.

이 방법으로 켈베로스의 앞을 지나간 것은 그녀뿐만이 아니어서, 인간의 딸인 프시케가 명계의 여왕인 페르세포네의 곁으로 갈 때, 빵을 줬다고 전해진다. 고대 그리스나 로마에서는, 이 이야기 대로, 켈베로스를 만나더라도 무사히 지나갈 수 있도록, 죽은 사람의 손에 과자를 쥐어주는 풍습이 있었다고 한다. 또한 이 일화와 같이, 껄끄러운 상대를 뇌물로 길들이는 것을 「켈베로스에게 빵 조각을 준다」라고 표현하게 되었다고 한다.

먹을 것에 낚이는 것은, 말 그대로 개와 같다고 하겠지만, 파수견으로서는 약간 못 미더운 구석도 있다. 하지만 현대에는, 켈베로스가 **우수한 파수견**이라고 여겨져서, 견고한 암호인증 시스템 【주4】의 이름으로서도 사용되고 있다.

참고로, 명계의 파수견이 있다, 라는 생각은, 그리스 신화에 국한된 것은 아니다. 예를 들어, 북유럽 신화에서는 명부의 파수견으로서, 4개의 붉은 눈동자를 가진 가름이라는 개가 등장하는데, 켈베로스와 마찬가지로, 명부에서 죽은 자가 도망가지 못하도록 감시를 했다고 한다. 또한 개는 아니지만, 메소포타미아에 전해 내려오는 신화 『길가메쉬 서사시』에서는, 인간계와 명계의 경계에 있는 산의 파수꾼으로 반인반수의 파빌사그가 등장한다. 그는 그리스 신화에서도 자주 등장하는 켄타우로스의 원형이라고도 한다.

【주3】 그리스 신화에는 같은 이름의 신, 혹은 괴물이 여러 번 등장하지만, 여기서의 라미아는, 바다의 신 포세이돈의 딸이다.

【주4】 메사추세츠 공과대학이 개발한 인증 시스템 및 그것에 관련된 프로토콜이나 프로그램을 통틀어서 「켈베로스」라고 부른다.

쿠사나기의 검

3 종의 신기 중 하나로, 신화의 시대에서부터 존재한 전설적인 신검.
일본에서 가장 유명하면서 가장 신비로운 배경을 가진 검이다.

······ 스사노오가 손에 넣은 아마노무라쿠모노츠루기 (天叢雲劍) ······

쿠사나기의 검 혹은 아마노무라쿠모노츠루기라는 것은, 3종의 신기【주1】중 하나다. 스사노오(P.97)가 이 검을 발견하고, 야마토 타케루(日本武尊)【주2】가 사용했다. 야마토 타케루의 손을 떠난 다음에는, 아츠다 신궁(熱田神宮)【주3】에 모시고 있다고 한다. 현재 진짜 쿠사나기의 검의 소재는 알려져 있지 않지만, 예전에 검을 훔쳐본 승려의 말에 따르면, 길이는 약 2척8촌(85㎝)으로, 날 끝은 **창포** 잎과 닮았다고 한다.

쿠사나기의 검은 원래 아마노무라쿠모노츠루기라는 이름이 있었지만, 이 이름의 유래는 스사노오가 이 검을 손에 넣은 경위와 관계가 있다. 거칠고 난폭한 성격이었던 스사노오는 신들의 나라인 타카마가하라(高天原)에서 추방되어, 사람들의 세계인 아시하라노나카츠쿠니(葦原中国)로 내려왔다. 이즈모에 온 스사노오는, 그 지역을 어지럽히고 있었던 야마타노오로치(八俣遠呂智)【주4】를 퇴치하게 되었다. 스사노오는 야마타노오로치에게 술을 먹여서 재운 다음에, 토츠카노츠루기(十拳剣)로 베었다. 하지만 꼬리를 잘랐을 때, 검의 이가 빠져서 잘라낸 꼬리를 살펴보니, 거기서 검이 나

왔다. 야마타노오로치의 머리 위에는 항상 구름이 끼었기 때문에, 검의 이름을 아마노무라쿠모노츠루기라고 짓고, 아마테라스(P.106)에게 헌상. 신의 소유물이 되었다.

아마테라스에게 넘겨진 아마노무라쿠모노츠루기는, 그 후에, 그녀의 자손으로 지상을 지배하게 된 니니기노미코토(邇邇藝命)에게 넘겨져서, 같이 지상으로 내려왔다고 한다. 그리고, 야타노카가미(八咫鏡)와 함께 궁내에 보관되었다.

아마노무라쿠모노츠루기로서 궁 안에 보관하고 있었던 쿠사나기의 검은 이세

【주1】천손강림 때에, 아마테라스에게서 받았다는, 거울·검·옥 3종류의 보물이다. 각각 야타노 카가미(八咫鏡), 야사카니마가타마(八尺瓊勾玉), 아마노무라쿠모노츠루기(天叢雲劍)라 하여, 일본의 역대 천황에 계승되었다.

【주2】제12대 케이코 천황의 아들로, 제14대 츄아이 천황의 아버지, 무용이 뛰어났지만, 성질이 거칠어서, 형을 죽였기 때문에, 따돌림을 당했었다.

【주3】아이치현 나고야시 아츠다구에 있는 신사. 제신은 아츠다노오 오카미(熱田大神)로, 3종의 신기중 하나인, 쿠사나기의 검을 모시고 있다.

【주4】이즈모 지방, 히노카와(肥の川)의 상류인 도리카미(鳥髪)에 있던 괴물로, 8개의 머리와 8개의 꼬리를 가지고 있었으며, 그 몸은 8개의 골짜기와 8개의 봉우리에 걸칠 정도로 거대했

| 바로 써먹을 수 있는 **중2병 스타일 회화 예** | A : 으······이렇게까지 해도, 아직까지 성과가 없단 말인가······
A : 이렇게 된 이상 쓸 수밖에 없지······ 이 쿠사나기의 검을!
B : 낚시 대에 무슨 그런 이름을 붙이냐 ? | 쿠사나기의 검은 신비로운 검, 최강의 검이라는 인상이 강하다. 만약 어딘가에 사용한다면, 최강의 도구, 비장의 무기에 사용하는 것이 적합할 것이다. 즉, 집안 대대로 내려오는 보도와 같은 느낌으로 사용할 수 있을 것이다. 또한 3종의 신기로서의 측면도 이용을 해서, 매우 중요한 것이나 귀중한 것에 사용할 수도 있을 것이다. |

다고 한다. 1년에 한번. 마을로 내려와서 처녀를 잡아먹었다.

【주5】 야마토 타케루가 했다고 하는 동쪽의 12 도 제압. 야마토 타케루 는 동벌에 성공하지만, 귀환하는 도중에, 오와 리에서 병으로 쓰러졌다. 또한, 초대 천황인 진무 천황도 동벌을 진행했지 만, 이쪽도 진무 동벌이 라 불린다.

【주6】 타이라노 키요모 리의 정실로, 키요모리 사후에는 타이라노 토키 코가 타이라 가문의 정 신적인 지주가 되었다. 그러나 단노우라 전투에 서 패배를 하자, 안토쿠 천황을 안고 바다로 몸 을 던졌다.

신궁(伊勢神宮)으로 옮겨진 후에, 야마토 타케루의 동정(東征) 【주5】에서 활약한다. 동 정을 떠난 야마토 타케루는, 스루가의 초 원에서 계략에 빠져서 화공을 당하게 된 다. 이때 야마토 타케루는 아마노무라쿠모 노츠루기로 근처의 풀을 베고, 그 풀에 불 을 붙여서, 맞불을 이용해서 화공을 벗어 날 수 있었다. 이때 야마토 타케루는, 아마 노무라쿠모노츠루기를 풀을 벤 검(草を薙い だ剣), 쿠사나기의 검(발음이 비슷하다) 이 라 부르게 되어, 전설의 검이 탄생한 것이다.

단, 이 신화 이외에도 풀을 의미하는 「쿠 사(草)」는 냄새가 난다는 「쿠사시(臭し)」, 베다의 「나기(ナギ)」는 「뱀」을 의미하는 것 으로, 사나운 뱀에게서 나온 검이라는 의미로 이름이 붙여졌다는 설도 있다.

야마토 타케루라는 영웅과 함께 활약한 쿠사나기의 검이었지만, 그 활약도 길게는 가지 못했다.

동정을 마치고 돌아오는 중, 야마토 타케루는 오와리(尾張)에서 신을 퇴치하려 했 다. 그러나, 부인인 미야즈히메(美夜受比売)에게 쿠사나기의 검을 맡겼던 그는 깊은 상처를 입고, 결국에는 병에 걸려서 죽고 말았다. 이렇게, 쿠사나기의 검은 최고의 사용자를 잃게 된 것이다. 그 후, 검을 맡고 있었던 미야즈히메는 아츠다 신궁을 세 우고, 그곳에 쿠사나기의 검을 모시면서, 오늘날에 이른다고 한다.

쿠사나기의 검은 어디에 ?

일본의 신화, 역사상으로도 중요한 역할을 담당했던 검이기 때문에, 그 소재 역시 확 실하다고 여겨졌었다. 하지만, 아츠다 신사에 있는 검이 진짜 쿠사나기의 검인가에 대 해서는 이론이 있다. 예를 들어, 타이라 씨가 멸망한 단노우라의 전투에서, 타이라노 토 키코(平時子) 【주6】와 함께 바다 속으로 가라앉았다는 설이 있다. 또한, 궁에서 의식 때 쿠사나기의 검 레플리카가 사용되는데, 사실은 이것이 진짜라는 이야기도 있다. 이외에 도 제2차 세계대전 중에 쿠사나기의 검이 들어가있는 궤를 공습으로부터 지키기 위해 이동시켰다는 등, 여러 가지 정보가 있다. 실물을 확인하면 진짜인지를 확인할 수 있는 가능성도 있지만, 실물을 볼 수가 없는 것이다. 그렇기 때문에, 정보는 뒤엉키게 되고, 쿠사나기의 검이 어떠한 것이었는가도 정확히 알 수 없게 된 것이다.

어떠한 검인지 그 실태가 알려져 있지 않은 쿠사나기의 검이지만, 유력한 것은, **철로 된 검**이라는 설이다. 청동기가 주로 사용되던 시대에 있어서 철로 된 검이라는 것은, 신의 검이라 불릴만했을 것이다. 그러나, 이 이야기 역시 그것을 뒷받침하는 증거는 없 다. 쿠사나기의 검은 일본에서 가장 유명한 검이면서도, 그 실태가 알려지지 않은 수수 께끼의 검으로서, 사람들의 마음속에 계속 남아있을 것이다.

쿠사나기의 검 도난 사건

아츠다 신궁에 모셔진 쿠사나기의 검이지 만, 668년(텐치천황 7년)에, 도난 사건이 일 어났다고 한다. 일본서기에 의하면, 신라 인 승려인 도행이, 세이세츠문(淸雪門)을 통해 내부로 침입. 쿠사나기의 검을 훔쳤 다고 나왔다. 하지만, 신라로 도망을 가 는 중에 태풍을 만나서, 다시 돌아오게 되 어 잡혔다고 한다. 쿠사나기의 검은 그 후 궁 안에서 보관하게 되었다. 그러나 686년 (슈초원년)에, 텐무천황이 쿠사나기의 검 의 저주로 인해 쓰러졌기 때문에, 아츠다 신궁에 다시 돌려주게 된 것이다.

쿠 사 나 기 의 검

160

크툴루

러브 크래프트가 창조한 가공의 신화에서,
해저에 숨어있는 이형의 신. 태고의 지배자가 바로 이 크툴루이다.

❖⸺ 형용할 수 없는 사악한 신·크툴루 ⸺❖

크툴루란, **하워드 필립스 러브크래프트** [주1]가 쓴 소설의 세계를 기반으로, 그의 친구인 작가 어거스트 덜레스 [주2]가 정리한 가공의 신화체계인 **크툴루 신화**에 나오는 신을 가리킨다.

크툴루는 예전에 지상을 지배한 「구지배자」라 불리는 태고의 신들 중 하나로, 사제의 역할을 담당했었다. 현재는 **르뤼에**라 불리는 심해의 도시에, **심연의 자**들에게 받들어 모셔져서, 깊은 잠에 빠져있다고 한다. 크툴루의 꿈이 텔레파시가 되어 밖으로 새어나오는 것만으로도, 세계는 정신적인 쇼크를 받는 것으로 알려져서, 존재 그 자체가 사람을 광기로 몰아넣는다고 한다.

겉모습은 문어처럼 생긴 머리에, 오징어 다리와 같은 촉수가 무수히 나있는 얼굴. 손발은 거대하고 날카로운 발톱이 있으며, 몸은 비늘이 덮여있는 산과 같이 큰 고무 형태로, 등에는 박쥐와 같은 날개가 나있다.

르뤼에는 별들이 적절한 자리에 위치하게 되었을 때 바다 위로 부상을 해서, 그때 크툴루 역시 부활한다고 전해진다. 그 부활을 기다리는 크툴루 신자들이, 남태평양의 포나페 서도, 미국의 항구도시인 **인스머스**, 페루의 산악지대에 있다는 이야기다.

이것이 크툴루에 관련된 기본적인 설정이지만, 크툴루 신화는 세계관이나 설정을 공유하는 이른바 쉐어 월드다. 즉, 같은 크툴루라 하더라도 외견이나 역할은 작가 별로 다르기 때문에, 세계관을 이해할 수 있는 정도라면, 군이 설정에 묶일 필요는 없다.

【주1】 미국의 소설가, 시인으로 1937년에 사망한다. 우주적 공포·코즈믹 호러라 불리는 호러 소설로 유명하다. 특히 크툴루 신화라 불리는 일련의 작품은, 후대의 작가들에게 다대한 영향을 주었다. 사후, 그의 소설세계는, 친구인 어거스트 덜레스가 크툴루 신화로서 발표했다. 단, 덜레스가 추가한 설정에는, 구지배자와 구신의 대립이라는 선악이원론적인 면이 있다. 이것은 러브크래프트의 세계관에 맞지 않는다고, 부정적으로 보는 시선도 있다.

【주2】 미국 위스콘신주 출생의 소설가. 출판사 어컴 하우스를 설립하여, 러브크래프트의 작품을 출판. 러브크래프트가 남긴 작품군을 크툴루 신화로 체계화 했다.

바로 써먹을 수 있는 **중2병 스타일 회화 예**	
A : 또 차였어……	
B : 아…안 됐네 그거.	
A : 이번엔 정말 대단한 신한테 빌었는데 말이지. **크툴루**라고.	
B : 기도할 신을 잘못 고른 거 같은데……	

크툴루 신화는 창작물이지만, 이만큼 세상에 퍼지고, 알려진 것도 드물다. 창작이라고 의식할 필요 없이, 실제로 있는 신처럼 그 이름을 그대로 써도 문제는 없다. 가장 기본에 충실한 악신이기 때문에, 진심으로 신앙심을 갖는 것은 그다지 추천을 안 한다. 그냥 이야기 소재로 쓰도록 하자.

키메라

복수의 생물이 합체한 모습을 한 괴수 키메라.
그 기괴한 모습에서, 여러 가지 사상을 상징하는 생물로서 취급된다.

❧‥‥‥‥ 그리스 신화에 등장하는 복합생물의 대표격 ‥‥‥‥❧

【주1】키메라란, 2종류 이상의 유래가 다른 세포를 같이 가진 동물개체를 가리킨다.

그리스 신화에 등장하는, 사자의 몸에 등에서 자라난 산양의 머리, 그리고 꼬리 부분에는 뱀의 머리를 가진 괴물이다. 머리가 아니고 동체가 산양이거나, 꼬리는 뱀이 아닌 드래곤의 머리이거나 하는 등, 그 모습에 관해서는 여러 가지 설이 있지만, 어느 설이든 **여러 가지 생물의 합성체**인 것에는 변함이 없다. 매우 사나우며, 입에서 불을 뿜고, 다리도 빠르며, 괴력을 가졌다고 여겨졌다.

그 기괴한 모습이 현실적이지 않은 것에서, 「불가능한 사물」을 예로 들 때 인용되는 경우가 있다. 또한 키메라는 생물학에 있어서「**키컷**」[주1]의 어원이 되기도 했다. 참고로, 이 괴물은 일반적으로 **암컷**이라고 여겨졌다. 이것은, 키메라를 부리고 있었던 카리아의 왕 아미소다레스가, 종종 키메라를「**딸**」이라고 부른 것에서 기원하고 있는 것 같다.

키메라는 고대 그리스의 시인 호메로스의 『일리아스』[주2]에서, 처음으로 등장했는데, 거기에는 「신체의 앞부분이 사자, 중간이 산양, 뒷부분이 뱀으로, 인간이 아닌 신족에 속한다」라고 실려있다. 실제로, 키메라의 부모는, 거인족 티폰과 에키드나이다. 티폰은 최고신 제우스(P.146)와 마찬가지로, 우라노스와 가이아의 혈족으로, 두 사람은 친척관계이다. 그렇다면, 티폰의 자식인 키메라가 신족에 속하는 것도 수긍이 간다.

키메라는 리키아 화산지대에 서식하고 있다고 전해져서, 거기서 사람들을 덮치는 등의 악행을 저질렀었다. 이 사태를 걱정한 국왕은, 용자 벨레로폰에게 키메라 토벌을 의뢰했다. 이것을 받아들인 그는 페가수스(P.173)를 길들이고, 키메라와 대적했다. 날지 못하는 키메라를

또 그런다...

꺼내께!!

| 바로 써먹을 수 있는 **중2병 스타일 회화 예** | A : 최근에 나오는 휴대폰은 여러 가지 기능이 들어가 있지.
B : 전화, 인터넷, 카메라…… 참 많네.
C : 이러다가 키메라 휴대폰이라고 불릴지도 모르겠어. | 키메라는, 여러 가지 생물의 신체로 구성된 괴물로서, 그 다양성이야말로 최대의 특징이다. 그렇기 때문에, 회화에서 사용하는 경우에는, 역할이나 용도가 다른 것이 조합되어있어서, 다양성이 늘어난 것을 예로 들 때, 키메라를 인용하면 좋을 것이다. |

가 나 다 라 마 바 사 아 자 차 **카** 타 파 하

키메라

상대하는 데 있어서, 벨레로폰은 공중에서 창으로 공격을 했다.

한편 키메라도 불을 뿜으며 싸웠지만, 이 창의 끝에는 납이 달려있어서, 불로 인해 녹은 납이 키메라의 입안으로 흘러 들어가 질식사를 하게 된다.

이렇게, 신화에 있어서, 가장 기괴한 생김새를 한 괴물이 퇴치된 것이다.

키메라에 담긴 여러 가지의 의미란?

키메라는 그리스도교의 교의 중에도 들어가 있는데, 중세의 동물우화집에서는, 주로 「음욕」이나 「악마」 등의 의미를 담아서 묘사되었다. 또한 키메라는 때로 「여성」을 가리키는 말로서도 인용된다. 12세기의 시인 말보트는, 키메라를 **창부**, 혹은 **여성**에 비유해서 「우아한 척 겉모습을 치장하면서 사자의 입을 들이밀고, 애욕의 불꽃으로 남자들을 먹어버린다」라고 기술했다고 한다. 이것은, 복수의 생물이 합체한 키메라의 다양성이 「표면적으로는 귀엽고 청순하지만, 실제로는 계산적이고 약삭빠른」과 같은, 여성이 가진 양면성과 겹쳐져서, 이렇게 해석한 것일지도 모르겠다.

또한, 키메라는 「연애」를 상징하는 존재이기도 하다. 그 이유로서, 사자가 「연애에 있어서 상대방을 향한 강한 충동」, 산양이 「재빠른 사랑의 성취」, 뱀이 「실망이나 회한」을 나타내기 때문이라고 한다. 또한, 그 기괴한 모습에서, 「이해할 수 없는 꿈」을 상징하기도 한다.

키메라에 대해서 어느 정도 다뤘으니, 마지막으로 양친에 대해서 소개하고자 한다. 부친은 티타노마키아 중에, 대지모신 가이아에 의해 태어난 괴물 티폰. 그 모습은 상반신이 인간, 하반신이 거대한 뱀이며, 키는 하늘에 닿고, 양팔을 벌리면 세계의 동쪽 끝과 서쪽 끝이 닿을 정도로 거대했다고 한다. 한편 모친은 반인반수(뱀)의 미녀 에키드나 [주2]로, 그 이름은 「살무사의 배」라는 의미라고 한다. 또한, 그녀는 키메라와, **히드라**나 **켈베로스**(P.157), **스핑크스** 등, 여러 가지 괴물의 모친이기도 하다.

복수의 생물이 합체한 기괴한 모습에는, 뭐라 말할 수 없는 매력이 있어서, 오늘날에도 영화나 소설, 게임과 같은 판타지 작품에 자주 등장한다. 키메라를 창조한 인물도, 설마 이 정도로까지 인기를 누리리라고는 상상도 하지 못했을 것이다.

【주2】 에키드나는 상반신이 아름다운 인간의 여성이고, 하반신은 살무사이다. 티폰과의 사이에서 키메라, 켈베로스, 오르토스, 히드라, 델피네, 파이아 등을 낳았다고 한다. 또한 티타노마키아에서 패하여 남편인 티폰이 에트나 산에 봉인된 이후에는, 아들인 오르토스와 재혼. 스핑크스나, 헤라클레스에게 퇴치된 네메아의 사자, 라돈 등을 낳았다고 한다.

키메라

KGB

예전에 냉전구도였을 때, 미국과 대립한 대국 소비에트 연방.
그 강대한 힘의 일단이 이 첩보조직이다.

┉┉ 세계 제일의 거대 정보 기관 ┉┉

【주1】 소비에트 사회주의 공화국 연방의 약자. 이외에도 소련, 소비에트, 소연방으로 불렸다. 1922년에 사회주의 국가로서 성립. 제2차 세계대전 이후, 동유럽을 사회주의화해서, 위성국으로 만들었다. 그리고 동방제국들의 수장으로서, 미국을 비롯한 서방제국과 대립했다. 그러나 국내경제의 악화, 동방제국의 잇따른 민주화, 민족문제 등 여러 가지 문제가 분출. 1991년에 소비에트 연방은 붕괴되었다.

【주2】 CIA는, Central-Intelligence Agency의 약자이다. 뜻은 미국 중앙정보국. 미국 국외에서의 정보활동을 하고 있다. 예산이나 인원은 원칙적으로 비공개다. 냉전이 끝난 이후에는 경제정보나 기업 활동, 대 테러 활동을 중시하게 되었다.

KGB란 「Komityet Gosudarstvennoy Bezopasnosti」의 이니셜을 딴 이름이다. 보통은 케이지비라고 읽으며, 정확한 뜻은 소련 국가 보안 위원회이다. 예전의 소비에트 연방 【주1】의 **정보기관**이다. 대외첩보활동, 방첩활동 이외에도, 반란분자의 적발이나 국경경비도 수행했다. 여기에 외국에서의 파괴공작, 테러와 같은 **준군사적**인 내용도 그들의 활동에 포함되어있어서, 그 질이나 규모는 미국의 CIA 【주2】에 버금가는 세계유수의 조직이었다.

조직의 기원은 러시아 혁명직후까지 거슬러 올라간다. 레닌의 명령을 받은, **펠릭스 제르진스키**가, 불순분자적발을 위한 조직을 결성했다. 통칭 체카라 불리는 이 조직을 전신으로, 이후 통폐합을 거듭해서, 1954년에 KGB로 설립되었다. 냉전시대에는 미국의 CIA나 영국의 SIS와 같은 서방제국의 정보기관과 뒷세계에서 치밀하게 싸웠다고 한다. 또한, 국내의 권력구조에 있어서도, 군이나 공산당에 버금가는 권력을 가져서, 소련 체제 공포의 상징이라고 할 수 있는 존재였다. 그러나 소련 연방의 붕괴와 함께 조직도 해체. 현재는 러시아 연방보안국(FSB), 러시아 대외정보국(SVR)과 같은 조직으로 분할, 계승되었다.

참고로 현재 러시아의 **푸틴** 수상은 KGB출신으로, 후속조직인 러시아 연방보안국(FSB)의 장관도 역임한 인물이다. 이것으로 봐서 과거, 그리고 현재에 있어서도, 러시아에서 KGB의 영향력이 얼마나 강한지를 알 수 있다.

일본에서의 KGB 활동

KGB가 일본에서 한 활동 중에 특히 유명한 것이, 레프첸코 사건이다. 1979년에 미국으로 망명한 전 KGB장교인 레프첸코에 의해 폭로되었다. 그는 소련의 기자로서 일본에 입국하여, 대일공작을 했다. 주요 활동은 정재계, 언론의 유력자들과 접촉하여, 일본의 정책, 여론을 친소련 쪽으로 유도하는 일이었다. 소련에 유리한 거짓 정보를 신문에 싣게 하거나, 언론을 통해서 기밀정보를 입수하기도 했다.

바로 써먹을 수 있는
**중2병 스타일
회화 예**

A : B군. 어제 무슨 일이 있었는지 순순히 털어놓지?
B : 무, 무슨 이야기?
A : 모른척해도 소용없어. 네가 어제, 여자애랑 같이 다녔다는 것을 알고 있다. 미행했으니까 말이지.
B : 뭐야……너 KGB 냐?

KGB는 역시 우수한 정보기관, 스파이의 이미지가 있기 때문에, 정보통인 상대를 형용할 때 딱 알맞은 표현이다. 또한, 영화나 소설에서는 고문이나 더러운 방법을 사용하는 악역으로 묘사되는 경우가 많았다. 그렇기 때문에, 조금 무서운 상대, 어둠 속에서 암약하는 타입에도 사용할 수 있다.

타

테세우스의 배

템플 기사단

테세우스의 배

부품을 바꿔도, 원래의 것과 같다고 할 수 있는가?
이렇게, 아이덴티티란 무엇인가에 대해 생각한 것이, 이 배다.

❦······ 계속 수리를 하더라도, 같은 것이라 말할 수 있는가? ······❦

【주1】그리스 신화에 등장하는, 아테네의 왕. 미노타우로스를 퇴치한 모험이나, 아르고선 탐색대의 모험에 참가하는 등의 전설이 있다.

【주2】46년 경~127년. 제정 로마의 그리스인 저술가. 전기나, 고대 그리스인과 고대 로마인을 대비한『플루타르코스 영웅전』, 정치나 종교, 철학 등에 대해서 논한『윤리논집』등, 많은 저서를 남겼다.

【주3】늙으로 간 남자가 벼락을 맞아서 죽지만, 또 다른 벼락이 늪에 떨어져서, 원자레벨로 뇌도 완벽하게 복사된, 죽은 남자와 같은 형태의 생성물이「스웜프맨」을 낳고 만다. 과연 스웜프맨은 죽은 남자와 같다고 할 수 있는가?⋯⋯라는 역설이다.

그리스 신화에는 다음과 같은 전설이 있다. 테세우스【주1】가 크레타 섬에서 귀환했을 때 탄 배를, 아테네 사람들이 보존해서, 썩은 목재를 점점 새로운 목재로 교환해가면서 오랜 세월에 걸쳐 배를 보존하였다.

제정 로마의 저술가인 플루타르코스【주2】는, 이 전설에서, 「어떤 물체의 모든 구성요소가 바뀌었을 때, 그것은 **같은 것이라 말할 수 있는가**」 그리고 반대로, 「교체된 원래 부품을 사용해서 조립한 다른 배는, 테세우스의 배라고 할 수 있는가」라는 의문을 던졌다. 이것이 「테세우스의 배」라는 역설인 것이다.

이 역설에는, 여러 가지 접근방법에서 해답을 얻고 있다. 지금부터 그 일부를 소개한다.

(1) 내재적 구성요소는 바뀌어있지만, 설계 등의 본질은 변하지 않았기 때문에「같은 배」다.

(2) 배는 부품이라는 낮은 순위 패턴의 집합체이기 때문에, 높은 순위 패턴으로서는 변함이 없으니「같은 배」다.

(3)「같은 배」를 정의하는 요소가 다르기 때문에, 질적으로는 같은 배라고 할 수 있지만, 수적으로는 다르다.

철학적인 사고실험이기 때문에, 어느 것이 정답이라고 정해진 것은 아니지만, 「오리지널」이라던가 「존재가치」, 더 나아가서는 **아이덴티티**를 어떻게 생각할 것인가라는 의미에서, 예전부터 시도되었던 것이다. 또한, 같은 명제로서「스웜프맨」【주3】의 역설 등이 있다.

그거 내 배 잡아?

부품 다 갈아치웠으니까 아니야~

팝 세우스 호

이, 이름이⋯!

바로 써먹을 수 있는 중2병 스타일 회화 예

A : AKB48도, 보통 아이돌처럼, 점점 인기 멤버가 졸업하고, 멤버가 바뀌겠지. 그렇게 되면, 계속 팬으로 있을 수 있을까?

B : 테세우스의 AKB48⋯⋯복잡한 기분이네.

수리를 계속한 금각사뿐만 아니라, 멤버가 계속 바뀌는 아이돌 그룹 등을 예로 들면, 테세우스의 배 문제는 더욱 가까이 다가올 것이다. 성우가 점점 바뀌는 애니메이션 역시, 테세우스의 배와 같은 명제라고 할 수 있을지도 모른다.

템플 기사단

수많은 기사집단 중에서도, 발군의 지명도를 자랑하는 템플 기사단.
성지나 순례자를 지키기 위해 결성되어, 해산할 때까지 수많은 공적을 세웠다.

┈┈ 성지 예루살렘의 수호자 ┈┈

템플 기사단은, 그리스도교도에 의해 중세 유럽에서 조직된 기사수도회로서, 정식명칭은 「그리스도와 솔로몬 성전의 가난한 기사들」이다. 유럽이 제1차 십자군으로, 이슬람교도들에게 성지인 예루살렘을 빼앗아서, 왕국을 건설한 후에 결성되었다.

결성된 경위는 다음과 같다. 예루살렘을 탈환하고, 유럽 사람들은 성지로 향하게 되었다. 그러나, 성지로 가는 도중에는 산적이나 비적이 출몰했기 때문에, 순례는 위험을 동반한 행위였다. 그런 와중에, 예루살렘 부근의 치안 유지에 힘쓰는 위그라는 남자가 나타났다. 그의 활동을 안 예루살렘의 왕은, 솔로몬 신전터를 거처로서 주었다. 그리고, 위그의 활동에 감명을 받은 자들이 모여서, 결국 순례자를 지키는 경호원적인 존재로서, 1128년에 템플 기사단이 결성되었다. 설립당초에는 채 10명도 되지 않는 조직이었지만, 서서히 가입자가 늘어나고, 권력자들로부터는 토지나 금품의 기부가 줄을 이었다.

조직으로서 확립된 템플 기사단은, 예루살렘을 뺏으려 하는 이슬람교도를 격퇴하는 검으로서, 혹은 예루살렘을 순례하려고 방문한 사람들을 지키는 방패로서 활약했다.

그러나, 13세기 후반, 이슬람교도에게 예루살렘을 다시 뺏김으로 인해, 그 존재 의의를 잃고 말았다. 또한, 프랑스의 왕 필리프 4세의 야망【주】에 의해, 결국은 해체되어 버리는 최후를 맞이하게 된 것이다.

【주】 필리프 4세는 자신의 정책을 실현하기 위해, 많은 금전을 필요로 하고 있었다. 그 때문에, 귀족들로부터 많은 자금을 받고 있었던 템플 기사단에 착안을 하고, 누명을 씌워서 해산으로 몰고 간 것이다.

템플 기사단의 다른 얼굴

모든 수도회에서, 입회자는 개인의 재산을 조직에 기부하고, 공유하는 습관이 있었다. 수도회에 속한 템플 기사단 역시 예외는 아니어서, 입회자가 늘어날수록, 그 자산도 같이 늘어났다. 그래서, 기사단은 현대의 금융회사와 같은 활동을 개시해서, 자산을 더욱 더 불렸던 것이다. 그러나, 이것이 원인으로 필리프 4세가 템플 기사단의 재산에 눈독을 들여서, 해산을 하게 되었으니, 재난이라고밖에 표현할 방법이 없다.

바로 써먹을 수 있는 **중2병 스타일 회화 예**

A : 성지 아키하바라에 가볼까~
B : 요즘 거기 삥 뜯기는 사람이 많데.
A : 그렇다면 템플 기사단처럼, 아키하바라의 경호원인 우리들이 경비를 해야겠지!

템플 기사단은 위그에 의해 결성된 순례자를 지키는 경호원이다. 상세한 가입조건은 알려져 있지 않지만, 기본적으로는 아키하바라나 이케부쿠로 등, 실제로(일부의 사람들에게) 성지로서 추앙 받고 있는 장소나, 특정인물을 지키려고 하는 회화 등에 섞어서 사용하면 쉽게 전달될 것이다.

중2병 지침서 ~ 과거는 버렸다 편 ~

 ## 싫은 기억은 생각나지 않도록 하는 것이 최선책

자, 지금까지「중2병처럼」보이려면 어떻게 해야 하는가를 소개했다. 하지만, 중2병이었기 때문에 저지른 큰 실패, 예를 들어 자신의 설정으로 메모를 해뒀던 캐릭터 설정이 들어있는 노트를 다른 사람이 보고 말았다던가, 대충 아는 지식을 자랑하고 있는 도중에, 다른 사람으로부터 잘못된 부분을 지적당해서 창피를 당하거나, 와 같은 경험이 있는 사람도 분명 있을 것이다. 그중에서는, 중2병이었다는 사실자체를 부끄러워하는 사람도 있지는 않을까?

이러한 기억을 어떻게든 지우고 싶은 사람이 있을지도 모르겠지만, 시계를 되돌리는 것은 아무도 할 수 없다. 아쉽지만, 일어난 일은 받아들일 수 밖에 없다.

학교 수업에서「반복 학습이 중요하다」라고 배우듯이, 인간의 기억은 강렬하거나, 기억해낼 기회가 많은 것일수록, 뇌 신경이 강화되어 잘 지워지지 않는다고 한다. 따라서, 봉인하고 싶은 기억이 있다면, 가능한 떠올리지 않는 것이 최선책이라 할 수 있겠다.

 ## 잊고 싶은 기억은 덮어쓰기로 대쳐!?

「서문」에서도 이야기했듯이, 중2병은 정도의 차이가 있기는 하지만, 자아를 확립하는 시기에는 누구나가 보이는 경향이라고 할 수 있다. 또한, 이러한 경험을 하는 것으로, 과도한 자기주장을 하지 않는「보통」어른이 되어가는, 말하자면 누구나가 거치는 통과의례와 같은 것이다.

따라서, 과거에 일어난 일을, 필요이상으로 부끄럽게 생각할 필요는 없을 것이다.

그러나, 그렇다고 하더라도 부끄러운

기억을 어떻게든 하고 싶다면, 기억을 날조하는 수 밖에 없다. 앞에서 이야기했듯이, 기억은 떠올릴 기회가 많으면 많을수록 잘 지워지지 않기 때문에, 약간 다른 장면을 생각하고 계속해서 기억을 덮어씌어나가면 되는 것이다.

정말로 거짓말을 잘하는 사람은, 거짓말을 했다는 사실 자체를 잊어버린다고 하니, 시험 삼아서 해볼 가치는 있을 것이다.

中二病

파이어니어 어노멀리

태양계를 넘은 순간, 미지의 현상이 일어났다!?
이후의 혹성탐사기 개발에 있어서 무시할 수 없는, 위험한 이상현상의 정체를 밝힌다!

❖······ 태양계를 넘은 탐사기는, 어째서 감속을 했는가? ······❖

【주1】 NASA의 혹성 탐사계획 파이어니어 계획으로 개발된 혹성 탐사기. 이 10호는 1972년에 목성 조사를 위해 발사되어, 탐사 후에는 외우주를 향해서 지금도 비행 중이다(단, 2003년에 통신이 두절되었다). 또한, 지구 외 생명체와 조우하는 것을 상정해서, 지구인의 간단한 도해를 기록한 금속판이 탑재되어 있는 것으로도 유명하다.

【주2】 파이어니어 10호에 탑재되어 있는 동력원. 방사성원소의 원자핵 붕괴로 발생하는 에너지를 이용해서 전력을 발생시킨다. 수명이 길고, 인공위성이나 혹성탐사기 등에 사용되고 있으나, 현재 지구궤도 부근에서는 일반적으로 태양전지를 사용한다.

1972년에 발사된 파이어니어 10호 【주1】는, 사상 처음으로 태양계를 탈출할 수 있는 속도를 획득한 목성탐사기이다. 이 기체는 목성관측을 마친 후, 태양계를 탈출하는 궤도에 진입했지만, 1980년에 천왕성의 궤도를 넘고 나서부터, 예상 궤도와는 다른 궤도를 따라간 것이 관측되었다. 파이어니어 10호에는, 태양계의 안쪽을 향한 가속이 발생해서, 엉뚱한 방향으로 이동을 하고 만 것이다. 이것이, 「파이어니어 어노멀리」라 불리는 현상이다.

이 원인을 추궁하기 위해, 여러 가지 가능성이 제기되었다. 궤도관측 그 자체가 틀렸다는 설이나, 미지의 중력원으로 움직인다는 설 등이 검토되었다. 그러나 현재, 가장 유력하다고 생각되는 것이, 원자력전지 【주2】나 탐사기의 기기에서 생겨나는 **열방사**에 의한 추진력이다. 원자력전지에서 발생하는 열방사는 거의 같은 방향으로 발생할 예정이었지만, 균일하지 않게 전달되거나, 불균등한 열방사가 크게 발생하면, 예측할 수 없는 추진력이 작용하는 것이다.

이것이 원인이라고 가정하고, 탐사기를 모델화한 온도 데이터를 재현하는 시뮬레이션 실험도 이루어져서, 2011년에는 이 예측할 수 없는 추진력의 효과는 크다는 것이 판명, 파이어니어 어노멀리 원인의 가능성이 높다는 것이 발표되었다. 하지만 그렇다 하더라도, 실제 현상의 약 30%정도밖에 설명이 되지 않기 때문에, 현재는 파이어니어 어노멀리를 조사하기 위한 탐사기를 발사하는 안건 등도 검토되고 있다. 이 현상의 완전한 해명은, 이제 막 시작되었을 뿐이다.

| 바로 써먹을 수 있는 중2병 스타일 회화 예 | A : 후아암, 졸려.
B : 똑바로 읽고 쓰라고. 내일이 마감이니까.
A : 으으…… 배드 엔딩 밖에 안 떠올라. 안 되는 줄 알면서도, 어째서인지 제멋대로 써져.
B : 파이어니어 어노멀리냐? | 예상을 넘어서 발생한 미지의 현상에 조우한 경우, 그것을 가리킬 때, 파이어니어 어노멀리를 사용해보는 것은 어떨까? 또한 갑작스런 궤도의 불일치 = 취미가 바뀐다, 가장 좋아하는 아이돌 멤버가 바뀐다, 오타쿠를 그만둔다, 와 같은 경우에도, 사용할 수 있을지 모른다. |

판도라의 상자

어떤 여성이 실수로 연 것으로,
세계에 재난을 불러왔다는 상자가, 바로 판도라의 상자다.

❖······ 세계에 재난을 불러온 무시무시한 상자 ······❖

판도라의 상자는, 이 세계에 존재하는 **모든 재난**이 담겨있는 상자다. 상자 이름은, 그리스 신화에 등장하는 판도라라는 여성에게서 유래되었다. 그녀는 **인류 최초의 여성**으로서, 신들에 의해 만들어졌으며, 인류에게 재앙을 가져다 준다는 신기한 상자를 가지고 지상으로 보내졌다. 또한, 판도라가 태어나서 상자를 열 때까지의 일을 묘사한 신화도 존재한다.

어느 날, 프로메테우스【주1】는 천계에서 불을 훔쳐서, 그것을 인류에게 주었다. 이 일에 격노한 제우스(P.146)는 「여성」을 1명 만들라고 명령했다. 제우스의 명령을 받은 헤파이스토스【주2】는 흙으로 「판도라」를 만들고, 거기다 아테나(P.114)가 일에 대한 능력, 아프로디테【주3】가 **남자를 매료시키는 힘**을, 헤르메스【주4】가 **교활한 마음**을 주었다. 그리고 마지막으로 **절대로 열어서는 안 되는 상자**를 판도라에게 넘겨주고, 프로메테우스의 동생인 에피메테우스에게 그녀를 보낸 것이다. 에피메테우스는, 형으로부터 들은 「제우스가 보내는 것은 받지 마라」라는 충고를 무시하고 그녀와 결혼했다. 결국, 판도라는 호기심을 이기지 못하고 상자를 열게 되고, 세계는 재난(역병이나 범죄 등)이 퍼지게 되었다.

판도라가 상자를 열었을 때 단 한가지가 상자 안에 남아있었다. 그 남아있던 것에 대해서는 여러 가지 설이 있지만, 대표적인 것으로는 인류가 절망하지 않고 살아갈 수 있도록 **희망**이 남았다는 설이 있다. 또 이와는 반대로, 제우스가 남긴 희망은 재난 중 하나로서, 이 때문에 인류는 이룰 수 없는 희망을 안고 계속 살아가게 되었다는 설도 있다.

상자의 형태

판도라의 상자는, 일러스트 등으로 재현되어 있는 경우, 대부분 화려하게 치장된 경우가 많다. 이것은 그리스 신화에 등장한다라는 이미지에서 표현된 것이나, 혹은 상자를 열도록 유혹하려는 의도가 강하게 예상된다. 그러나, 상자의 형태에는 여러 가지 설이 있어서, 화려한 보석 상자와 같다는 설도 있고, 아무런 장식이 되어있지 않은 투박하고 작은 상자라는 설도 있다. 또한, 상자가 아니라 항아리였다는 설도 있을 정도다.

【주1】 프로메테우스는, 불의 신으로서 인간의 수호자다. 짐승이나 추위에 떠는 인간을 보다 못한 그는 천상에서 불을 훔쳐서, 인간에게 전해주고 만다. 이것이 원인으로 제우스에게 잡혀서, 살아있는 채로 독수리에게 간을 쪼아먹히는 고문을 3만년 가까이 체험하게 된다.

【주2】 그리스 신화에 등장하는 불과 대장의 신. 제우스와 헤라 사이의 아들로서, 태어났을 당시에는 몸이 굽어있었다.

【주3】 그리스 신화에 등장하는 사랑과 미의 신. 아름다운 신이면서, 전투에 탁월한 면도 있어서, 전투의 여신이라고도 알려져 있다.

【주4】 그리스 신화에 등장하는 여행자, 도둑, 상업, 양치기의 수호자. 신 중에서는 젊은 축에 속했기 때문에, 신들의 전령역할을 담당했다.

바로 써먹을 수 있는 중2병 스타일 회화 예

A : 응? 어째서 그 보석상자 안 여는데?
B : 이 던전에 있는 보석 상자 중 절반은 미믹이거든.
A : 아하, 그러면 보석 상자가 아니고, 판도라의 상자네.

판도라의 상자가 나타내는 것은, 상자를 여는 것으로 재난을 불러올 가능성이 있는 것이다. 회화에 이용할 때는, 밖에서 봤을 때 안의 내용물을 알 수 없는 물건에 비유해서 사용하면 된다. 회화에서 든 예 이외에 흔히 볼 수 있는 것이라면, 실행을 하지 않으면 무슨 일이 일어날지 모르는 프로그램 등이 판도라의 상자에 해당된다.

가 나 다 라 마 바 사 아 자 차 카 타 파 하

판도라의 상자

패러렐 월드

SF의 세계에서는 너무나도 대중적인, 또 하나의 세계.
그러나, 근래에 과학적 접근이 더해져서 해명되었다!?

❖········ if의 세계는, 당신의 세계와 나란히 존재한다? ········❖

【주1】 1942년~, 영국의 이론물리학자. 휠체어를 탄 물리학자로 알려져, 호킹방사나 블랙홀의 증발. 특이점의 존재 등을 발표했다.

【주2】 호킹이 상대적 양자론에서 이끌어낸. 지금의 우주가 된 원래 우주를 가리킨다. 인플레이션 우주론의, 마더 유니버스에서 태어난 차일드 유니버스와는 다른 것이다.

어느 세계와 병행해서 존재하는 세계를 패러렐 월드라고 한다(혹은 병행세계). 간단히 말하자면, 「만약 이렇게 했다면, 어떻게 되었을까」라는 if의 세계이며, SF 등의 세계에서는 오랜 세월 동안 화제가 되었던 대중적인 아이템이다. 근래에는, 애니메이션이나 게임, 특촬(가면라이더 시리즈, 울트라맨 시리즈) 등에서도 아주 많이 사용되고 있다.

그러나 이런 개념은, 지금에 와서는 완전히 허황된 이야기가 아닌, 실제의 물리학 이론에서 가능성이 있다고 한다. 예를 들어, 양자역학에서는 세상의 모든 것은 확률론적으로 결정되어, 무수의 가능성이 존재하지만, **에버렛 해석**은 이러한 가능성 전부가 다른, 모든 세계가 나란히 존재한다고 생각할 수 있는 것이다. 또한, 영국의 이론물리학자 스티븐 호킹[주1]이 가정한 「베이비 유니버스」[주2] 역시, 양자역학적인 접근이기 때문에, **다세계해석의 가능성**을 포함하고 있으며, 최신의 초끈이론 중에서도 다세계해석의 변형이 존재한다. 비과학적이라고 생각되었던 패러렐 월드는, 오늘날 과학의 세계에서는 완전하게 통용되고 있는 것이다.

하지만 아쉽게도, 상식적으로도 물리학적으로도, 이 우주·세계에 있는 우리들은, 다른 우주나 세계로 갈 수도 없으며 목격할 수도 없다. 그곳으로 가는 방법에 대해서는 허황된 이야기이기 때문에, 픽션으로서는 아직 매력적이라고도 할 수 있을 것이다. 오히려, 과학적인 접근이 도움을 준 덕분에, 황당무계한 이야기에 약간의 사실성이 더해졌다라고 말할 수도 있을 것이다.

타임 패러독스란?

타임 패러독스란, 시간여행으로 과거의 사건이나 사물이 바뀌어, 인과관계가 불일치를 일으킨다는 모순이다. 이 타임 패러독스를 설명하기 위해, 패러렐 월드가 자주 이용되어, 역사가 변하는 것으로 인해 시간축이 나뉜다는 것이다. 양자역학적으로도, 물리적인 상호작용이 시간상에 파급되기 때문에, 역사가 변하는 것은 소립자레벨에서 세계가 재구성되므로, 모순은 일어나지 않는다고 한다.

바로 써먹을 수 있는 **중 2병 스타일 회화 예**

A : 안경소녀, 진짜 좋지~ 세상의 모든 여자가 안경소녀였으면 얼마나 행복할까?
B : 패러렐 월드로 가자!
A : 좋아, 소립자레벨에서 세계를 바꾸는 거야!

「스즈미야 하루히의 우울」이나 「가면라이더 디케이드」 등, 패러렐 월드를 다룬 작품은, 최근에만 놓고 보더라도 수없이 많기 때문에, 사용법에 별다른 어려움이 없다. 가장 대중적인 if, 「도라에몽」의 비밀도구인 「만약 박스」를 생각하면 된다.

페가수스

커다란 날개로 하늘을 나는 모습을 상상하게 되는 페가수스.
신화에서도, 페가수스가 영웅들을 태우고 활약하는 모습이 묘사되어 있다.

·········· 나중에 영웅들의 애마가 된, 신과 괴물의 자식 ··········

그리스 신화에 등장하는 전설의 환수로서, 그 기품 넘치는 모습에서 일본에서도 **천마**라는 애칭으로 사랑받고 있는 페가수스. 커다란 새의 날개와, 새하얀 몸은 신비한 분위기를 자아내고 있어서, 아주 청아한 인상을 주지만, 사실은 그리스 신화의 바다의 신 포세이돈이 아버지이며, 괴물 메두사를 어머니로 둔 특이한 생물이다. 페가수스가 탄생한 경위는 다음과 같다.

모친인 메두사가 페르세우스와 대치를 할 때, 그녀는 아버지인 포세이돈의 아이를 베고 있었다. 그러나 메두사는 페르세우스에게 목을 잘려서 절명한다. 모체와 함께 아이도 죽는 것이 일반적이지만, 페가수스는 신의 피를 이었기 때문에 죽지 않고, 메두사의 **잘려나간 목**, 혹은 **사방으로 튄 피**【주1】에서, 이 세계로 나오게 되었다. 그리고, 그 후로, 페가수스는 **영웅들의 애마**가 된 것이다.

메두사에서 태어난 이 후, 페가수스는 페르세우스와 함께 그의 고향이 있는 세리포스 섬으로 향하게 되지만, 가는 도중에 포세이돈의 분노를 사서 제물로 바쳐진 처녀를 발견한다. 페르세우스는 메두사의 머리에 있는 석화 능력을 사용해서, 괴물을 돌로 만들고 처녀를 구출하였다. 그 후, 세리포스 섬으로 돌아온 페르세우스에 의해, 페가수스는 아테나에게 바쳐졌지만, 그가 죽은 후, 이번에는 영웅 벨레로폰과 엮이게 되었다.

이와바테스의 왕에게 키메라(P.162) 퇴치를 의뢰받은 벨레로폰이, 예언자 폴뤼이도스에게 키메라 퇴치에 대해서 상담을 하자, 폴뤼이도스는 페가수스가 필요할 것이라 이야기를 했다. 그래서 그는 아테나를 찾아가서, 페가수스를 부릴 수 있는 마법을 얻게 된다. 결국, 페가수스를 길들인 벨레로폰은, 바로 키메라를 퇴치하러 가서, 하늘을 날 수 없는 키메라를 향해 공중에서 창으로 공격해서, 키메라 퇴치에 성공한다.

영웅들의 애마로서, 수많은 공적을 올린 페가수스. 괴물로서 퇴치당한 어머니 메두사의 혼도, 구원을 받았음에 틀림없을 것이다.

【주1】 잘려나간 메두사의 목은 페르세우스로부터 아테나에게 바쳐져서, 아이기스의 방패에 들어가게 되었다. 그러나, 일설에 의하면, 이 목은 바다 깊은 곳에 가라앉아서, 지금도 계속 바다 바닥을 굴러다니면서, 해초를 산호로 바꾼다고 한다.

바로 써먹을 수 있는 중2병 스타일 회화 예	A : 오오! 롱 소드하고 대거를 합성했더니 빔 라이플이~!! ㅋㅋ B : 말도 안돼, 그런 조합으로 어떻게 만들어지냐? A : 일단 페가수스 라이플이라고 이름 지어야지.

영웅들을 태우고, 수많은 모험을 펼친 페가수스. 가장 큰 특징은, 그 특이한 출생이라고 할 수 있겠다. 그래서, 회화에서 사용할 때는, 의외의 방법으로 완성시킨 물건이나, 예측하지 못한 곳에서 생겨난 것을 예로 들 때, 페가수스의 이름을 인용하면 좋을 것이다.

페르마의 마지막 정리

수학자들이 한꺼번에 덤벼들어도 풀지 못했던 어려운 문제가 있었다. 이 문제를 둘러싼,
360년동안 전개된 수많은 드라마에 주목하도록 하자!

❖ ······· 정체불명의 메모 때문에, 사람들을 심히 고민하게 만든 난제! ······· ❖

【주1】 직각삼각형의 경사변의 길이의 2승은, 다른 변의 2승의 합이다, 라는 정리. 고대 그리스의 수학자, 피타고라스의 일화에서 그 이름이 붙여졌지만, 정리 그 자체는 이전부터 알려져 있었다.

【주2】 1608년 초~1665년. 프랑스의 수학자. 파스칼과 같이 확률론의 기초를 만들고, 데카르트와의 편지를 통해서 해석기하학을 창안하는 등, 많은 업적을 남겼다.

【주3】 ? ~ ?. 고대 그리스의 수학자. 대수학의 아버지라 불리며, 13권에 달하는 저서인 『산술』이 유명하다.

수학의 세계에서는, 어느 가설이나 예상을 세우고, 그것을 완전히 증명하는 것으로 정리가 된다. 아무리 어려운 문제라 하더라도 수학의 이론이 발전하면, 거기에 돌파구가 열리고, 진실인지 아닌지가 판명된다. 그런 수학의 세계에 있어서, 실로 360년씩이나, **증명되지 않았던 정리**······ 그것이 「페르마의 마지막 정리」인 것이다.

이렇게 이야기를 들으면, 꽤나 복잡한 공식일 것이라고 생각하겠지만 그렇지도 않다. 간략하게 설명을 하면, 삼각형에 관련된 유명한 정리인, **피타고라스의 정리**【주1】 「$X^2+Y^2=Z^2$」는 알고 있는 사람이 많을 것이다. 여기에서 확장되어 「$X^n+Y^n=Z^n$」의 경우, 「3이상의 자연수 = n 에 대해서, $X^n+Y^n=Z^n$ 을 만족하는 정수해 X, Y, Z 는 존재하지 않는다. 단 X, Y, Z 중 하나만 0이거나 모두가 0인 경우는 제외한다.」라는 것이 이 정리다. 원래는, 이것을 발견한 사람이 증명법을 남겨두면 문제될 것이 없었겠지만, 이 정리에 관해서는 여러 가지 사정이 있었다.

17세기 프랑스의 수학자 피에르 드 페르마【주2】는, 고대 그리스의 수학자인 디오판토스【주3】의 저서인 『산술』을 읽고, 그 정리를 예상했다. 그러나 그는 책의 여백에 메모를 해두는 습관이 있었는데, 정리의 증명 역시 『산술』의 여백 이곳저곳에 적어둔 데다가, 자주 중간 과정을 생략했다고 한다. 즉, 논문도 아닌, 그냥 메모를 모아놓은 것뿐이었다.

그러나, 합계 48개에 이르는 메모는, 페르마가 죽고 나서 아들인 사무엘에 의해 발견되어, 이 메모가 들어간 『산술』이 간행되면서 처음으로 세상에 알려지게 되었다. 그리고 메모에는, 이렇게 적혀있었다. 「3승수를 2개의 3승수의 합으로 표현하는 것은 불가능하다. 4승수를 2개의 4승수의 합으로 표현하는 것은 불가능하다. 일반적으로, n승에서 n의 수가 2보다 클 때, 그 n승수를 2개의 n승수의 합으로 표현하는 것은 불가능하다. 이 정리에 관해서, 나는 매우 놀라운 증명을 발견했으나, 이 여백은 그것을 쓰기에는 너무 좁다」라고.

바로 써먹을 수 있는 중2병 스타일 회화 예

A : 그러니까 그 캐릭터가 츤데레인 것은, 이 패러미터하고 이 패러미터의 상관관계에서 도출해낼 수 있다고 생각하는데,

B : ??? 그게 뭐야? 페르마의 마지막 정리냐??

실제로는 완전증명되었지만, 전혀 증명을 할 수 없는 이론이거나, 설명을 들어도 전혀 이해할 수 없는 경우에는, 페르마의 마지막 정리를 예로 들어주면 된다. 이론이 복잡하다기보다, 이해의 범주를 뛰어넘을 정도의 상황이라면 사용하기 매우 효과적일 것이다.

책에 있었던 메모에 관한 진위에 대해서는 거의 판명이 되었으나, 「일반적으로, n승에서 n의 수가 2보다 클 때, 그 n승수를 2개의 n승수의 합으로 표현하는 것은 불가능하다.」라는, 이 정리만은 판명이 되지 않았다. 그래서, 이것은 「페르마의 마지막 정리」라고 불리며, 수많은 수학자들이 증명에 도전하게 된 것이다.

수학에서 아직 해결되지 않은 난제는 아직 있다

이외에도, 수학계에서는 「푸앵카레 추측」(단연결의 3차원 폐다양체는 3차원구체 S^3와 동상(同相)이다) 이나, 「리만 가설」(제타 함수를 복소수전체($s \neq 1$)로 확장한 경우, $\zeta(s)$의 자명이 아닌 근s의 실수부가 모두 1/2의 직선상에 존재한다) 과 같은 난제가 남아있다. 여기서 자세한 내용은 다루지 않겠지만, 전자는 발표가 나오고 100년이상이 지나고서야 증명이 되었으며, 후자는 1859년의 발표 이후 지금까지 해결되지 않고 남아있다.

❧⋯⋯ 마지막 정리 증명을 위한 길고 험한 길 ⋯⋯❧

이 정리를 증명하는데 있어서 가장 처음에 나온 것은, n의 수를 처음부터 차근차근 조사하는 방법이었다. 18세기에서 19세기에 걸쳐, $n=3,4,5,7$과 같이 각각의 숫자가 증명되었다(4의 경우는 페르마 본인에 의해 증명). 이 증명문제는, 「정리 전체의 증명을 누군가가 발표하더라도, 불충분한 부분을 지적당한다는」 패턴이, 오랜 세월 동안 반복되어 왔다. 그중에서 한 줄기 빛을 내려준 것이, **기하학적인 접근법으로**, 1955년에 다니야마 유타카 [주4]가 원형을 예상하고, 시마무라 고로 [주5]가 정식화를 한 「모든 다원곡선은 모듈러 [주6]이다」라는 타니야마-시무라의 추론이, 증명의 실마리가 되었다.

그리고, 1993년 영국의 수학자 앤드루 와일스 [주7]는, 타니야마-시무라의 추론을 포함해서, 여러 가지 접근법을 가지고 7년간의 긴 연구로 페르마의 마지막 정리에 도전하고, 오류를 수정한 결과, 1994년에 증명을 발표한다. 그리고, 그 증명에 거짓이 없다는 것이 1995년에 확인되어, 페르마의 메모에서 360년이 경과한 시점에서, 드디어 **수학계의 난제는 진실**이라는 것이 증명된 것이다(어떤 증명인지는 아쉽지만 생략하도록 한다).

완전증명은 끝이 났지만, 현대의 최신수학 이론을 이용해서 겨우 증명이 된 것을, 페르마가 정말로 증명을 해냈는가, 라는 의문은 남는다. 혹시, $n=4$만을 증명해낸 것을, 전체를 증명해냈다고 페르마가 착각한 것은 아닐까?

하지만, 실제로 페르마가 착각했다 하더라도, 많은 수학자들이 도전해서, 그 해명을 위해 노력한 드라마틱한 긴 역사는 분명한 사실이다. 이 정리는 수학계에서도 꽤나 낭만에 넘치는 것이었다고 할 수 있을 것이다.

【주4】1927~1958년. 일본의 수학자. 아벨 다양체의 고차원화 등의 업적이 있다. 타니야마-시무라 추론의 원형을 제시했지만, 31세의 젊은 나이로 자살하고 말았다.

【주5】1930년~. 일본의 수학자. 다니야마 유타카의 사후, 그의 연구를 발전시켜서, 타니야마-시무라 추론을 정식화 했다.

【주6】복소수평면의 위쪽반의 각 점에 있는 수를, 대칭성이 없는 특수방식으로 대응시켰다.

【주7】1953년~. 영국의 수학자. 페르마의 마지막 정리의 증명 이외에, 타원곡선론이나 이와사와 이론의 연구 등으로 업적을 쌓았다. 참고로, 그가 페르마의 마지막 정리를 처음 본 것은 10살 때의 일로, 이후 이 마지막 정리에 이끌려 수학의 길을 걷게 되었다.

페르마의 마지막 정리

프랙탈

계속 확대를 하더라도 같은 형태가 계속되는, 신비한 도형. 그것을 연구하는 것은,
자연계의 신비마저도 풀어내는 것이었다!

❧⸱⸱⸱⸱⸱⸱ 일부도 전체도 똑같은, 희한한 도형 ⸱⸱⸱⸱⸱⸱❧

[주1] 1924~2010년. 프랑스계 미국인 수학자. 금융시장의 시가변동이 정규분포가 아닌, 안정 분포인 것을 발견해서. 프랙탈을 고안했다.

[주2] 1870~1924년. 스웨덴의 수학자. 리먼 예상과 소수정리의 관련을 증명했다.

[주3] 선분을 3등분하고, 분할한 2점을 원점으로 하는 정삼각형의 도형을 무한으로 반복하는 것으로 생겨나는 프랙탈 도형.

[주4] 1882~1969년. 폴란드의 수학자. 집합론이나 함수론, 위상기하학에 있어서 많은 업적을 남겼다.

[주5] 정삼각형 각 변의 중심을 서로 연결해서 생기는 정삼각형을 잘라낸다. 남은 정삼각형 3개도, 앞에서 한 방식으로 잘라낸다, 라는 수순으로 반복되는 도형.

프랑스의 수학자, 브누아 만델브로 **[주1]**가 도입한 기하학의 개념으로, 도형의 일부와 전체가 자기 유사성을 가지고 있는 것을 가리켜 프랙탈이라 한다. 프랙탈의 존재는 이전부터 확인되었었다. 스웨덴의 수학자 닐스 파비안 헬게 폰 코흐 **[주2]**가 발견한 「코흐 눈송이」 **[주3]**나, 폴란드의 수학자 바츨라프 시에르핀스키 **[주4]**가 발견한 「시에르핀스키 가스켓(삼각형)」 **[주5]** 역시 프랙탈의 일례이지만, 자세하게 살펴보기 위한 계산에는 한계가 있었다. 그러나 1980년, 만델브로는 그것을 **컴퓨터를 활용**하는 것으로 연구의 길을 열었던 것이다.

그렇다면 만델브로가 작도한 예를 살펴보자. 먼저, 「x2 + c」라는 식을 만들고, $c = -0.5$라고 하면, $x = 0$의 경우의 답은 -0.5가 된다. 그리고 그 답인 -0.5를 x에 대입해서 계산하고, 다음 해답을 다시 x에 대입해서 계산…… 이렇게 계속해서 반복해나간다. x의 값은, -0.5, -0.25, -0.5625, -0.18359375, 로 뒤에서, 점점 그 **값이 $-0.3660\cdots$으로 수렴**해 간다 ($c = 0.5$라는 정수의 경우는 무한으로 넓어진다). 이와 같이 $x = 0$부터 시작해서 무한대로 발산하지 않는 c값의 집합, 이것을 「**만델브로의 집합**」이라고 한다. 그리고 더 나아가서, x나 c에 2차원인 복소수를 대입하면, 2차원의 만델브로 집합이 완성되는데, 이 도형은 x의 값에 따라서 마치 춤을 추는 것처럼 보이게 되지만, 아무리 확장을 하더라도, 도형의 부분과 전체가 자기 유사성을 가지고 있다. 이것이 만델브로가 그린 프랙탈인 것이다.

그렇다면, 이러한 프랙탈을 연구하는데 어떤 의미가 있는 것일까? 사실, 프랙탈과 아주 근접한 형태는, 해안선의 형태나 수목의 가지가 갈라지는 것, 눈의 형성 등, 많은 **자연물에서 찾아볼 수 있다**. 이러한 것을 모델화하는 것으로 자연과학의 연구에 응용하거나, 또한 도시의 확장이나 주가의 변동 등에도 프랙탈과 비슷한 부분이 있어서, 이러한 연구가 진행되고 있다.

바로 써먹을 수 있는
중2병 스타일 회화 예

A : 보라, 저 책장을. 그야말로 프랙탈이 아닌가……
B : 너무나도 자기 유사성을 가지고 있는 이 동인지들의 세계는 아름답다고 해야 하나, 공포스럽다고 해야 하나……

함수를 사용하지 않더라도 부품과 전체가 자기 유사성을 가지고 있는 도형으로 보인다면, 그것은 프랙탈인 것이다. 또한 어떤 자연현상이나, 그래프 등에서 이 성질을 가진 것을 발견했을 때, 아무렇지도 않게 프랙탈을 사용하면, 지적으로 보일 것이다.

프리메이슨

전 세계에 회원을 가진 프리메이슨은,
회원 중에 엘리트 층이 많은 점이나 조직의 비밀성으로 인해 음모론의 표적이 되고 있다.

❧······ 프리메이슨의 실상과 그 기원 ······❧

프리메이슨은, 전 세계에 300만명 이상의 회원을 보유한다는 비밀결사⁽주⁾다. 그중 본가인 영국에는 약 50만명, 미국에는 약 170만명의 회원이 있다고 한다. 일본인 회원도 존재해서, 일본의 공식 홈페이지에 의하면 「회원 상호의 특성과 인격향상을 꾀하고, 좋은 사람들을, 더욱 좋게하고자 하는 단체」라고 나왔다. 조직의 구체적인 활동은 비공개이지만, 봉사활동을 포함한 여러 가지 자선사업을 하고 있어서, 미국에서는 자선단체라는 것이 일반적인 이미지다.

실제로, 외국에서는 노인이나 과부, 고아 등을 대상으로 하는 메이슨 홈이나, 병원, 학교의 건설 등도 이루어지고 있다. 그리고, 예전부터 회원들 간의 친목을 다지기 위한 목적으로 식사모임을 여는 전통이 있는 것 이외에도, 재해를 당한 회원을 도와주기 위한 기부금을 모집하는 경우도 있다.

프리메이슨에는, 인종이나 종교, 신앙을 넘어서 회원들 사이에 우정을 더욱 깊게 다져야 한다는 **형제애**, 회원은 서로를 도와야 한다는 **구제**, 거짓을 배제하고 모든 일을 과학적으로 봐야 한다는 **진실**이라는 3가지 이념이 있어서, **약한 자에게 손을 내미는 것**은 조직의 사명인 것이다.

프리메이슨의 기원에 대해서는 몇 가지 설이 있는데, 일본에서 널리 퍼진 것으로는 「중세의 석공 장인 길드 발상설」이다. 중세 유럽에서는 동업자들끼리 길드라 불리는 상호부조조직을 만들어, 서로의 이익이나 기술의 보전에 힘썼다.

유럽의 건축물은 돌이 기본이었는데, 이 때문에 석공 길드의 장인들은 왕이나 교회의 비호를 받고 있었다. 당시의 석공은 세금의 면제나 이동의 자유가 보장

오, 딸 대없어?
하하하
시골 벼짝
프리메이슨 교류회

【주】비밀결사란, 외부에 대해서 무언가의 비밀을 가지고 있는 결사를 가리킨다. 일본에서는, 오래 전부터 TV에서 특촬 전대물 등이 방송된 탓인지, 자주 비밀조직과 비밀결사를 혼동하기 마련인데, 비밀조직은 조직의 존재 자체가 은닉되어있는 것에 비해서, 비밀결사의 경우에는, 존재 자체가 비밀인 것은 아니다.

| 바로 써먹을 수 있는 **중2병 스타일 회화 예** | A : 그리스에 이어서, 그 나라의 경제도 위험한 것 같아.
B : 일본에 주는 영향도 걱정이네.
A : 이것도 프리메이슨의 음모인가!
B : 에이~ 설마! | 어느 정도의 정보가 일반인에게 알려지게 된 현재에도, 프리메이슨은 무슨 일이 생기면 음모론의 표적이 되기 쉽다. 특히 정치나 경제 면에서 큰 사건이 생겼을 때, 「프리메이슨의 음모인가!?」라고 적당히 발언을 하는 것만으로, 바로 서스펜스 분위기를 낼 수 있다. |

되는 등의, 특권을 가진 상류 계급으로, 프리메이슨이라는 명칭도, 프리(면제)와 메이슨(석공)을 합친 것이라고 한다.

이외에도, 조직이 채용하고 있는 계급 제도나 회원이 사용하는 독자적인 사인 역시, 원래는 길드의 장인들이 사용했던 것이다.

스코틀랜드가 발상지?

프리메이슨은, 중세의 잉글랜드에서 생겨났다고 하지만, 사실은 스코틀랜드의 건축길드에 소속해있던 석공이, 길드와는 별도로 석공업자들로만 만든 독자조직이었다고 한다. 이 조직은 실전적 프리메이슨이라 불리는데, 그 형태만을 흉내내서 잉글랜드의 호사가들이 만든 조직이 있다. 이것이 사상적 프리메이슨이라 불리는 것으로, 성질적으로는 전혀 다른 것이다.

❧ 음모를 꾸미고 있다고 이야기되는 이유 ❧

【주2】롯지란, 회원을 위해 세워진 집회소를 가리키는 말이다. 원래는 건축현장에 같이 세워진 숙박시설을 가리키는 것으로, 석공들의 생활 터전이다. 나라나 주마다 지역을 총괄하는 그랜드 롯지가 설치되어 있으나, 세계를 총괄하는 총본부적인 것은 없어서, 각각 독립해있다.

【주3】고대 이집트에서 모든 것을 전부 다 꿰뚫어본다고 하는 신의 편재를 나타내는 심볼. 그리스도교 미술에서도 많이 이용되고 있는 것으로, 프리메이슨 고유의 것은 아니다. 1달러 지폐의 경우, 원래는 삼각형 안에 눈을 넣고 광휘로 감싼 것이었지만, 하부에 꼭대기가 평평한 피라미드를 배치하게 되어, 여기에 맞춰서 피라미드의 정상과 같은 그림으로 바뀌었다.

프리메이슨은, 자주 세계지배를 꾀하는 음모를 세우고 있다는 이야기를 듣지만, 이것은 어떤 사건을 계기로 이런 이미지가 생긴 것이다. 1826년, 뉴욕주 바타비아의 롯지【주2】에 소속해있던 윌리엄 모건이, 데이빗 밀러라는 인쇄업자와 계약하고, 프리메이슨의 **폭로 책**을 출판한다고 선언했다. 그런데, 같은 해에 밀러의 **인쇄소에 화재**가 났고, 모건 역시 상위 회원에 대한 부채로 인해 체포되었다. 이후에 모건은 석방되었으나, 누군가에게 납치당해서 행방불명이 되고, 그의 납치사건에 연관 되었다고 6명의 **회원이 체포**된 것이다.

체포자가 나온 것으로 인해, 이후에 프리메이슨에는 음모의 이미지가 정착. 당시의 회원에 엘리트 층이 많아서, 정치가가 반 메이슨을 내걸고 불만을 가진 민중을 집결해서 **반 메이슨 당**을 설립한 적도 있어서, 일반대중들 사이에 더욱 왜곡된 조직의 이미지가 만들어지게 된 것이다.

다만, 프리메이슨 회원이, 미국 건국에 큰 연관이 있는 것도 사실이며, 초대 대통령인 조지 워싱턴을 포함한 14명의 회원이 대통령이 되었다. 화이트 하우스나 워싱턴기념탑을 세우거나, 1달러 지폐의 디자인을 생각해낸 것도 조직의 회원들이다. 특히 1달러 지폐에 관해서는, 뒷면에 그려진 전능의 눈【주3】 그림이, 조직이 지휘적 입장에 있다는 것을 나타내고 있다는 이야기가 있다.

또한 프리메이슨의 내부에는, 고위 회원밖에 들어갈 수 없는 조직이나 회원끼리 결성한 비밀 결사도 존재하며, 이러한 조직이 음모를 세우고 있다고 이야기하는 사람도 있다. 그러나, 회원끼리 만든 파생조직을, 전부 프리메이슨이 파악하는 것은 불가능하기 때문에, 여기에서 음모론이 생겨나는 것일지도 모르겠다.

피닉스

이집트에서 탄생한 피닉스는, 생명력이나 부활에 대해
인간이 품고 있었던 동경을, 상징화한 존재이기도 했다.

········ 전생의 방법은 시대와 함께 변화 ········

불새나 불사조라고도 불리는 피닉스는, 전생을 반복하는 환수로서 일반인들에게도 잘 알려진 존재다. 피닉스는 실존하는 옛 문헌에도 기술이 되어있어서, 그리스의 역사가인 헤로도토스【주1】가 쓴 『역사』에서 처음으로 언급된다. 『역사』에 의하면, 피닉스의 모습은「금색과 빨간색 깃털을 지닌 독수리와 닮은 새」로서, 그리스어로 자홍색이라는 의미의 **포이닉스**라 불렸다고 한다. 영어의 피닉스는, 여기서 왔다고 한다.

또한, 피닉스의 수명은 500년으로 매우 길고, 죽으면 다시 새로운 개체가 나타나서, 유해를 헬리오스 신전【주2】으로 옮긴다고 한다. 그리고, 보통 때는 사람들 눈에 보이지 않는 피닉스도, 이때만큼은 사람들에게 모습을 드러낸다고 한다.

『역사』에서의 기술은 구체적이지만, 헤로도토스 자신이 피닉스를 본 것은 아니고, **이집트**의 헬리오폴리스의 주민들에게 들은 이야기와, 그가 본 그림을 바탕으로 기술한 것이라는 이야기가 앞에 깔려 있다.

로마 시대로 넘어가면, 이번에는 대 플리니우스【주3】가 작성한 『박물기』에서 등장한다. 『박물기』에 따르면, 피닉스는 목 주변에는 금색의 깃털이 나 있지만, 신체는 보라색이고 꼬리는 파란색으로 되어있어서, 『역사』의 기술과는 그 형태가 꽤나 차이가 난다.

단, 전생의 방법은「여러 가지 향료를 모은 둥지에 틀어박혀서 죽고, 그 뼈에서 생겨난 구더기 안에서 날개가 자라난 것이 나타나, 새로운 피닉스가 된다」고 한다.

영영
울피
후우
피닉스 탕

【주1】고대 그리스의 역사가, 저서인『역사』는, 헤로도토스 자신이 보고 들은 것을 바탕으로 작성되어있다. 그렇기 때문에, 사실이 아니라고 생각되는 것도 포함되어 있어서, 일본에 있어서의 군기물(일본 무장들의 무훈이나 무공을 소설형식으로 기술한 서적)과 같은 위치라고 할 수 있겠다.

【주2】고대 그리스의 태양신 헬리오스의 신전에게 해의 로도스 섬에 있었다고 전해진다. 지금은 그리스의 영토이지만, 헤로도토스가 역사를 썼던 당시에는 이집트의 땅이었다.

【주3】고대 로마의 장군이자, 박물학자, 베스비우스 화산이 분화했을 때, 조사를 위해 현지로 향하던 도중에, 조난사를 당하고 만다.

바로 써먹을 수 있는 중2병 스타일 회화 예

A : 이야기 들었어. 이번에 고백하고 또 차였다면서?
B : 나는 OK를 받아낼 때까지 몇 번이고 부활한다. 피닉스처럼 부활 한다고!
A : 정신력 하나는 끝내주는구나. 조금은 부럽기까지 하네.

피닉스의 특징이라 한다면, 역시 몇 번이고 되살아나는 재생의 이미지일 것이다. 대중 매체에서도 부상을 당한 운동선수가 멋지게 부활했을 때에, 자주「불사조」라는 말을 사용한다. 일반적인 회화에서는, 몇 번이고 도전하는 경우에 사용하는 것이 가장 좋다.

【주4】고대 로마의 지리학자로, 1세기경에 활약했다. 『세계지리』에서는, 아틀라스 산이나 인도 등을 소개하고 있지만, 역시 전해들은 내용이 기술되어있어서인지, 「그런 말도 안 되는 소리」라고 할만한 내용도 포함되어 있다.

약간은 그로테스크하지만, 죽은 개체에서 다음 개체가 탄생한다, 라는 점에서는, 우리가 알고 있는 피닉스와 마찬가지다.

한편, 같은 때에 로마의 학자인 폼포니우스 멜라【주4】가 쓴 『세계지리』에서는, 「최후가 다가온 피닉스는, 향나무를 쌓아올린 장작 더미 위에서 **불에 타 죽는다**. 그리고, 분해된 몸에서 흘러나온 액상의 부분이 응고하면 새로운 피닉스가 태어난다」고 나와있어서, 현재의 「불로 자신을 태운 재에서 전생한다」라는 설의 바탕이 된 것이라 생각된다.

피닉스와 닮은 새

피닉스와 닮은 존재로는, 봉황이나 주작이 있다. 봉황은 중국에서 길조로 여겨지는 전설의 새이지만, 그 죽음은 불길한 것으로 여겨지기 때문에, 재생의 상징인 피닉스와는 대조적이다. 수컷과 암컷이 있어서, 알에서 태어난다는 것에서도 차이가 난다. 한편 주작은, 봉황과 함께 불의 정령이라고 여겨지지만, 원래는 바람의 속성을 가지는 다른 존재였다고도 하기 때문에, 봉황과는 꽤나 많이 다른 존재였던 것 같다.

🔱 ⋯⋯⋯ 피닉스 발상의 땅은 이집트 ? ⋯⋯⋯🔱

【주5】개인이나 가족, 조직 등을 식별하기 위한 도안. 집을 나타내는 도안으로서 세습된 것으로, 당초에는 왕후귀족만이 사용했다. 문장에 사용되는 환수로서는, 유니콘이나 그리폰 등이 유명하다.

앞에서 이야기했듯이, 『역사』를 쓴 헤로도토스는 이집트 사람들에게 피닉스 이야기를 들었다. 그리고, 피닉스의 원형이라고 알려진 새가, 이집트 신화에 등장하는 **벤누새**다. 벤누새는, 회색이 도는 흰색과 파란색의 깃털을 가진, 왜가리와 비슷한 새다. 이집트의 태양신 라의 혼을 나타낸 모습이라고 하여, 태양의 운행이나 나일강의 범람과 관계가 있다고 이야기된다.

또한, 이집트의 권력자들은 「영원」을 추구해서, 예전부터 미라를 만드는 습관이 있었다. 전생이라는 형태로 부활을 하는 피닉스가, 이집트에서 탄생했다는 것도 수긍이 가는 이야기다.

이렇게 피닉스는 유럽에 전해졌지만, 유럽에 그리스도교가 전파된 이후, 피닉스는 부활한다는 키워드를 공유하는 **그리스도**와 같이 묶이게 되었다. 그리고, 피닉스는 그리스도 부활의 상징으로 여겨져서, 기도서나 동물우화, 시편 등에서 널리 다루어지게 되었다. 그 뿐만 아니라, 나중에는 그리스도교 자체의 상징으로서, 제단이나 스테인드글라스를 비롯한 교회의 장식에, 그 모습을 찾아볼 수 있게 되었다.

게다가, 부활한다는 점에서 생명의 강력함을 나타내는 상징으로 취급되어, 황족의 문장【주5】으로서 사용될 정도로 일반적인 존재가 되었다.

이와 같이, 이집트에서 탄생한 피닉스는, 유럽에서도 많은 사람들을 매료시켰다. 강한 생명력이나 부활에 대한 동경은, 지역을 따지지 않고 인간들이 공통적으로 품는 감정일 것이다. 피닉스는, 이러한 사람들이 오랫동안 품어왔던 생각의 상징이기도 한 것이다.

필라델피아 실험

필라델피아 실험이란, 물질을 투명하게 만드는데 성공했지만,
인체에는 중대한 장해를 일으켰다고 한다.

······ 해군이 진행한 물질투명화 실험 ······

필라델피아 실험이란, 미 해군이 필라델피아 【주1】의 해군공장(공창)에서 진행했다고 하는 **구축함 투명화 실험**을 가리킨다. 당초에는, 알베르트 아인슈타인 박사에 의해 만들어진 『통일장이론』【주2】을 바탕으로, 배 주위에 강력한 전자파를 치는 것으로, 적의 어뢰를 피하기 위해 연구되었다. 그러나, 나중에 「똑같은 중력장을 공중에 전개함으로써, 광학적 불가시 상태를 만들어낸다」라는 아이디어가 생겨서, 이에 대한 연구도 같이 진행되게 되었다.

이리하여 1943년 10월, 호위구축함 엘드릿지호와 그 승무원들을 대상으로, 실험이 개시되었다. 전자파를 받은 선체의 주위에 중력장이 형성되어, 녹색의 안개가 생긴 다음에, 선체는 선원들과 함께 완전히 투명화되었다. 선상에 있었던 선원들은 서로의 모습을 희미하게나마 확인했지만, 밖에서 보이는 것은 선체에 의해, 해상 위에 남아있는 패인 흔적밖에 없었다고 한다.

실험은, 물질을 투명화시킨다는 점에 있어서는 대성공이었다. 하지만, 승무원에 대해서는, 실험 중에 1~2명이 아무것도 없는 공간 안으로 발을 들이 밀어서 **소멸**되고, 귀환 후에도 1명이 벽 안에 발을 들여놓자마자 **행방불명**. 또한 3명이 인체발화현상【주3】을 일으켜서 사망하는 것 이외에, 거의 모든 사람들이 미쳤다라는 결과로, 이후의 실험은 중지가 되었다고 한다.

또한, 실험이 중지되고 나서 수년 후, 실험함이 필라델피아에서 노포크로 전이된 후에, 다시 돌아왔다라는 보고도 있다.

문제가 통째로 사라졌다···

가 나 다 라 마 바 사 아 자 차 카 타 **파** 하

【주1】미국 펜실베이니아주 남동부에 있는 공업도시

【주2】아인슈타인 박사가, 1925~27년경에 완성시켰다고 하는 이론. 「전자파」,「중력」,「핵력」이라는 3개의 기본적인 힘의 상호관계를, 한 개의 과학법칙이 이끌어내는 한 세트의 방정식을 사용해서 수학적으로 설명하려고 한 것이다. 매우 복잡한 계산을 필요로 한다. 박사는 이 이론에서 인류가 개발할 만한 이용법에 두려움을 느끼고, 이후에 스스로 철회했다. 인류의 「인격」이 그 영역에 도달하지 못했다면서, 죽기 몇 개월 전에 관련 문서를 모두 소각했다고 한다.

【주3】인간의 몸이 돌연 불타오르는 현상. 미국에서는 이 실험 이외에도 여러 건의 인체발화현상이 발생했다. 사체는 심하게 탄화되어, 안쪽에서 강력한 열을 가한 것처럼 탄다고 한다.

| 바로 써먹을 수 있는
중2병 스타일
회화 예 | A : 이런 곳에 보이지 않는 벽! 설마, 필라델피아 실험과 같은 투명화 실험이 진행되고 있는 것인가!?
B : 야, 자동문 가지고 무슨 소리 하는 거야. 나 먼저 간다?
A : 아~ 참, 개그를 이해 못하네. 사람 뻘쭘하게시리~ | 필라델피아 실험이라고 한다면 물질의 투명화. 단, 실제로 투명한 것을 든다면, 잘 닦인 유리창과 같이 한정된 것밖에 없다. 큰 빌딩의 자동문 등, 가끔가다 빛이 비치는 방법에 의해 보이지 않는 경우도 있기 때문에, 이럴 때 사용하면 될 것이다. |

필라델피아 실험

중2병 지침서 ~주인공 편~

 ## 주인공은 10대로서 부모는 부재

일반적으로, 중2병 요소가 많은 사람은 인기가 없는 반면, 중2병적인 요소가 많이 들어가 있는 작품은 많은 인기를 누린다. 그래서, 지금부터는 중2병 스타일의 작품에서 흔히 찾아볼 수 있는 설정을 소개하고자 한다.

이야기에서 반드시 등장하는 주인공. 작품을 접하는 독자나, 시청자들의 공감을 쉽게 얻을 수 있어서인지, 주인공의 연령은 10대 중반에서 18세 정도의 경우가 많다.

현실에서는, 부모의 비호를 받으며 같이 집에서 살고 있는 경우가 대부분인 연령이지만, 중2병 스타일의 설정세계에서는 부모는 해외로 출장 중이거나, 이미 사고로 세상에 없는 등, 등장하지 않는 경우도 있다.

이러한 경향은, 특히 배틀 계열 작품에서 많이 찾아볼 수 있다. 친구나 다른 사람, 기묘한 동물들과 동거를 하게 되거나, 집이 습격을 당하는 경우도 있다. 주인공을 움직이기 어렵다는 이유에서, 부모를 등장시키지 않는 것이 주류일 것이다.

 ## 얼핏 보기에는 평범한 인간이지만, 사실은 다르다

대부분의 경우, 주인공은 보통 사람과는 다른 힘을 내재하고 있거나, 혹은 이미 습득하고 있다. 그중에서는, 무력한 주인공이 주위의 도움을 받아서 사건을 해결해가는 경우도 있지만, 이러한 것은 너무도 잘 짜맞춰진 이야기가 아닐까?

이 경우, 부모도 특별한 존재였거나, 혹은 교관적인 역할을 담당하는 경우도 있다. 부모와 예전에 얽혔던 악의 일당에게 부모가 살해당해서……와 같은 전개도 매우 일반적인 것이다.

이러한 작품의 경우, 주인공은 부모의 실제 자식이 아닌 경우도 많다. 원래는 주워온 아이로, 사실은 신이나 악마와 같은 무언가가 다시 태어난 것이거나, 부모와 같이 싸웠던 전우의 아이라는 등, 무대설정에 따라 여러 가지로 나뉜다.

주인공의 능력에 있어서도, 출생의 인과관계를 따지는 작품은 많다. 역시 「태어날 때부터 특별」한 것이, 가장 좋을 것이다.

Encyclopedia of Cyu-2 Syndrome

하

헤라클레스

최고신 제우스와 인간 사이에서 태어난 위대한 영웅.
그 생애는, 파란과 모험으로 가득 찬 것이었다.

❧ ⋯⋯ 거인족과의 전쟁에서 히든카드로서 태어난 어린이 ⋯⋯ ❧

【주1】기간토마키아는,
원초의 여신 가이아가
이끄는 거인군단과, 제
우스가 이끄는 티탄 신
족의 싸움이다. 거인은
「신들조차 죽일 수 없는
육체」를 가졌었기 때문
에, 신들은 자신들 이외
의 전력이 필요했던 것이
다.

【주2】제우스의 아내.
제우스와 그의 측실 사
이에 태어난 헤라클레스
를 눈엣가시로 여겼다.

최고신 제우스(P.146)와 인간의 딸인 알크메네의 자식. 그리스 신화에서는 영웅으로 불리는 인물이 다수 등장하는데, 헤라클레스만은 보통 영웅과는 차원이 달라서, 신과 인간의 혼혈이면서, 올림푸스 12신에도 이름을 올렸다.

헤라클레스라는 이름은 「헤라 여신의 영광」이라는 의미다. 하지만, 제우스의 정실인 헤라는 헤라클레스를 미워해서, 헤라클레스가 살아있는 동안 집요하게 괴롭혔다. 애초에, 모든 일의 발단은 그의 아버지인 제우스로부터 시작되었다.

당시, 제우스는 기간토마키아【주1】에 참전하고 있었으며, 신들은 스스로 자신들의 편이 되어 싸워줄 인간을 찾고 있었다. 이때 제우스의 눈에 들어온 것이, 미케네의 왕비인 알크메네였다. 제우스는 그녀의 남편인 암피트뤼온 왕의 모습으로 변장하고 왕비의 침실을 방문해서, 알크메네와 잠자리를 같이하고, 결국 헤라클레스가 탄생했다. 이것이 헤라의 질투를 사게 되어, 헤라클레스는 모험과 파란이 가득한 일생을 보내게 되는 것이다.

알크메네가 낳은 아이는 쌍둥이였다. 각각 헤라클레스, 이피클레스라 이름 지어졌는데, 한쪽은 제우스의 아들, 다른 한쪽은 암피트뤼온 왕의 아들이었다. 그것을 왕이 알게 된 것은, 다음과 같은 사건이 계기가 되었다. 갓난아기가 잠든 요람에 뱀이 들어갔을 때, 이피클레스는 공포에 떨며 울었는데, 헤라클레스는 맨손으로 뱀의 목을 졸라 죽인 것이다. 이 사건은 헤라클레스를 미워한 헤라에 의해 일어난 것이지만, 우연히 왕은 헤레클레스가 신의 피를 이은 아이라는 것을 깨닫고, 그에게 기대를 하게 되었다. 왕의 기대를 한 몸에 받은 헤라클레스

| 바로 써먹을 수 있는 **중2병 스타일 회화 예** | A : 세계사와 물리의 과제가 엄청 많아.
B : 게다가 이번 주까지 내야 돼⋯⋯
A : 전부 다 하면, 나를 헤라클레스라고 부르라고~! | 헤라의 방해에도 지지 않고, 차례로 위업을 달성한 헤라클레스. 그가 달성한 위업 중에서도, 특히 유명한 것이 12가지 과업이다. 그 때문에, 회화에서 사용할 때는, 달성 곤란한 난제를 앞에 둔 상황에서 이용하는 것이 확실하게 전달될 것이다. |

는, 승마술이나 궁술 등, 철저한 영재교육을 받아서 여러 가지 기술을 익혀, 영웅으로서의 두각을 나타내었다. 이윽고 성인이 된 헤라클레스는 테베 왕의 딸과 결혼해서, 3명의 아들을 얻었다. 그러나, 행복은 길게 이어지지 않았는데, 헤라[주2]는 헤라클레스를 미치게 만들어, 헤라클레스는 그만 자신의 가족을 죽이게 된다. 후세까지 전해 내려오는 헤라클레스의 **12가지 과업**은, 이 사건을 계기로 시작된 것이다.

영웅 헤라클레스의 무기

헤라클레스의 무기로서 유명한 것은, 갑옷 대신에 두른 사자의 모피와, 수많은 난적들을 잡은 활일 것이다. 모피는 12가지 과업으로 싸운 네메아 숲에 사는 사자에게서 벗겨낸 것이다. 또한, 화살에는 마찬가지로 12가지 과업에서 싸운 히드라의 독을 발라서, 그 독화살은 여러 가지 국면에서 도움을 줬다. 일부 과학역사가는, 헤라클레스의 독화살이야말로, 인류사상 최초의 생물병기였다고 이야기 한다.

❖⋯⋯ 12가지 과업과 영웅의 죽음 ⋯⋯❖

가족을 죽인 헤라클레스는 죄를 씻기 위해, 에우리스테우스 왕이 내린 노역을 하게 된다. 이것이, 후에 12가지 과업이라 불리게 된다.

헤라클레스에게 내려진 과업은 다음과 같다. 네메아 숲에 사는 사자 퇴치, 레르나의 늪에 사는 여러 개의 머리를 가진 독사 히드라 퇴치, 케리네이아의 암사슴 생포, 에리만토스의 멧돼지 퇴치, 아우게이아스의 외양간 청소, 스팀팔로스 호수에 사는 괴조 퇴치, 크레타의 황소 생포, 트라키아 왕이 기르는 4마리의 식인 말 생포, 아마존 여족 히폴리테 여왕의 허리띠 획득, 서쪽 끝에 사는 게뤼온이라는 손발이 각각 6개이며, 머리가 3개인 소 퇴치, 헤스페리데스의 정원에 있는 황금 사과 획득, 명계의 감시견인 켈베로스(P.157)의 포획이었다.

12가지 과업을 달성하고 자유의 몸이 된 헤라클레스는, 칼리돈 왕의 딸인 데이아네이라와 재혼을 한다. 또한, 신들과 거인족과의 전쟁에서 신들의 편으로 참전. 그리고 과거에 에우리스테우스왕이 주최한 궁술대회에서 우승했을 때의 포상으로서, 왕의 딸인 이올레를 아내로 맞이하였다.

헤라클레스가 이올레를 아내로 맞이하자, 첫 번째 아내인 데이아네이라는 자신이 미움을 받는 것이 아닌가라고 생각하게 되었다. 그리고 그녀는, 「**헤라클레스의 사랑이 식었을 때 특효약이 된다고**」 믿고 숨겨뒀던 네소스[주3]의 피를 헤라클레스의 옷 뒤에 묻혔다. 하지만, 그 피는 히드라의 독[주4]이 섞여있었기 때문에, 옷을 입은 순간, 격렬한 고통에 의해 헤라클레스는 몸부림치며 괴로워하다가, 결국엔 자신이 화장단에 눕고, 스스로를 화장시켰다. 그러자, 굉음과 함께 번개가 치고, 헤라클레스는 소멸. 그는 제우스의 손에 의해, 신이 된 것이었다.

【주3】네소스는. 헤라클레스의 아내인 데이아네이라를 덮쳐서, 헤라클레스에게 죽은 켄타우로스

【주4】네소스는 죽을 때 「헤라클레스의 애정이 식었을 때, 나의 피를 사용하면 헤라클레스는 다시 당신을 사랑하게 된다라고, 데이아네이라에게 이야기했다. 이것을 믿은 데이아네이라는 네소스의 피를 숨겨둔 것이었다. 네소스는 히드라의 독이 발린 화살에 맞아 죽었기 때문에, 당연히 그 피는 독이 섞여있어서, 헤라클레스를 고통과 함께 죽음으로 몰아간 것이다.

헤라클레스

185

헤르메스 문서

연금술의 시조라고도 불리는 헤르메스가 적은 문서.
그것은, 연금술사들에게 있어서는 가장 소중한 성서였다.

❖········ 신비로운 인물이 쓴 연금술사의 성서 ········❖

【주1】 고대의 신비주의나 연금술 기술에 있어서 등장하는 전설적인 인물. 그리스 신화의 헤르메스 신과 이집트 신화의 토트신을 융합해서, 그 위광을 잇는 전설의 연금술사로서 그 이름이 지어졌다. 헤르메스 문서나 에메랄드 타블렛의 저자로 알려져, 현자의 돌을 손에 넣은 유일한 인물이라고 한다.

【주2】 11세기경까지, 동로마제국에서 편집된 헤르메스 문서의 셀렉션. 헤르메스 문서의 중요한 부분을 중심으로 모아놓았으며, 원래는 18개의 문서였지만 지금은 1개가 빠져있다.

이 책은, 전설적인 연금술사인 헤르메스 **트리스메기스투스** 【주1】가 작성했다고 여겨지는 고대사상의 문헌사본집이다. 헤르메스 트리스메기스투스란 3배 위대한 헤르메스라는 의미이며, 비유하자면 필명으로, 헤르메스가 쓴 저작은 **약 6만개**에 달하며, 그 내용은 기원전 3세기부터 기원후 3세기까지의, 점성술, 마술, 종교, 철학, 박물학, 역사, 연금술 등의 폭넓은 범위를 다루고 있다.

당연히 헤르메스라는 것은 1인의 저자가 아닌 듯하여, 그중에서는 헤르메스의 이름이 없는 것도 있다고 한다. 하지만, 저자 헤르메스에 관한 연구는 거의 없어서, 후대의 사람들은 저자의 정체보다 헤르메스 문서의 내용 그 자체에 관심이 있었던 것 같다. 그중에서도 연금술에 관련된 기술은, 모든 **연금술의 기초가 적혀있는 가장 오래된 것**이어서, 연금술사들에게 있어서는 성서와 같은 존재가 되었다. 물론 헤르메스 자신도 **연금술의 시조**나 신으로서 추앙받고 있다.

헤르메스 문서가 세상에 알려진 것은, 11세기경까지 동로마 제국에서 17개의 문서 『헤르메스 선집』【주2】으로 편집되고 나서이며, 르네상스시대에 그 선집이 라틴어로 번역되고 나서부터 서유럽에서도 알려지게 되었다. 이것을 계기로 연금술의 전성기가 열리게 되지만, 그중에서 주목을 받은 것이 『에메랄드 타블렛』이다. 이것은 헤르메스가 연금술의 기본사상이나 비결을 기록한, 에메랄드제 판이다. 아쉽게도 실제 판은 더 이상 존재하지 않지만, 그 번역이라 여겨지는 문장의 단편은 몇 개인가 발견되고 있다. 단, 그 내용은 비유적이고 암시적인 것이 대부분으로, 수수께끼로 가득 차있다. 기록되어있는 내용 중에서도, 연금술의 기본 원리라고 이야기되는 「아래에 있는 것은 위에 있는 것과 같고, 위에 있는 것은 아래에 있는 것과 같다」라는 구절이 유명하지만, 이것만으로도 에메랄드 타블렛의 수수께끼로 가득 찬 부분을 엿볼 수 있을 것이다.

바로 써먹을 수 있는 중2병 스타일 회화 예

A : 이 혼돈스러운 방을 한번에 청소할 수 있는 방법은 없는가?

B : 연금술이라도 배울래?

A : 헤르메스의 문서는 어디냐? 에메랄드 타블렛은 어디냐?

헤르메스 문서는, 연금술에서 빠지지 않는 서적이다. 망상을 하는 데 있어서 필요할 때는 찾아보도록 하자. 구하려는 것이 더욱 높은 것일 때는, 에메랄드 타블렛으로도 가능하다. 또한, 이에 상응할 정도로 뛰어난 술법을 필요로 하는 경우에도, 사용해보면 어떨까?

헤르메스 문서

헴펠의 까마귀

까마귀가 검은 것은 당연하지만, 그것을 입증하는 것은 매우 어렵다??
논리와 실감의 차이를 지적하고자, 까마귀들이 도전장을 내밀었다!

······· 모든 까마귀는 검은 것인가? ·······

독일의 과학철학자 칼 헴펠 [주1]이 1940년대에 제시한, 귀납법 [주2]이 가지고 있는 문제에 대해서 생각해볼 수 있는 문제다. 개요로서는, 「모든 까마귀는 검다」라는 명제를 세우고, 그것을 대우명제로 증명한다. 대우명제란, 수학적으로 「A라면 B」의 대우인 「B가 아니라면 A가 아니다」의 진위는 일치하기 때문에, 대우를 증명하면 명제 역시 증명이 된다는 논법이다. 즉, 「모든 까마귀가 검다」를 증명하기 위해서는, 그 대우인 「모든 검지 않은 것은 까마귀가 아니다」라는 것을 증명한다면, 까마귀를 한 마리도 조사하지 않더라도 「모든 까마귀가 검다」가 사실인지 아닌지를 알 수 있다는 것이다.

단, 이것은 우리들의 일상감각을 놓고 본다면, 매우 이상야릇한 이야기다. 왜냐하면, 세상에 있는 「검지 않은 것」은 너무나도 방대해서, 그것이 사실이라고 확인하기에는, 그 모든 것을 조사해야만 하는데, 그것은 **사실상 불가능**하기 때문이다. 그러한 불가능한 일을 증명하는 것은 상식적으로 이해할 수 없기에, 상대를 납득시키기 위한 수단으로서는 부적절하다고 할 수 있다.

단, 논리학 [주3]적으로 말한다면, 헴펠의 논법은 틀린 부분이 하나도 없으며, 조사해야만 하는 사항이 상식적인 범위이고, 거기다 대우를 조사하는 편이 용이하다면, 그쪽을 조사하는 편이 유효하다고 할 수 있다. 예를 들어, 어느 까마귀의 무리 안에, 검지 않은 것이 아주 약간 섞여 있는 경우에, 무리 안에 있는 까마귀가 전부 검은 것을 증명하려고 한다면, 이 대우논법은 유효한 것이다.

헴펠의 까마귀는, 이러한 대우논법에 관한 문제에 초점을 맞춘 유명한 모델로, 역설이라고 하기보다는, 논리학의 사고방식과 거기에 숨어있는 문제점을 극단적으로 표현한 것이라고 할 수 있다. 참고로, 「모든 까마귀는 검다」라는 명제는 **현실에서는 반증**되어 있는데, 동남아시아 등에서 서식하는 까마귀는 검은색으로만 되어있지 않다. 즉, 이 대우도 거짓이다.

【주1】 1905~1997년. 독일 출생의 과학철학자. 논리경험주의를 대표하는 철학자로, 과학적 설명의 기본형이 되는 2개의 모델을 생각해서, 연역적 법칙 설명의 분야를 발전시킨 업적을 올렸다.

【주2】 개별적이고 특수한 예에서, 일반적이고 보편적인 법칙을 이끌어 내려고 하는 추론방법. 수학적 귀납법은, 사실 논리학적인 귀납법과는 다른 것으로, 연역법이라고 불리는 것이다.

【주3】 논리를 성립시키기 위한 논증의 구성이나 체계를 연구하는 학문. 예전부터 수학의 한 분야였지만, 수학이 발전하게 되자 수리논리학이라는 신 분야도 탄생한다.

바로 써먹을 수 있는
중2병 스타일 회화 예

A : 마법소녀는 귀엽다!
B : 그것을 증명할 수 있어?
A : 즉, 귀엽지 않은 모든 것이 마법소녀가 아닌 것을 조사하면…… 쳇, 헴펠의 마법소녀냐!?

그 대우가 불가능한 경우에 사용하는 것이 정석이다. 명제는 뭐든 상관 없으며, 「나는 해적왕이다」와 같은 엉뚱한 것부터, 「고춧가루는 맵다」와 같은 상식적인 것까지, 찾으면 얼마든지 나올 것이다. 적어도 논리적으로는 맞는 것이니, 그 증명은 틀리지 않은 것이다.

가 나 다 라 마 바 사 아 자 차 카 타 파 하

호접지몽

우리들이 평소에 느끼는 세계는, 감각에 의해 지각하는 의외로 불안정한 것으로,
확실한 것은 자신의 존재 정도다.

❖⋯⋯ 생각해도 알 수 없는 것은, 생각하지 않고 자연에 맡긴다 ⋯⋯❖

【주1】 기원전 300년대에 있었다고 여겨지는 중국의 사상가로서, 본명은 장주라고 한다. 도교의 시조라고 알려진 인물이지만, 자세한 경력에 대해서는 확실하게 나와있지 않아서, 반쯤은 신격화되어 있다.

「나 자신이란 무엇인가?」. 이런 것을, 누구든지 한번은 생각해 본 적이 있지 않을까? 만약 한발 더 나아가, 「지금 여기에 있는 것은, 진짜로 나인가?」라던가 「사실은 누군가가 꾸는 꿈이거나 하지는 않을까?」 등등, 생각한 적이 있는 사람도 있을 것이다.

이와 같은 일을 생각하는 것은 옛날 사람들도 마찬가지였는지, **장자** 【주1】도 그러한 인물 중 하나였다. 그리고 장자의 설화 중에서도 유명한 것 중 하나가, 호접지몽이다.

「어느 날, 나는 **나비**가 되는 꿈을 꾸었다. 자유롭게 날개를 퍼덕이며 날아다녔지만, 내 자신이 장주(장자)인 것은 알지 못했다. 꿈에서 깨자 나는 장주였지만, 장주가 꿈속에서 나비가 된 것인지, 나비가 꿈속에서 장주가 된 것인지를 알 수 없다. 장주와 나비 사이에는 반드시 구별이 있겠지만, 어느 쪽이든 자신임에는 변함이 없다. 만물의 변화라는 것은, 이런 것이다.」

이것이 호접지몽의 내용으로, 장자는 자신이 장주인지 나비인지에 얽매이지 말 것이며, 양쪽 다 **자신**이라는 본질에는 변함이 없다, 라는 점을 강조하고 있다.

간단하게 말하면, 「사실은 자신이 장주인지 나비인지는 중요하지 않다. 양쪽 다 자신이니, 형태에 얽매이지 말고, 이에 입각해서 자연스럽게 살면 된다」라는 것이다. 확실히, 「자신이 어느 쪽인가」라는 것은, 자신이 되고 싶은 대로 자유롭게 되지 않는 이상, 생각해도 어찌할 방법이 없을지도 모르겠다.

아무것도 하지 않고, 있는 그대로를 맡긴다는 「**무위자연**」을 이야기한, 장자

펄럭펄럭~ 우후훗 ♪

선생님! 지금은 장자 타임인 것 같은데요

어느 쪽이든 상관없잖아!

바로 써먹을 수 있는 **중2병 스타일 회화 예**

A : 여름방학 숙제, 아직 다 안 끝냈네?
B : 전부 다했을 텐데…… 아, 아직 다 끝나지 않은 지금이 꿈이란 것이군. 이것이, 호접지몽이라는 것인가!?
A : 괜찮아, 숙제가 안 끝난 지금이 현실이니까.

호접지몽을 이야기할 수 있는 상황은, 꿈과 현실이 확실하게 구별되지 않는 것이 특징이다. 그래서 자신에게 좋지 않은 상황일 때, 현실도피적인 의미로 사용해보자. 수업 중, 선생님께 혼났을 때 사용하면 반 친구들이 재미있어할지도 모르지만, 수업이 끝나고 반드시 교무실로 불려가기 때문에, 이 점은 각오해두도록 하자.

다운 설화다. 실제로, 세상에는 생각해도 어찌할 수 없는 것들이 많이 있다. 고민은 적을수록 인생은 즐거워지니, 그냥 흐름에 맡기는 것이 좋을 것이다. 하지만, 우리와 같은 평범한 사람들에게는, 그것이 어렵지만 말이다.

사실 뇌는 쉽게 속는다

의외로 인간의 뇌는 쉽게 착각을 해서, 과학박물관이나 놀이 동산에는, 이러한 착각을 이용한 시설이 있다. 예를 들어, 도쿄과학기술관에 있는 「소용돌이 실린더」의 경우, 소용돌이가 그려진 커다란 원통 안의 통로를 걸어가면, 몸이 제멋대로 기울어져서 쓰러진다. 시각정보에 의한 자세제어를 착각시키는 것이지만, 사람의 감각이 얼마나 불확실한 것인지를 잘 알 수 있는 예라고 할 수 있을 것이다.

❖‥‥‥‥ 세계란 의외로 불안정한 것 ‥‥‥‥❖

「존재」에 대해서 생각을 한 사람은 서양에도 많다. 예를 들어 17세기 프랑스인 철학자인 르네 **데카르트** [주2]의 경우, 절대로 그 누구도 의심할 수 없는 사실을 찾아내서, 이에 맞춰서 만물을 파악해가면, 모든 사물이나 현상이 설명 가능할 것이라고 생각했다. 데카르트는, 철학에서 회의론이나 회의주의로 불리는, 애매한 것을 전부 배제해 나간다는 수법으로, 지금까지의 학문이나 상식, 자신의 감각조차도 애매한 것이라 파악하고 제외시켰다. 그리하여 최종적으로, 그 유명한 「나는 생각한다. 고로 나는 존재한다」라는 결론에 다다른 것이다.

이 「사고하는 자신의 존재가, 단 하나의 유일한 것」이라는 대답은, 호접지몽에서 장자가 본질이야말로 중요한 것이라고 이야기한 것과, 어딘가 공통된 부분이 있어서 흥미롭다.

그런데, 호접지몽은 꿈과 현실의 구별이 불가능하다는 이야기이지만, 이것과 아주 비슷한 것으로 **수조 속의 뇌**라는 이야기가 있다. 수조 속의 뇌란, 「배양액이 가득 채워진 수조에, 머리에서 꺼낸 뇌를 띄워놓고, 그 뇌에 슈퍼 컴퓨터를 접속해서, 뇌가 정상이라고 느끼도록 모든 입출력을 조절한다고 가정했을 때, 자신은 수조 속에 있는 뇌라고 생각할 수 있는 것일까?」라는, 사고실험 [주3] 질문이다. 미국의 철학자인 힐러리 퍼트넘이 생각해낸 것으로, 가상 현실과 함께 자주 이야기된다.

이 질문의 대답은 「불가능하다」이지만, 여기에는 현실과 똑같은 감각을 재현하는 것이 전제로 요구된다. 단, 현실의 세계나 감각을 완전히 재현할 수 있다면, 수조의 뇌에게는 현실과 가상 현실과의 구별은 할 수 없기 때문에, 현실이건 가상 현실이건, 뇌에게 있어서는 관계없는 일이 되어 버린다.

이와 같이, 현실세계는 의외로 감각에 의존한 불안정한 것이다. 그것이야말로 호접지몽과 같이, 있는 그대로를 맡기고 살아가는 편이 좋을지도 모르겠다.

【주2】 프랑스인 철학자이자 수학자. 근대철학의 아버지로서, 근년, 근대 유럽의 사상에 여러 가지 문제가 있는 것이 지적당하게 되면서, 그 책임자로서 비판의 대상이 되고 있다.

【주3】 생각하는 것만으로, 어떤 상황하에서 논리로부터 도출되는 현상에 대해서 추론하는 일.

황금비

아름답고 안정적으로 보이는 비율이라는 말로 사용되는 황금비.
원래 황금비란 것은, 과연 어떤 것인가? 그 비밀을 알아보도록 하자.

······· 아름답게 보이는 것에는, 수학적 비밀이 있다 ·······

【주1】 1452~1519년. 르네상스 시대를 대표하는 이탈리아의 예술가. 「모나리자」나 「최후의 만찬」 등의 회화, 조각, 건축뿐만 아니라, 과학 기술에도 정통하다.

【주2】 1792~1872년. 독일의 수학자. 도전현상에 있어서 저항에 흐르는 전류와, 이에 따라 발생하는 전위차의 법칙인 「옴의 법칙」을 공표한 게 오르그 옴의 동생.

세상에는 가장 안정되어 있으며 아름답고, 이상적인 사각형이라는 것이 있다. 그 가로세로 비율을 「황금비」, 황금비를 2차방정식의 정해로 구한 것을 「황금수」, 그 비율로 된 사각형을 「황금사각형」이라고 한다. 고대 그리스 때부터 예술·미술·건축의 분야에서 이 비율에 가까운 것은 여러 가지 작품에서 인정을 받았지만, 의도적으로 황금비를 사용하려고 해서, 수비(數秘)적인 지위를 확립한 것은 르네상스 시대였다. 유명한 레오나르도 다빈치【주1】 역시 이것을 발견한 것을 기록으로 남기고 있다. 그리고, 황금비라는 용어가 처음으로 문헌에 등장한 것은, 1835년에 독일의 수학자인 마르틴 옴【주2】의 저서 『초등순수수학』에서 나온 것이라 한다.

현대에 있어서도, **명함이나 신용카드** 등의 카드의 가로세로 비율은 황금비를 이용한 것이 많으며, 디스플레이의 애스펙트 비율이나 A판용 종이의 가로세로 비율 역시 황금비에 가깝다. 또한 성형외과에 있어서도, 신체의 발바닥에서 배꼽까지의 길이와, 배꼽에서 정수리까지의 길이 비율이 황금비라면 아름답다고 한다. 생활의 여러 가지 장면에서 우리들은, 우리도 모르는 사이에 황금비를 보고 접하는 것이다.

황금비에 대한 역사를 대강 살펴봤으니, 구체적으로 황금비의 사각형을 만들어보도록 하자. 우선 정사각형인 abcd를 만들고, bc변의 가운데 점인 o를 중심으로 선분 oa를 반경으로 한 원을 그리고, 변 bc의 연장선상과의 교차점을 e로 한다. 이 ab와 be의 비율이 황금비가 되는 것이다. 황금사각형의 특징은, 이 사각형을 abef로 정하고, 정사각형

■황금비 직사각형

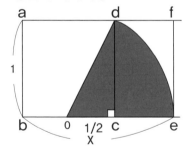

부분(abcd)을 제외한 dcef 라는 직사각형과 abef가 같은 가로세로 비율로 되어 있다는 점이다. 이 점에서 ab 변의 길이를 1, be변을 x라고 한 경우, $1:x=x-1:1$ 이라는 비율이 되어, 여기서 x 의 값을 구하면, $x=(1+\sqrt{5})/2$ 라는 계산이 나온다. 이 $(1+\sqrt{5})/2$가 황금수로서, 수학적으로는 ø(파이) 라고 표시된다. 이 ø는 정확히는 $1.6180339887\cdots\cdots$라는 소수점 이하로 영원히 이어지기 때문에, 대략적인 황금비로는 $1:1.168$이나 약 $5:8$로 하는 경우가 많다.

❖······ 단순한 문제 안에 숨어있다 ······❖

이 황금비 및 황금수 ø는 황금사각형뿐만 아니라, 수학의 여러 장면에서 등장한다. 예를 들어, 이 황금비가 크게 관여하는 것 중 하나로, 「피보나치의 수열」을 들 수 있다. 이것은 이탈리아의 수학자인 레오나르도 피보나치 [주3]가 쓴 『산판서』에 기재된 것에서 이러한 이름이 붙여진 것으로, 고대 인도의 수학서에도 기록되어있는 것이다.

피보나치는, 「1쌍의 토끼는, 태어나서 1개월 후부터 매월 1쌍씩 토끼를 낳는다, 1쌍의 토끼는, 1년에 몇 쌍의 토끼가 되는가?」라는 문제를 생각해냈다. 약간 길어지기 때문에 구체적인 계산은 생략하지만, 0개월~12개월째까지의 쌍의 합계 수를 수열로 열거하면, 「1, 1, 2, 3, 5, 8, 13, 21, 34, 55, 89, 144, 233」이 된다. 그리고 그 수열은, 어느 달의 합계수도, 그 전의 2개월 간의 합계가 된다는 특성을 가지고 있다. 이것이 피보나치 수열의 정의다. 그리고, 이 수열에서 바로 옆에 있는 숫자끼리 어째서인지 서서히 황금비에 가까워지는 것이다. 사각형의 문제였던 황금비가, 토끼의 생태에 관여를 하게 된다······ 말 그대로 수학 세계의 신비라고도 할 수 있을 것이다.

■피보나치 수열의 정의

○ = 새끼 토끼 1쌍
● = 성숙한 토끼 1쌍

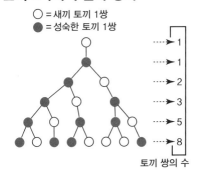

토끼 쌍의 수

황금의 여명회

영국에서는 높은 지명도를 자랑하는 조직이 있다. 바로 황금의 여명회다.
마술사나 오컬트적인 지식을 가진 자들이 모여서 결성되었다.

❧ ‥‥‥‥ 영국에서 이름을 떨친 일대 마술 조직 ‥‥‥‥ ❧

【주1】황금의 여명회의 실질적인 설립자. 당시에는, 런던에서 검시관으로 일하고 있었다. 조직의 권위를 세우고자 슈프렝겔의 서한을 날조해서, 문제의 근원을 만든 장본인.

【주2】황금의 여명회 설립자 중 1인 영국 장미십자회의 2대째 회장을 맡고 있던 인물. 1891년에 사망했기 때문에, 여명회의 운영에는 거의 관여하지를 못했다.

【주3】본명은 사무엘 리들 마더스. 근대 서양 의식 마술의 확립자로서, 그 세계에서는 유명한 마술사이다.

【주4】독일의 마술결사에 소속한 여성. 그녀가 죽은 후, 황금의 여명회는 독일의 마술결사와 완전히 떨어져서, 독립했다.

황금의 여명회는, 19세기 말경에 영국에서 창설된 마술적 비밀결사로, 설립자는 윌리엄 윈 웨스트콧【주1】, 윌리엄 로버트 우드맨【주2】, 맥그리거 마더스【주3】의 3명이다. 설립된 목적은 정확하지 않지만, 경위는 다음과 같다고 한다.

당초, 검시관으로 일하면서, 오컬트를 좋아하는 사람이 모이는 사교클럽이었던 영국 장미십자회(P.144)에 소속해있던 웨스트콧은, 같은 조직의 인간으로부터 암호문서를 입수했다. 거기에는 독일에 있는 마술결사의 교의나 마술가입의식, 거기다 마술결사의 간부라고 여겨지는 여성인 안나 슈프렝겔【주4】의 연락처가 기재되어 있었다. 웨스트콧은 그녀와 연락을 시도하여, 몇 번인가 편지를 주고 받은 끝에 영국에서 마술결사 설립을 인정받았다. 그리고, 1888년에 영국 장미십자회의 회장이었던 우드맨이나, 이미 천재마술사로서 이름을 떨치던 마더스와 함께 황금의 여명회를 설립한 것이다.

설립 당초는, 오컬트적인 지식을 가진 사람들이 모이는 동호회와 같은 조직이었다. 이것은, 영국 장미십자회의 분위기를 답습한 것이라는 견해가 강하다. 하지만, 마더스가 조직의 실권을 장악한 것으로, 실전적인 마술결사로서 그 형태를 바꿔나갔다.

마더스의 개혁을 계기로, 조직의 내부 사정은 크게 변화했다. 전성기에는 100명 이상의 단원이 존재하며, 그 이름을 떨쳤지만, 개혁이 가져온 내부 항쟁에 의해, 얼마 후 와해되고 만다.

바로 써먹을 수 있는 중2병 스타일 회화 예	A : 황금을 만들어내는 마술을 익혔다! B : 이것으로 일본의 재무문제도 해결이구나! A : 드디어 황금의 여명기가 시작되는 거야! B : 맞춰주기도 힘들군……	마술적인 지식을 가진 인간으로 구성된 황금의 여명회는, 흑마술이나 점성술, 타로 등의 많은 마술적인 의식, 기법을 사용해서 영적수련을 했다. 그 중에서도 비금속(卑金屬)을 귀금속으로 만드는 연금술 등도 포함되어 있어서, 말 그대로 마술의 총합결사적인 단체라고도 할 수 있다.

중 2 병 지침서 ~ 인간관계 편 ~

 ## 주인공과 가까운 사람들이 모두 협력

중2병 스타일의 작품에서, 미소녀는 반드시라고 해도 좋을 정도로 등장하며, 특히 남성이 주인공인 경우에는 이러한 경향이 현저하다. 배틀 계열의 작품에는 「주인공을 절대로 배신하지 않는 우리 편」이 되는 경우도 있다.

주인공과의 관계성은, 어렸을 때부터 친했거나, 알게 된지 오래된 관계라는 것이 기본적이다.

주인공 이상으로 히로인이 특수한 존재로서, 주인공의 눈 앞에서 「하늘에서 내려온다」던가, 어떠한 사고로 조우하게 된 것을 계기로 급속히 접근……이라는 것도 고전적이다.

이 역시 배틀 계열 작품에서 많이 보이는 것이지만, 주인공이 혼자서 싸우는 경우에는 전개가 단순해지기 마련이다. 적이 커다란 조직이거나, 너무나도 강력한 힘을 가진 경우, 혼자서 싸우기에는 한계가 있기 때문에, 도움이 되는 동료가 필요하게 된다.

이러한 경우에는, 나중에 주인공의 친구도 동료가 되는 경우가 많아서, 경우에 따라서는 그 친구나 히로인도, 주인공의 주변에 모이게 된다. 그리고, 주인공이 처한 상황을 공유하고, 여러 가지 사건에 대해서는, 함께 힘을 합쳐 대응해나간다.

등장인물이 많을수록, 성격이나 관계성의 폭을 넓힐 수가 있으며, 할 수 있는 일도 많아진다. 다소 전개가 억지스러워도, 주인공과 사이가 좋고 가까이에 있는 인물에게, 쉽게 주인공을 도와줄 수 있도록 만들 수 있는 것이다.

 ## 주인공과 적이 대립하는 이런 저런 이유

중2병 스타일의 작품을 분류해보면, 일상생활에서의 인간관계를 그린 작품과, 배틀 계열의 작품으로 나눌 수 있다. 그 중 배틀 계열 작품에 빠지지 않는 것이 적의 존재다.

적이라 부르는 존재인 만큼, 물론 주인공과는 대립관계에 있지만, 그 원인은 실로 다양하다. 가장 알기 쉬운 것은, 주인공의 출생의 비밀이나, 주인공의 부모와의 과거 관계일 것이다.

이 경우, 주인공이 어떻게 생각을 하던, 적은 무조건 주인공을 습격한다. 주인공

역시 그냥 앉아서 당할 수는 없으니, 「발등에 떨어진 불을 끈다」라는 의미로, 필사적으로 싸우게 된다.

한편으로, 주인공에 직접적으로 관계는 없지만, 히로인과 얽히는 작품도 많다. 이 경우, 주인공과 히로인의 관계는 갑작스럽게 생기는 경우가 많아서, 주인공이 히로인을 보고 한눈에 반하게 되고, 「그녀는 내가 지킨다!」라는 식으로, 개인, 혹은 조직과 싸우게 된다는 것이 일반적인 것 같다.

중2병 스타일의 작품에 있어서는, 주인공과 히로인의 연애 역시 큰 테마로서 다뤄지는 경우가 대부분이기 때문에, 주인공이 사건에 휘말리게 되는 이유로서는, 매우 흔한 것이라고 할 수 있겠다.

단, 히로인이 무언가에 쫓기고 있는 이유를 모르는 것에서, 주인공이 히로인과 같은 편이 되는 경우가 대부분이다.

만약, 히로인이 세계를 공포에 빠트리는 테러리스트이거나, 세계를 파멸로 인도하는 존재였다면 어떻게 할 것인가? 라고 생각하게 된다.

무대가 되는 세계의 설정

마지막으로, 이야기에 있어서 중요한 세계설정에 대해서 짚어보도록 하자.

평범하게 생각하면, 현실과 동떨어진 세계보다는, 현실세계에 입각한 세계설정 쪽이, 독자나 시청자로 하여금 더욱 쉽게 받아들일 수 있을 것이다.

단, 중2병 스타일의 작품에서는 초능력이나 마법 등, 등장인물이 현실에는 없는 상식을 뛰어넘는 힘을 발휘하는 경우가 많다. 그렇기 때문에 현실세계를 그대로 무대로 해버리면, 주인공이나 그 동료들의 능력을 은닉하거나, 세계가 자신들을 적대시하지 않도록 대응을 하는 등, 여러 가지로 조절을 할 필요가 생기게 된다.

경우에 따라서는, 스토리를 전개시키기 어려워지는 등의, 곤란한 상황이 발생하기 마련이다. 그래서 무대를 특정 범위만으로 줄이거나, 「상식을 뛰어넘는 힘이 일반적」이라는 오리지널의 세계를 무대로 하는 경우가 대부분인 것 같다.

그렇다고 하더라도, 이러한 현실과 동떨어진 설정이야말로 「중2병」의 참맛이다. 이것이야말로, 각자가 생각해낸 설정 안에서, 매일을 충실하게 즐길 수 있다면, 가장 좋은 것이 아닐까?

참 고 문 헌

일러스트로 읽는 하이테크 병기의 물리학
㈜防衛技術協会(編)、日刊工業新聞社

우주 엘리베이터
- 우주여행을 가능하게 만드는 신기술 -
石川憲二(著)、株式会社オーム社

『우주의 미스터리 99』
日本博識研究所著、宝島社

『SF 핸드북 (하야카와문고 SF)』
早川書房編集部(編)、早川書房

『에니그마 암호기 놀라운 영독정보전』
広田厚司(著)、光人社

『음양도의 발견 (NHK북스)』
山下克明(著)、日本放送出版協会

『「과학의 수수께끼」 미해결 파일
- 우주와 지구의 불가사의부터 미궁의 인체까지』
日本博識倶楽部(著)、PHP研究所

『학연잡학백과 우주의 구조
- 알게 된 일 아직 모르는 일 최종우주론』
東京大学数物連携宇宙研究機構(監修)、学研教育出版

『완전판 초고대 오파츠 FILE』
並木伸一郎(著)、学研パブリッシング

『구약성서(도해잡학)』
雨宮慧(著)、ナツメ社

『공포의 대 예언 미스터리 99』
南山宏(監修)、双葉社

『길가메쉬 서사시』
矢島文夫(翻訳)、筑摩書房

『게임 시나리오를 위한 SF사전
- 알아둬야 할 과학기술・우주・약속 110』
クロノスケープ(著)、森瀬繚(監修)、ソフトバンク・クリエイティブ

『결정판 세계의 환수 위험 FILE』
幻獣調査委員会(著)、学習研究社

『결정판 초고대 오파츠 FILE』
並木伸一郎(著)、学習研究社

『결정판 천사와 악마 도감』
綾波黎(著)、学習研究社

『환상도서사전(Truth In Fantasy 사전 시리즈)』
山北篤(著)、新紀元社

『여기까지 알았다! 우주의 수수께끼
- 은하의 구조부터 초끈이론까지 (PHP문고)』
富永裕久(著)、佐藤勝彦(監修)、PHP研究所

『The Quest For History
성서의 비밀 구약・신약의 모든 것』
真野隆也(著)、カンゼン

『알아둬야 할 천사・악마・마수』
荒木正純(監修)、西東社

『알아둬야 할 전설의 비경・마경・고대문명』
泰野啓(監修)、西東社

『알고 있습니까?시리즈 인생에 필요한 잡학 50』
トニー・クリリー(著)、野崎昭弘(監訳)、対馬妙(翻訳)、近代科学社

『알고 있습니까?시리즈 인생에 필요한 철학 50』
ベン・デュプレ(著)、近藤隆文(翻訳)、近代科学社

『알고 있습니까?시리즈 인생에 필요한 물리 50』
ジョアン・ベイカー(著)、和田純夫(監訳)、西田美緒子(翻訳)、
近代科学社

『인류는 지구인만이 아니었다
- 극비자료가 나타낸 충격의 사실 첫 공개』
矢追純一(著)、青春出版社

『도해 제3제국(F-Files No.015)』
森瀬繚(著)、司史生(著)、新紀元社

『도설 천사백과사전』
ローズマリ・エレン・グィリー(著)、大出健(翻訳)、原書房

『도해 연금술(F-Files No.004)』
草野巧(著)、新紀元社

『성서의 사람들 완전 비주얼 가이드
(The Quest For History)』
島田裕巳(監修)、レッカ社(編集)、カンゼン

『「세계의 신들」을 잘 알 수 있는 책
- 제우스・아폴론에서 시바, 길가메쉬까지』
東ゆみこ(監修)、造事務所(監修)、PHP研究所

『세계의 신들 전설의 싸움』
クリエイティブ・スイート(著、監修)、PHP研究所

『속아 넘어가는 뇌』
日本バーチャルリアリティ学会VR 心理学研究委員会(編)、講談社

『Truth In Fantasy31 일본의 모든 신들
- 일본의 신령들의 프로필』
戸部民夫(著)、新紀元社

『「천사」와 「악마」를 잘 알 수 있는 책
미카엘, 루시퍼에서 티아마트, 비사문천까지』
造事務所編集、吉永進一(監修)、PHP研究所

『「천사」와 「악마」의 수수께끼를 즐기는 책』
グループSKIT(著、編集)、PHP研究所

『전설의 「무기・방어구」 대사전』
幻想世界研究会 (著)、双葉社

『템플 기사단의 수수께끼』
レジーヌ・ペルヌー (著)、池上俊一 (監修)、南條郁子 (翻訳)、創元社

『수수께끼의 필라델피아 실험
– 구축함을 투명화 시켜라!』
ウィリアム・ムーア／チャールズ・バーリッツ (著)、南山宏 (訳)、徳間書店

『2012년 지구붕괴의 경악 대예언』
歴史予言検証会 (著)、日本文芸社

『장미십자회 (치쿠마 학예 문고)』
クリストファー・マッキントッシュ (著)、吉村正和 (翻訳)、筑摩書房

『장미십자회 (문고 쿠세슈)』
ロラン・エディゴフェル (著)、田中義廣 (翻訳)、白水社

『무기사전』
市川定春 (著)、新紀元社

『블랙홀 – 우주의 종연』
ジョン・テイラー (著)、渡辺正 (翻訳)、講談社

『프리 에너지, UFO, 제3초전력으로 세계는 격변한다』
井出治 (著)、船井幸雄 (監修)、ヒカルランド

『별책 다카라지마 환수 일러스트 대사전』
宝島社

『별책 다카라지마 환상세계의 신들 일러스트 대사전』
宝島社

『별책 다카라지마 천사・악마・요정 일러스트 대사전』
宝島社

『별책 다카라지마 전설의 신수・마수 일러스트 대사전』
宝島社

『북유럽 신화 (이와나미 소년 문고)』
パートリックコラム (著)、ウィリー・ポガニー (イラスト)、尾崎義 (翻訳)、
岩波書店

『「북유럽 신화」를 알아보자
– 오딘, 펜리르에서 칼레발라까지(소프트뱅크 문고)』
森瀬線 (著)、静川龍宗 (著)、ソフトバンククリエイティブ

『마비노기온 켈트 신화 이야기 샬롯 게스트 판』
シャーロット・ゲスト (著)、アラン・リー (イラスト)井辻朱美 (翻訳)、
原書房

『마법사전』
山北篤 (著)、新紀元社

『마야문명의 미스터리가 재미있을 정도로 알 수 있는 책』
ボックス・ストーリー (著)、中経出版

『모에모에 천사사전 Side 백』
天使・悪魔事典制作委員会 (編)、イーグルパブリシング

『UFO 대습격 인류에의 도전』
ロバート・エネメガー (著)、南山宏 (訳)、KKベストセラーズ

『쉽게 알 수 있는 영웅과 마물』
インターノーツ (著)、保坂俊司 (監修)、PHP研究所

『쉽게 알 수 있는 「세계의 환수」 사전』
「世界の幻獣」を研究する会 (著)、ブレインナビ (編集)、
ウェッジホールディングス (編集)、廣済堂

『러브크래프트 전집 1 ～ 7』
H・P・ラブクラフト (著)、大西尹明 (翻訳)、東京創元社

『연금술 – 거대한 비밀(「지식의 재구성」쌍서)』
アンドレーア・アロマティコ (著)
種村李弘 (監修)、後藤淳一 (翻訳)、創元社

『「연금술」을 잘 알 수 있는 책 – 현자의 돌에서
엘릭서, 호문쿨루스까지 (PHP 문고)』

이외에, 많은 서적이나 웹 사이트를
참고로 하고 있습니다.

중 2 병 대 사 전

개정판 1쇄 인쇄 2022년 2월 20일
개정판 1쇄 발행 2022년 2월 25일

저자 : 노무라 마사타카, 산테이 스와, 세오 요이치, 나카무라 히토시,
니죠 리즈키, 하마노 요헤이, 나가토 이사오
번역 : 이재경

펴낸이 : 이동섭
편집 : 이민규, 탁승규
디자인 : 조세연, 김현승, 김형주
영업·마케팅 : 송정환, 조정훈
e-BOOK : 홍인표, 서찬웅, 최정수, 김은혜, 이홍비, 김영은
관리 : 이윤미

㈜에이케이커뮤니케이션즈
등록 1996년 7월 9일(제302-1996-00026호)
주소 : 04002 서울 마포구 동교로 17안길 28, 2층
TEL : 02-702-7963~5 FAX : 02-702-7988
http://www.amusementkorea.co.kr

ISBN 979-11-274-5149-3 03900